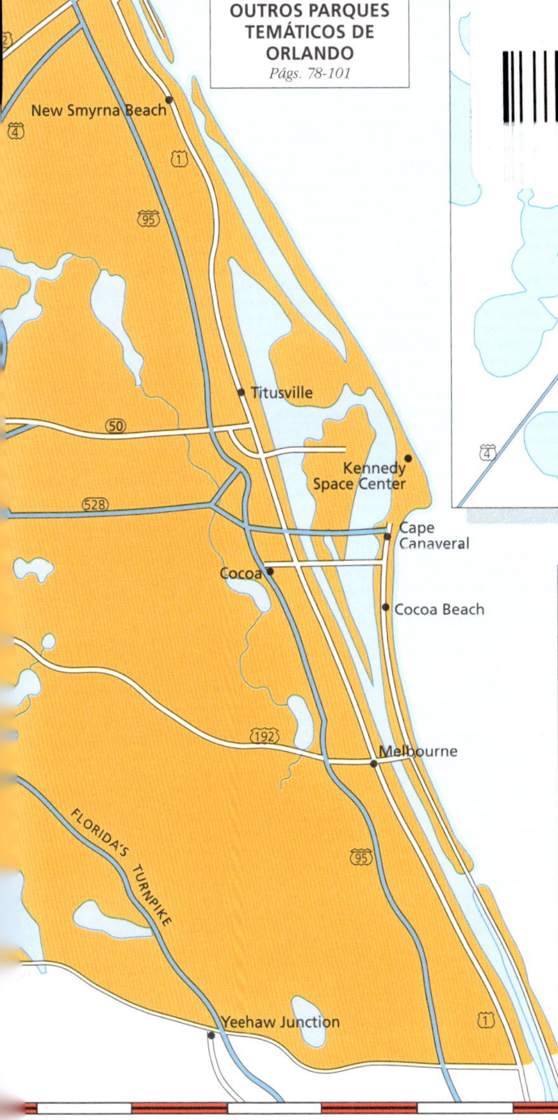

OUTROS PARQUES TEMÁTICOS DE ORLANDO
Págs. 78-101

ORLANDO E FLÓRIDA CENTRAL
Págs. 102-127

GUIA VISUAL - FOLHA DE S.PAULO

WALT DISNEY WORLD® RESORT & ORLANDO

GUIA VISUAL - FOLHA DE S.PAULO

WALT DISNEY WORLD® RESORT & ORLANDO

DK

PUBLIFOLHA

www.dk.com

Título original: *Eyewitness Travel Guide – Walt Disney World® Resort & Orlando*

Publicado originalmente na Grã-Bretanha em 1999 pela Dorling Kindersley Limited, 80 Strand, Londres WC2R 0RL, Inglaterra, uma empresa da Penguin Random House.

5ª edição brasileira: 2012; 2ª reimpressão: 2014

ISBN 978-85-7402-695-4

Coordenação do Projeto
Publifolha
Editor assistente: Rodrigo Villela
Coordenadora de produção gráfica: Soraia Pauli Scarpa

Produção Editorial
Página Viva
Editora assistente: Wally Constantino
Tradução: Anna Quirino
Revisão de texto: Felice Morabito, Fabiana Pino Alves de Souza

Produção Gráfica
Página Viva
Direção de Arte: José Rodolfo Arantes de Seixas
Assistência: Yara Penteado

Atualização da 5ª edição: Página Viva

Dorling Kindersley
Editor-chefe: Aruna Ghose
Diretor de arte: Benu Joshi
Editor sênior: Rimli Borooah
Editor: Shahnaaz Bakshi
Design: Kavita Saha
Pesquisa iconográfica: Taiyaba Khatoon
Cartografia: Suresh Kumar
Coordenação de DTP: Shailesh Sharma
Diagramação: Vinod Harish
Colaboradores principais: Phyllis e Arvin Steinberg, Joseph Hayes, Charles Martin
Consultor: Richard Grula

Este livro segue as regras do Acordo Ortográfico da Língua Portuguesa (1990), em vigor desde 1º de janeiro de 2009.

Impresso na L. Rex, China.

PUBLIFOLHA
Divisão de Publicações do Grupo Folha
Al. Barão de Limeira, 401, 6º andar
CEP 01202-900, São Paulo, SP
Tel.: (11) 3224-2186/2187/2197
www.publifolha.com.br

Foi feito o possível para garantir que as informações deste livro fossem as mais atualizadas disponíveis até o momento da impressão. No entanto, alguns dados como telefones, preços, horários de funcionamento e informações de viagem estão sujeitos a mudanças. Os editores não podem se responsabilizar por qualquer consequência do uso deste guia, nem garantir a validade das informações contidas nos sites indicados.

Os leitores interessados em fazer sugestões ou comunicar eventuais correções podem escrever para a Publifolha, Al. Barão de Limeira, 401, 6º andar, CEP 01202-900, São Paulo, SP, ou enviar um e-mail para: atendimento@publifolha.com.br

Imagem principal da capa: Fogos acima do castelo no Magic Kingdom, Walt Disney World Resort®, Orlando

O parque Islands of Adventure, no Universal Orlando *(pp. 96-7)*

SUMÁRIO

INTRODUÇÃO A WALT DISNEY WORLD® RESORT E ORLANDO

O Cinderella's Castle, um conto de fadas no Magic Kingdom® *(p. 34)*

◁ Fogos acima do Cinderella's Castle no Magic Kingdom®, em Walt Disney World® Resort

Primeval Whirl®, no Disney's Animal Kingdom® *(pp. 64-7)*

WALT DISNEY WORLD® RESORT E FLÓRIDA CENTRAL ÁREA POR ÁREA

Passarela de madeira no Blue Spring State Park *(p. 114)*

Distintivo da Highway Patrol

INDICAÇÕES AO TURISTA

MANUAL DE SOBREVIVÊNCIA

Plataforma de lançamento de ônibus espacial *(pp. 22-3)*

INTRODUÇÃO A WALT DISNEY WORLD® RESORT E ORLANDO

QUATRO DIAS EM ORLANDO

A seleção de atrações da cidade, a maioria voltada para famílias, inclui a mundialmente famosa concentração de parques temáticos e uma grande variedade de alternativas de diversão para quem gosta de adrenalina. Porém, os visitantes que pretendem conhecer mais do que os domínios de Mickey e sua turma só precisam se programar para visitar também os outros pontos de interesse da região. Os quatro itinerários sugeridos a seguir ajudam a selecionar o que há de melhor para ver, tanto para quem viaja com crianças como para os grupos de adultos. As atrações principais aparecem com remissões para as páginas que fornecem informações mais detalhadas e os valores estimados para cada passeio incluem os gastos com transporte, compra de ingressos e alimentação.

Farol Ponce de Leon

Fachada do impressionante Mission: SPACE, no Epcot®

O MELHOR DA DISNEY

- **Visita ao Epcot®**
- **Emoções na Big Thunder Mountain**
- **Luzes e atrações na Main Street**

FAMÍLIA DE 4 PESSOAS: US$425

Manhã

Tente chegar ao **Epcot®** *(pp. 42-53)* uma hora antes da abertura. Se estiver com crianças pequenas, adquira um Fastpass para o Test Track *(p. 46)*; se as crianças forem maiores, adquira para o Mission: SPACE *(pp. 44-5)*. Explore o Innoventions East *(p. 43)* e conheça algumas novidades high-tech. Em seguida, passeie pelo World Showcase *(pp. 50-3)*. Você pode tanto encontrar uma atração de maior interesse para seu grupo ou entrar na fila para se maravilhar no Spaceship Earth *(p. 43)*.

Tarde

Pegue o monotrilho e vá para o **Magic Kingdom®** *(pp. 34-41)*. Embarque no trem que sai da Main Street, USA® *(p. 36)* e percorre os limites do parque (o passeio dura 20 minutos). Desça em Fantasyland® *(pp. 38-9)* para apreciar as atrações que encantam os pequenos, como o mundo de Dumbo. Crianças mais velhas adoram o Frontierland® *(p. 37)*, com destaque para a Big Thunder Mountain Railroad e a emocionante Splash Mountain®. Nestas duas atrações, garanta os Fastpasses antes de se acomodar para saborear os sanduíches e saladas do Pecos Bill's. Depois dos passeios siga para Adventureland® *(pp. 36-7)* e não deixe de ir ao Pirates of the Caribbean, uma das atrações mais originais do parque, ou embarque no animado Jungle Cruise e divirta-se. Quando a energia estiver no fim, volte para a Main Street, USA® para curtir a notável parada do final do dia.

PARA ADULTOS

- **Campos de golfe**
- **Arte pré-colombiana**
- **Piquenique no belo Lake Eola Park**

DOIS ADULTOS: US$200 (com golfe ou basquete: US$600)

Manhã

Se o tempo permitir, os adeptos do golfe podem experimentar os famosos e premiados campos de Orlando. No **Falcon's Fire Golf Club** *(pp. 176-7)*, pode-se alugar equipamentos de alto nível. Já quem tem mais interesse visual vai adorar os acervos

Falcon's Fire, um dos melhores campos de golfe de Orlando

◁ **Diversão nas águas e areias do Discovery Cove**

Dragon Challenge®, uma das montanhas-russas da Islands of Adventure

de arte impressionista e da Meso-América em exibição no **Orlando Museum of Art** *(p. 107)*.

Tarde

Quem optou pelas tacadas vai querer voltar ao hotel para um banho. Em seguida o destino é o **Thornton Park** *(p. 108)*, charmosa área que reúne várias opções para comer, como o **Dexters** *(p. 151)*. Vale examinar as lojas daqui antes de seguir para o **Lake Eola Park** *(p. 108)*, que fica perto daqui. Quem apostar em um piquenique em meio às árvores pode completar o programa com um relaxante passeio pelo lago: basta alugar um dos diversos barcos a remo em forma de cisne, que comportam duas pessoas.

Noite

Mesmo para as partidas mais disputadas, a bilheteria do **Amway Center** *(p. 179)* é o local para comprar ingressos para os jogos de basquete do Orlando Magic, mas sempre é bom telefonar antes para confirmar. Quem prefere se aventurar pelo mundo da gastronomia deve rumar para **Downtown Disney®** *(pp. 74-5)* e se deliciar com os frutos do mar da disputada **Fulton's Crab House** *(p. 148)*. Depois, visite as lojas do Marketplace ou tome um drinque em um dos bares da região.

MERGULHOS E EMOÇÃO

- **Mergulho no Wet'n Wild®**
- **Encanto hollywoodiano no Universal Studios Florida®**
- **Compras e passeio na CityWalk®**

FAMÍLIA DE 4 PESSOAS: US$400

Manhã

Vá para o **Wet'n Wild®** *(pp. 100-1)*, onde não faltam atrações para os pequenos e também para quem gosta de aventura. Almoce em uma das lanchonetes do parque.

Tarde

Como os **Universal Studios Florida®** *(pp. 88-93)* e a **Islands of Adventure** *(pp. 96-7)* oferecem atrações bem diferentes, escolha a que preferir. Se optar pela Universal não perca o Shrek 4-D™ *(p. 89)*, um dos destaques do parque, e a Woody Woodpecker's Kid Zone *(p. 92)*, para se emocionar na ET Adventure®. Crianças mais velhas podem preferir as montanhas-russas do Islands of Adventure, em especial as da Marvel Super Hero Island® *(p. 96)*. Explore The Lost Continent® e The Wizarding World ofHarry Potter™ *(p. 97)* antes de desacelerar, num passeio pela **Universal CityWalk®** *(pp. 98-9)*.

MAR DA FLÓRIDA

- **Banhos e diversão no Space Coast**
- **Maravilhas do Kennedy Space Center**
- **Aplausos para as baleias assassinas, no SeaWorld®**

DOIS ADULTOS: US$200

Manhã

Com trajes de banho e protetor solar (além de garrafas de água), vá para o lindo Space Coast, que fica a cerca de 45 minutos dos resorts. Explore o curioso **Ponce de Leon Inlet Lighthouse** *(p. 17)* e seus arredores. O mar permite banhos, mas se afastar da praia pode ser perigoso.

Tarde

Dedique o início da tarde para conhecer o **Kennedy Space Center** *(pp. 126-7)* e visitar o Astronaut Hall of Fame. Almoce no café antes de ir para o **SeaWorld® Orlando** *(pp. 82-5)*. Para apreciar a peculiar apresentação das orcas, o destino é o show One Ocean, que recria com fidelidade os hábitats do Caribe no SeaWorld®, em Key West, além da elogiada exposição Manatee Rescue. As experiências no Journey to Atlantis® e o incrivelmente rápido percurso da montanha-russa Kraken® agradam até os mais dependentes de adrenalina.

Uma baleia-assassina durante o show One Ocean do SeaWorld®

Flórida Central Dentro do Mapa

Perto do centro geográfico da Flórida, a Grande Orlando ocupa uma área de 7.380km². Cheia de praias e lagos e abençoada por um clima excepcional, a região tem 2,1 milhão de moradores, que acolhem mais de 51 milhões de visitantes por ano. O Walt Disney World® Resort e outros parques temáticos da região constituem as grandes atrações para a maioria dos turistas. Um número considerável de visitantes também percorre as áreas adjacentes, que contam com as praias ao leste, a Ocala National Forest ao norte e o Kennedy Space Center na Space Coast, que tem esse nome por causa da grande concentração de indústrias bélicas e espaciais.

Fogos no Magic Kingdom® do Walt Disney World® Resort

Brasão do estado da Flórida

GEÓRGIA
OCEANO ATLÂNTICO
GOLFO DO MÉXICO
Fernandina Beach
Amelia Island
JACKSONVILLE
Jacksonville Beach
Live Oak
Lake City
Olustee
Mandarin
ST AUGUSTINE
Suwannee
Steinhatchee
Cross City
GAINESVILLE
Cross Creek
Palatka
Marineland
Micanopy
OCALA NATIONAL FOREST
Lake George
Ver segunda capa
Ormond Beach
DAYTONA BEACH
Suwannee
Cedar Key
OCALA
Silver Springs
DeLand
Ponce Inlet
New Smyrna Beach
Crystal River
Mount Dora
Sanford
Homosassa Springs
Titusville
Kennedy Space Center
Weeki Wachee
Clermont
WALT DISNEY WORLD
ORLANDO
Cape Canaveral
Dade City
Cocoa
Kissimmee
Cocoa Beach
MELBOURNE
Tarpon Springs
TAMPA
Dunedin
CLEARWATER
Lakeland
Winter Haven
FLORIDA'S TURNPIKE
Sebastian Inlet
Sebastian
ST PETERSBURG
St Petersburg Beach
Tampa Bay
Gibsonton
Bartow
Lake Wales
Yeehaw Junction
Vero Beach
Anna Maria
Bradenton
Sebring
Fort Pierce
Hutchinson Island
SARASOTA
Myakka
Arcadia
Okeechobee
Stuart
Venice
Port Charlotte
St Lucie Canal
Lake Okeechobee
Jupiter Island
Jupiter
WEST PALM BEACH
Pahokee
Boca Grande
Caloosahatchee
Clewiston
Palm Beach
Lake Worth
Cayo Costa
FORT MYERS
Belle Glade
FLORIDA'S TPK
Captiva Island
Sanibel Island
Immokalee
Delray Beach
BOCA RATON
Bonita Springs
ALLIGATOR ALLEY
FORT LAUDERDALE
Naples
Davie
Dania
Hollywood
Marco Island
Ochopee
THE EVERGLADES
Everglades City
MIAMI
Ten Thousand Islands
Homestead
Biscayne Bay
BISCAYNE NATIONAL PARK
Florida City
Flamingo
Key Largo
Florida Bay
Tavernier
Islamorada
Big Pine Key
FLORIDA KEYS
Marathon
Bahia Honda
KEY WEST
Dry Tortugas
LEGENDA
Aeroporto internacional
Terminal de cruzeiros
Estação de trem Amtrak
Rodovia
Estrada principal
Estrada secundária
Ferrovia

WARNING
SWIM WITHIN
100 YARDS OF
LIFEGUARD
VOLUSIA COU
BEACH PATROL
SWIM NEAR LIFEGUARD TOWER
FLOATS MUST HAVE SAFETY ROPES
TOWER NO. 337 GUARD
HIGH 12:47 WATER TEMP.
TIDES
LOW 6:31 SURF COND. FLAT
HAVE A SAFE DAY
WARNING
RUNOUT
CONDITIONS

RETRATO DA FLÓRIDA CENTRAL

Com suas praias ensolaradas, de águas transparentes, e os divertimentos oferecidos pelos parques temáticos, a Flórida Central é um dos melhores destinos nas férias. E há também reservas naturais panorâmicas, atrações históricas e culturais exclusivas, ótimas compras e muitas opções de diversão noturna.

Nos últimos 50 anos, Orlando e a Flórida Central passaram por um surto de desenvolvimento sem comparação no estado. O primeiro incentivo para a comunidade rural que existia por aqui veio das oportunidades de emprego proporcionadas pelo programa espacial em Cabo Canaveral. Depois a Walt Disney World entrou em cena, com a abertura do primeiro parque temático (o Magic Kingdom), em 1971. O resto, como se diz, ficou para trás.

Juan Ponce de Leon

HISTÓRIA

Os primeiros europeus a desembarcar na península da Flórida foram navegadores espanhóis que, em 1513, avistaram terra entre o Cabo Canaveral e a Baía de Matanzas. Em 2 de abril de 1513, Ponce de Leon tomou posse da terra em nome de Filipe, rei da Espanha, e chamou-a de La Florida, por suas flores. Espanha, França e Inglaterra se revezaram no domínio da região. O período inglês, de 1763 a 1783, foi notável pela expansão da lavoura de monocultura. A região de Daytona Beach, por exemplo, tornou-se grande produtora de algodão, cana, arroz e índigo. Finalmente, a Flórida foi cedida aos Estados Unidos pela Espanha em 1819. O sistema agrícola logo seguiu a Revolução Industrial, com o uso de máquinas a vapor na fabricação de açúcar e rum. A Dummett Plantation, em Ormond Beach, foi a primeira fazenda

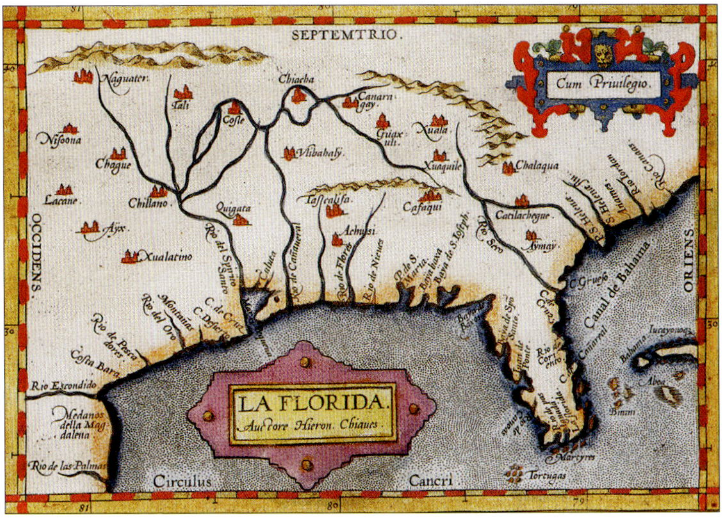

Mapa do século XVI, com a Flórida e o Golfo do México

◁ Salva-vidas em seu posto de observação em Daytona Beach, uma das praias mais conhecidas do país

com moinho a vapor. As tentativas dos americanos para expulsar os índios seminoles, que se estabeleceram na área no século XVII, levaram décadas. A agricultura da Flórida Central sofreu pesadas perdas, quando esses índios destruíram lavouras e engenhos, durante os sete anos da Segunda Guerra Seminole, terminada em 1842. Orlando surgiu nesse período, crescendo em volta do Forte Gatlin, uma guarnição do Exército.

Laranjas suculentas da Flórida Central

Com amplas pastagens, a Flórida Central alimentou uma florescente pecuária. No início da década de 1860, gado e algodão eram os esteios da economia regional. Mas a Guerra Civil deu início à decadência da cultura do algodão, por falta de mão de obra. Depois veio o furacão de 1871, que destruiu toda a colheita. Os fazendeiros passaram a plantar cítricos, de cultivo mais fácil do que o do algodão, numa lavoura que cresceu vertiginosamente, auxiliada por conquistas como a expansão da South Florida Railroad até a Flórida Central, em 1880. O inverno gelado de 1894-1895 abalou a citricultura da área, mas a lavoura se recuperou e levou a Flórida Central à liderança mundial na produção de frutas cítricas.

Vertiginoso brinquedo no SeaWorld® Orlando

Numa época de frio intenso, John B. Steinmentz, criativo plantador de cítricos, transformou o galpão de ensacamento de laranjas num rinque de patinação, construiu uma casa de banhos e uma área de piquenique e inventou um escorregador que levava a uma fonte. Estava criado o primeiro complexo de diversões da região, precursor dos outros que viriam depois.

Com a chegada da eletricidade, em 1900, dos telefones, em 1901, e dos primeiros carros, em 1903, a Flórida Central entrou no século XX. O Orlando Municipal Airport foi inaugurado em 1928. Um marco decisivo ocorreu em 1955, quando foi lançado o programa espacial da Nasa, em Cabo Canaveral, perto de Orlando. A Glenn L. Martin Company estabeleceu uma fábrica de mísseis ao sul da cidade, em 1956, e se tornou a maior empregadora da região, antes da chegada de Walt Disney.

O sucesso do Disney's Magic Kingdom® levou à proliferação de parques temáticos. O SeaWorld Orlando® abriu em 1973, enquanto o Walt Disney World® se expandia com Epcot®, os Disney-MGM Studios® e o Animal Kingdom®. Em 1977 foi inaugurado o Wet'n Wild®, primeiro parque aquático do mundo. Em 1990, a Universal Orlando® entrou em cena com a Universal Studios Florida® e, alguns anos depois, com a Universal CityWalk® e as Islands of Adventure®. The Wizarding World of Harry Potter™ abriu na Universal Orlando® em 2010. Todas essas opções conferiram a Orlando o título de "capital mundial dos parques temáticos" e consagraram-na como um dos locais mais procurados para as férias.

ALÉM DOS PARQUES TEMÁTICOS

Os atrativos da Flórida Central não se limitam aos parques temáticos. A Costa Leste oferece atividades ao ar livre e o interior dispõe de florestas e rios navegáveis. Praias intocadas, parques estaduais e municipais luxuriantes e reser-

Navio da Disney Cruise Line® no elegante terminal de Port Canaveral

vas naturais são de fácil acesso por rodovias e, às vezes, situam-se paralelos a elas, transformando o percurso em algo agradável. Outra maneira de aproveitar a beleza natural da região é a bordo de hidroaviões que saem de Orlando: passeios e excursões levam os passageiros num voo em que se observam aligatores, veados, águias e outros animais selvagens em seu hábitat.

Pôster do Florida Film Festival

Entre as atividades disponíveis encontram-se ciclismo, caminhada, golfe, natação, pesca, passeio de barco e diversos esportes aquáticos. Além disso, esportes profissionais de destaque levam multidões de turistas para a região. Os cruzeiros também se destacam, e Port Canaveral, o segundo maior porto mundial, que oferece muitos cruzeiros por dia, fica a apenas 45 minutos de Orlando. Milhares de visitantes tomam os navios da Disney Cruise Line e de outros cruzeiros de luxo nesse porto, rumando para diversos pontos do mundo.

Ao longo da Space Coast, o Kennedy Space Center é a sede da Nasa. Aberto ao público em 1996, o centro atrai mais de 1,5 milhão de visitantes por ano, que têm grande interesse em conhecer os detalhes da tecnologia espacial.

Mais ao norte da Space Coast está Daytona Beach, sinônimo de corrida automobilística. De 1903 a 1935, todos os recordes mundiais de velocidade foram estabelecidos aqui. As corridas de stock cars começaram em 1936, em Ormond Beach, e as primeiras 200 Milhas de Daytona para motos ocorreram no ano seguinte. Em 1959 foi inaugurada a Daytona International Speedway, abandonando as corridas na praia. Nessa pista já foram realizadas diversas corridas de carros esportivos, moto e kart, atraindo aficionados do mundo todo.

Além dos grandes parques temáticos, a Flórida Central oferece inúmeros outros locais menores de diversão, desde aqueles mais ao estilo antigo até os mais espetaculares. Locais noturnos da última moda, shows noturnos, rodeios, jantares elegantes e um amplo leque de opções de compras aumentam o charme de Orlando. Há muitas atividades culturais, com museus históricos e diversos teatros, óperas, balés, filmes e concertos.

O clima da Flórida Central é um de seus importantes atrativos. Muita gente imagina que, nessa área, o sol brilha o

Lançamento no Kennedy Space Center

Reflexos luminosos nas águas plácidas do Lago Eola, em Downtown Orlando

tempo todo e que está sempre quente; porém faz muito frio em dezembro, janeiro e fevereiro. Mas isso não impede que a Flórida Central esteja durante o ano todo no calendário turístico.

ECONOMIA E TURISMO

Na maior parte de sua história a principal fonte de renda da região (e do estado todo) foi a agricultura. O progresso nas comunicações e nos transportes manteve a esperança da citricultura e da pecuária. A área vizinha ao rio Kissimmee concentra os principais ranchos de gado da região, e a cidade de Kissimmee ficou conhecida como "capital do gado". Por causa dessa parte do estado, a Flórida só perde para o Kentucky na criação de gado de corte entre os estados do sul. A Flórida Central também continua a ser a principal fornecedora de cítricos do estado; aqui, os laranjais se estendem até onde a vista alcança. E a indústria de alta tecnologia se tornou um fator igualmente significativo para a economia da região.

Turistas cavalgam por uma trilha em Orlando

Contudo, o turismo se transformou no grande suporte da economia da Flórida Central. Os parques temáticos dominam a indústria turística, mas Orlando também se destaca como uma das líderes nacionais de encontros e convenções. O Orange County Convention Center é um dos maiores centros de convenções do país. Em sua área expandida, Orlando possui mais de 115 mil quartos de hotel, o que comprova o enorme número de visitantes atraídos por suas diversões e pelas oportunidades de negócios. Atualmente, o turismo é o maior empregador da Orlando metropolitana, responsável por cerca de 27% das colocações.

POVOS E CULTURAS

Estado "onde todo mundo vem de algum outro lugar", a Flórida sempre foi uma mistura de culturas e nacionalidades. A maioria dos índios seminoles, que chegaram no século XVII, agora vive em reservas. Provavelmente, os melhores candidatos ao título de "verdadeiros floridenses" são os fazendeiros cracker, cujos ancestrais se estabeleceram na Flórida Central e nos arredores, na década de 1800. O nome deles (*crack* = estalo) talvez venha do estalido de seus chicotes ou do som da moagem do milho. Mas o visitante raramente encontra um cracker em Orlando nem perto das áreas densamente povoadas.

A partir da Segunda Guerra Mundial, os americanos afluíram à Florida, que em 1950 era o 20º estado mais populoso e agora é o quarto. O maior grupo a se mudar para o sul foi o dos aposentados, para os quais o clima da Flórida e o estilo de vida ocioso são grandes atrativos para os que deram duro durante a vida toda. Eles aproveitam bastante as oportunidades culturais e de recreação da Flórida Central. Muitos idosos são vistos jogando golfe, pescando ou passeando pelos shopping centers. Um número crescente de jovens procura a região, tida como terra de oportunidades por causa da explosão da indústria turística. Eles encontram facilmente colocações como guias de turismo, empregados de hotéis, trabalhadores em parques temáticos e diversos outros postos relacionados à florescente economia dedicada aos turistas.

A partir de 1959 também houve uma maciça imigração de latino-americanos. Há muitos mexicanos trabalhando em fazendas e uma grande população de cubanos na Flórida. Muitos negócios da Flórida Central contratam empregados que falem espanhol, além do inglês, por causa dos numerosos residentes e visitantes oriundos de países da América Latina. Essa diversidade étnica é celebrada na comida local, que apresenta iguarias do Caribe e de outras regiões. Diversos pratos saborosos e inovadores também surgiram nessa área em consequência de uma culinária culturalmente misturada.

Zora Neale Hurston, famosa escritora local

A diversidade da população da Flórida Central também aparece nos muitos festivais que ocorrem durante o ano todo, a exemplo do Native American Festival, em setembro, em Silver Springs; o Epcot® International Food and Wine Festival, em outubro e novembro; e o Viva la Musica at SeaWorld® em março e abril. Outro importante evento cultural acontece em Eatonville, a mais antiga comunidade afro-americana dos EUA. Esse festival leva o nome da conhecida romancista, folclorista e antropóloga negra Zora Neale Hurston (1891-1960).

Calmas e despreocupadas, esses termos descrevem perfeitamente as pessoas que vivem na Flórida Central. Por isso, o visitante raramente encontrará um lugar que exija paletó e gravata. Quase sempre as pessoas frequentam os restaurantes mais famosos usando jeans e tênis.

Esse é um lugar em que os turistas podem pedir indicações aos habitantes e obter um sorriso amistoso com a resposta, mesmo que a pergunta tenha sido meio complicada. As pessoas do local quase nunca têm pressa para nada. Afinal, mudaram para a Flórida Central fugindo dos invernos gelados do norte ou de outras partes. Querem relaxar e se divertir, e fazem isso com extrema competência.

Sentado na varanda da frente, o dono da casa pesca diretamente no rio Wekiva, perto de Orlando

Parques Temáticos

As atrações de Walt Disney World®, Universal Orlando®, SeaWorld®, Discovery Cove® e Wet'n Wild® mudaram o significado da palavra "diversão". Nesses parques incríveis há sempre algo para os mais novos e os mais velhos. Amostras disso são os passeios superemocionantes, como montanhas-russas, simuladores e toboáguas, e as sensações dos encontros com animais e das atrações da Space Age, a magia dos contos de fadas e dos filmes, a riqueza dos desfiles e dos fogos e muito mais. Cada parque temático é especializado numa área específica.

Fogos
Apresentações deslumbrantes ao fundo do Cinderella's Castle tornam os fogos do Magic Kingdom® imbatíveis.

Desfiles
O Magic Kingdom® tem maiores e melhores desfiles, que passam pela Main Street, à tarde e à noite. Seus carros alegóricos espetaculares apresentam personagens Disney e grandiosos efeitos especiais.

As crianças se divertem muito na Magic Kingdom®'s Fantasyland®, com atrações baseadas em filmes clássicos da Disney.

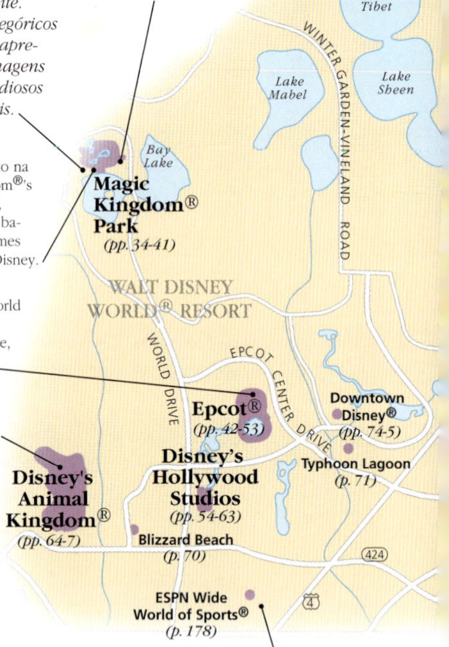

As atrações científicas do Epcot®'s Future World são incomparáveis. Uma das preferidas é a simulação de uma aventura, a Mission: Space, elaborada com a ajuda de astronautas.

Vida selvagem
Mais de 1.700 animais povoam o melhor parque temático para apreciar a vida selvagem: o Animal Kingdom. Veem-se hipopótamos, girafas e zebras num passeio de jipe dentro de uma paisagem africana nos Kilimanjaro Safaris.

Esportes
Com instalações para mais de 30 esportes (como beisebol, basquete, tênis e muitos outros), o ESPN Wide World of Sports® ofusca todos os outros locais de esporte nos parques temáticos.

Fortes emoções
Universal Orlando® oferece emoções incomparáveis com o uso de efeitos especiais. Um dos melhores brinquedos é o Revenge of the Mummy® – The Ride, uma montanha-russa coberta que leva o visitante ao Egito antigo, cheio de maldições e criaturas terríveis. O projeto do cenário é uma obra-prima e os efeitos são inesquecíveis.

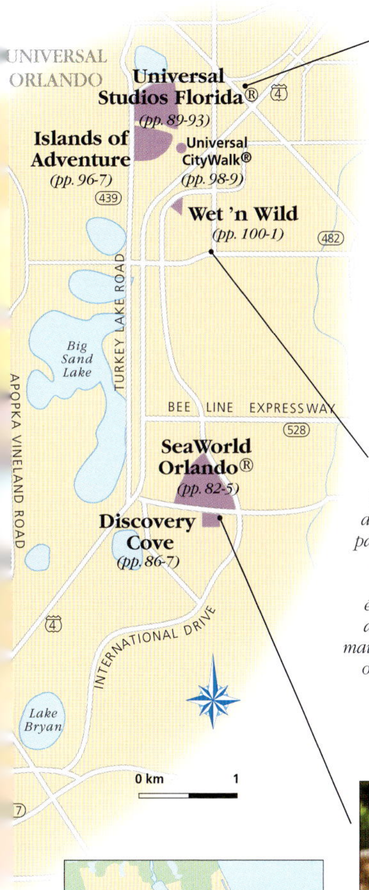

Diversão na água
Embora seus brinquedos sejam adequados apenas para crianças mais velhas e adultos, o Wet'n Wild® é o melhor parque aquático. Entre as maiores diversões está o Flyer, um tobogã de seis níveis, cheio de curvas emocionantes.

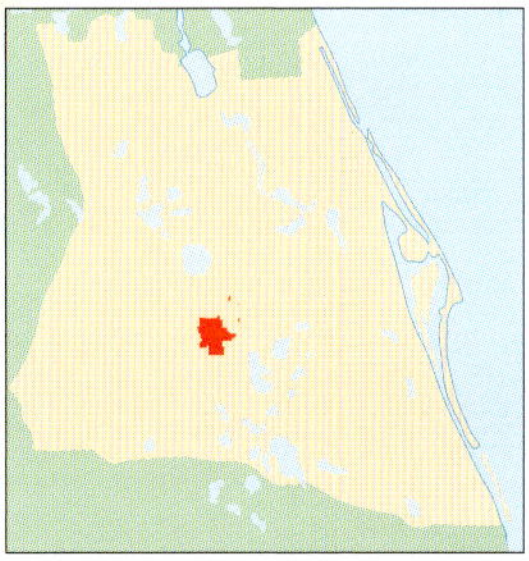

LOCALIZE-SE

Área abrangida

Vida marinha
O SeaWorld® é o parque para quem quer contato com animais marinhos. Há shows maravilhosos com golfinhos, baleias, lontras-do-mar, pinguins e muito mais.

Vida Selvagem e Hábitats

A grande variedade de hábitats e vida selvagem na Flórida Central se deve à junção dos climas temperado e subtropical em muitas áreas, aliada a fatores como umidade, solo arenoso, pouca altitude e abundância de água. Uma diversidade incrível de hábitats é encontrada em reservas naturais, como o Merritt Island National Wildlife Refuge, e em parques estaduais e municipais. A flora nativa da região vai desde bosques de pinheiros a diversos tipos de palmeiras e ciprestes. Essa área abriga mais de 4 mil espécies de animais silvestres, de aligatores e tartarugas marinhas gigantes até pelicanos-marrons e pica-paus-de-barriga-vermelha.

Laranjas
Essa frutífera oriental se adaptou muito bem à região. A citricultura do estado abastece a maior parte do país.

POLIGONÁCEAS E COMPOSTAS
Chamadas de "antigas ilhas da Flórida", as serras da Flórida Central se formaram ao longo de sua estrutura peninsular há milhões de anos, quando os níveis do mar eram muito mais altos. O solo arenoso e poroso das serras abriga dois tipos de planta que suportam esse ambiente: as poligonáceas e as compostas. Muitas espécies de plantas e animais exclusivos da Flórida Central são encontradas nesse hábitat.

O carvalho arbustivo *não costuma passar dos 3m de altura. Essa planta robusta produz muitas bolotas para a fauna local.*

A tartaruga-mordedora, *único tipo da Flórida, tem carapaça espessa e pernas escamosas.*

BOSQUES DE PINHEIROS
Os bosques de pinheiros constituem a comunidade de plantas mais comum na Flórida Central. Ao lado dos pinheiros, abaixo das copas altas, há moitas de palmito-serrilhado e outras dezenas de espécies de plantas. Esses bosques são entremeados de pântanos e outros hábitats e sobrevivem a incêndios periódicos. A flora e a fauna dessa área tiveram de se adaptar para sobreviver em condições difíceis.

O lince *possui cauda curta de ponta escura, pelos faciais e pelagem salpicada. Ele caça de dia e à noite.*

A palmeira-anã *é muito difundida na Flórida. Uma variedade, o palmito-serrilhado, tem uso medicinal.*

PROTEÇÃO DA TARTARUGA MARINHA

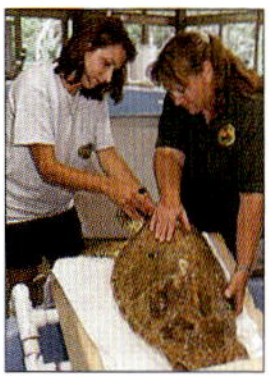

Marine Science Center, Ponce Inlet

De maio a outubro, as praias da Costa Leste da Flórida Central recebem três espécies de tartarugas marinhas: a verde, a gigante e a de couraça flexível. Esses animais magníficos surgem na arrebentação, à noite, e botam ovos em ninhos cavados na areia seca. Depois voltam ao mar. Após dois meses, cerca de cem ovos eclodem em cada ninho e os filhotes correm para o mar. Para proteger essas criaturinhas, os passeios pelas praias, os estacionamentos e a iluminação das casas à beira-mar são regulamentados. Evite caminhar ou andar de bicicleta em locais de postura e nunca viole as proteções dos ninhos.

Filhotes de tartaruga gigante se dirigem para o mar

ALAGADOS E PÂNTANOS DE ÁGUA DOCE

Os alagados e pântanos de água doce costumam ficar inundados o ano todo ou parte dele. Essas zonas úmidas formavam quase 50% da área territorial da Flórida Central. Nos pântanos dominam ciprestes ou loureiros, enquanto os alagados são tomados por juncos e outras ciperáceas. A rica variedade de aves conta com garças, cegonhas e muitos pássaros canoros.

As ascídias, *insetívoras, crescem em solos ácidos. A espécie encontrada na Flórida Central chama-se* Sarracenia minor *e possui graciosas flores amarelas.*

A grande-garça-azul *possui a cabeça branca com uma listra preta acima dos olhos. Essa pernalta de grande porte e bico amarelo mantém o pescoço dobrado num "S".*

RIOS

A planície inundável – terras baixas ao lado das margens, cheias periodicamente – da Flórida Central contém florestas de árvores adaptadas à água ou baixios alagados. Alguns rios surgem de fontes borbulhantes, enquanto outros começam como pequenos riachos. Em seu trajeto para o mar, os rios formam estuários salobros, que abrigam peixes de água salgada e vida selvagem.

O cipreste-calvo, *uma das maiores árvores da América do Norte, é uma espécie longeva, de terras úmidas, conhecida pelas projeções das raízes submersas e pelo tronco robusto.*

A águia-careca, *espécie ameaçada de extinção, vive perto do mar, de lagos e de rios. Possui a cabeça e a cauda brancas e o corpo marrom. Atinge até 2m de envergadura.*

O Ônibus Espacial

Brasão da missão de ônibus espaciais

O Kennedy Space Center, na Space Coast, foi base de lançamento da Nasa e sede do programa de ônibus espaciais até a última missão em 2011. O programa teve início no final dos anos 1970, época em que o custo de enviar astronautas ao espaço passou a extrapolar o orçamento espacial americano. Milhões de dólares eram gastos para lançar as missões Apollo, e o que voltava à Terra era apenas um chamuscado módulo de comando. Chegara a hora de criar uma nave reutilizável, que durasse alguns anos, e cuja maior despesa, além da produção, seria a manutenção. A solução veio com o ônibus espacial *Columbia,* lançado em 12 de abril de 1981.

Em órbita, *as portas do compartimento de carga se abrem. O telescópio Hubble foi uma de suas cargas úteis.*

O painel de controle *é extremamente complexo, mais do que o próprio ônibus, cuja construção segue a linha dos aviões. Pode-se ter uma ideia da navegação em um ônibus espacial no Launch Status Center* (p. 127).

Trilhos permitem que a torre seja deslocada antes da decolagem.

A Crawlerway *é uma pista dupla de 55m de largura, especialmente projetada para suportar o peso de um ônibus espacial sendo levado até a plataforma de lançamento por enormes tratores de esteiras. A superfície rochosa é coberta de asfalto e de um leito de 2m de pedras prensadas.*

O trator de esteiras se retira assim que o ônibus é posicionado.

O CICLO TODO

O ônibus é composto da nave principal (com três motores), um tanque de combustível externo com hidrogênio e oxigênio líquidos e dois foguetes de propulsão com combustível sólido, que ajudam na decolagem. Em funcionamento, o ônibus entrava gradualmente em órbita.

1. Pré-lançamento *O tanque externo e os foguetes de propulsão são presos à nave no setor de montagem. Depois vão para a plataforma.*

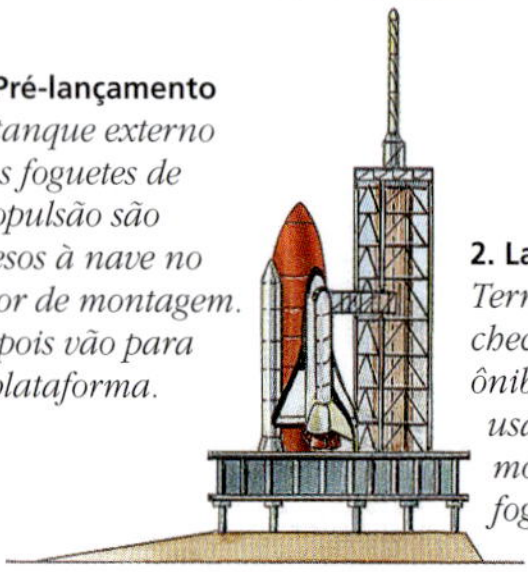

2. Lançamento *Terminada a checagem, o ônibus decola, usando os três motores e os dois foguetes de propulsão.*

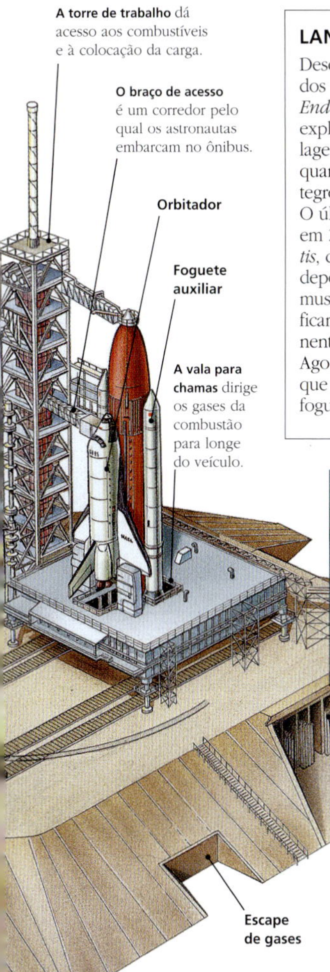
A torre de trabalho dá acesso aos combustíveis e à colocação da carga.
O braço de acesso é um corredor pelo qual os astronautas embarcam no ônibus.
Orbitador
Foguete auxiliar
A vala para chamas dirige os gases da combustão para longe do veículo.
Escape de gases
Pedestais de aço

LANÇAMENTO FINAL

Desde a viagem inaugural, em 1981, houve muitas missões dos veículos *Columbia*, *Challenger*, *Discovery*, *Atlantis* e *Endeavour*. O programa foi abalado quando o *Challenger* explodiu logo após a decolagem em 1986, e novamente, quando o *Columbia* se desintegrou na reentrada em 2003. O último lançamento ocorreu em 2011: o do ônibus *Atlantis*, cujos componentes foram depois distribuídos por museus nos EUA. O *Atlantis* ficará em exposição permanente no Kennedy Center. Agora, é a iniciativa privada que tem planos de lançar foguetes e ônibus espaciais.

Ônibus sai da torre de lançamento

Para pousar *de volta na Terra, o ônibus reentra na atmosfera e começa a planar com os motores desligados. Dirige-se para o Space Center e prepara-se para pousar na pista, com a velocidade de 360km/h.*

PLANTA DA PLATAFORMA

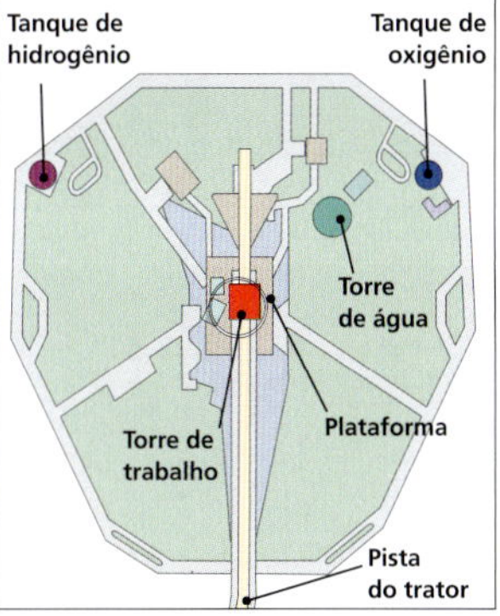
Tanque de hidrogênio
Tanque de oxigênio
Torre de água
Plataforma
Torre de trabalho
Pista do trator

O LANÇAMENTO

A plataforma de lançamento é feita de 52.000m³ de concreto reforçado, apoiada em seis pedestais de aço. A vala para chamas se enche de água fria quando o motor é ligado, produzindo uma imensa nuvem de vapor.

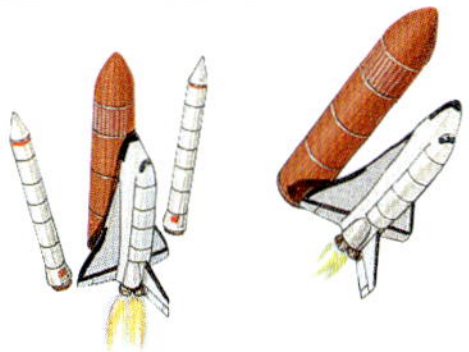

3. Separação
Dois minutos depois, os foguetes se separam e caem de paraquedas. Aos oito minutos, o tanque externo se separa.

4. Operações em órbita
Com os motores da nave, o ônibus manobra em órbita e inicia suas operações. A missão pode durar de sete a dezoito dias, voando a uma altitude de 185 a 1.110km.

5. Reentrada
O ônibus volta à atmosfera e usa seus motores para desacelerar. Ao descer para a estratosfera, baixa primeiramente o nariz e usa o paraquedas para frear.

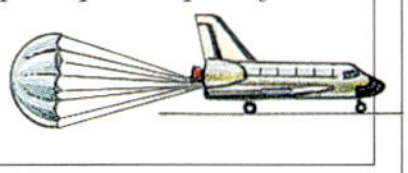

FLÓRIDA CENTRAL MÊS A MÊS

Uma das grandes atrações da Flórida Central é o clima ameno durante o ano todo, que sempre foi chamariz para turistas e moradores. A temperatura média anual é de 22,4° C e a média de chuvas, de 1.270mm, o que mantém o verde da região, com plantas e árvores florescendo o tempo todo. A época mais movimentada em Orlando vai de novembro a dezembro, quando chegam muitos turistas para aproveitar o inverno agradável.

Show de animais na Central Florida Fair

O verão costuma ser meio quente, mas os parques temáticos de Orlando continuam a atrair famílias com as crianças em férias, e alguns hotéis oferecem taxas especiais, incluindo transporte grátis para os parques. Em qualquer época do ano você encontra algum tipo de festival. Para conseguir a programação completa dos festivais, entre em contato com os centros de informações turísticas locais.

Motociclistas exibem suas máquinas na Bike Week, em Daytona Beach

PRIMAVERA

No fim de fevereiro, estudantes de todo o país se dirigem para as praias da Flórida, como Daytona Beach, para a temporada de primavera. Nas seis semanas seguintes, esses pontos ficam cheios e até faltam acomodações. O treino de times de beisebol também vira atração na primavera.

MARÇO

Orlando Bike Week *(1º fim de semana).* Os fãs das Harley do mundo todo aguardam esse evento anual, sediado nas revendas de Orlando Historic Factory.
Bike Week *(1º fim de semana)*, Daytona Beach. Grande evento popular de motociclismo, cheio de shows, concertos e exposições.
Central Florida Fair *(início mar)*, Orlando. Desde 1914, esta feira de grande porte oferece mais de 90 brinquedos e exposições, incluindo exposição de animais e hortifrúti, artes e ofícios, e praças de alimentação.
SeaWorld®, Bud & BBQ Fest *(início mar)*, Orlando. Dois fins de semana, com diversões, comidas e corridas.
Florida Strawberry Festival® *(início mar).* Música, brinquedos, exposições de animais, concursos e comilança compõem um recorte dos EUA que remonta aos anos 1930.
Annual Winter Park Sidewalk Arts Festival *(meados mar)*, Orlando. Festival de artes mais admirado do sul dos EUA, em três dias de arte, comida, atividades para crianças e jazz.
Antique Boat Festival *(fim mar)*, Mount Dora. Exposição de mais de 150 embarcações clássicas e históricas.
Annual Downtown Antique Fair *(fim mar)*, Mount Dora. Raridades expostas nas ruas do centro.
Florida Film Festival *(fim mar)*, Orlando. Considerado um dos melhores festivais cinematográficos do mundo, apresenta mais de cem filmes, documentários e curtas internacionais.
Orlando Shakespeare Theater *(jan-mar)*, Orlando. Peças em exibição no excelente John & Rita Lowndes Shakespeare Center *(p. 107).*
Epcot® Flower & Garden Festival *(mar-mai).* Epcot® se enfeita com belos jardins e a arte da topiaria. Pode-se participar de aulas de jardinagem.

FLORIDA FILM FESTIVAL

Logotipo do Florida

ABRIL

Sailboat Regatta *(início abr)*, Mount Dora. A mais antiga regata de vela do estado.
Spring Fiesta in the Park *(abr)*, Orlando. Barracas com artesanato regional nas praias do Lake Eola.
Maitland Spring Festival of the Arts *(meados abr).* Artesanato, com destaque para obras originais dos melhores artesãos do sul dos EUA.

Barcos em exposição no Antique Boat Festival, em Mount Dora

Annual Taste of Winter Park *(meados abr)*. Mostra culinária em restaurantes locais.
Indian River Festival *(meados abr)*, Titusville. Música ao vivo, desfiles de Carnaval, comida, arte, artesanato e antiguidades.
Cracker Day *(fim abr*, DeLand (perto de Daytona Beach). Celebração da herança da Flórida, com brincadeiras para a família e churrasco típico.
Morse Museum *(fim abr)*, Conheça a maior coleção do país de criações da Tiffany, incluindo arte em vidro, joias e pinturas.

MAIO

Viva la Musica *(meados mai)*, SeaWorld Orlando. Dois animados fins de semana latinos, com música, arte, artesanato, dança e boa comida.
Orlando International Fringe Festival *(meados mai)*. Dez dias de apresentações teatrais, com uma série de peças originais, estreias, excelentes comédias improvisadas e espetáculos musicais, dramas, mímicas e danças, em aproximadamente 500 shows com artistas do mundo todo.
Florida Music Festival *(meados mai)*, centro de Orlando. Uma grande programação com bandas *indie* e de rock, novas e consagradas, espalha-se por casas noturnas e palcos da Orange Avenue, no centro de Orlando.

VERÃO

Muitas famílias procuram Orlando na temporada de verão por um bom motivo: ganham descontos nas diárias dos hotéis. E os parques temáticos ficam abertos por um período maior, dando mais tempo para o turista aproveitar suas atrações. O grande feriado é o Dia da Independência, em 4 de julho, comemorado com fogos, desfiles e piqueniques.

JUNHO

Silver Spurs Rodeo *(início Jun)*, Kissimmee. Um dos maiores rodeios da região, com os melhores peões do mundo. O público se veste a caráter para assistir as provas com bois e cavalos, a corrida de barris e as provas de adestramento. O churrasco ao ar livre é imperdível.
Fiesta San Juan en Wet'n Wild® *(fim jun)*. O Wet'n Wild comemora a cultura latina, com dança, música e competições, além de comida e diversões latinas.

JULHO

Lake Eola Picnic in the Park *(início jul)*, Orlando. Comemora-se o 4 de Julho nessa parte central da cidade. Fogos coroam a festa, às 21h.
Coke Zero 400 *(início jul)*, Daytona Beach. Corrida Nascar no Daytona International Speedway durante o fim de semana da independência. Há outras atividades, como concertos e festas na praia.
Christmas in July Craft Fair *(meados jul)*, Lakeland. Compras de presentes feitos a mão para a família e os amigos.

AGOSTO

Ocala Shrine Club Rodeo *(meados ago)*. Laçar garrotes, montar em touros e muito mais opções integram essa atração anual realizada no Livestock Pavilion.
Ocala Sturgis Rally & Bike Show *(meados ago)*. Eventos ao ar livre abertos aos espectadores.
Downtown Concert Series *(fim ago)*. Uma série de shows grátis ao ar livre, recebendo inclusive famosos artistas internacionais, é oferecida ao público na City Hall Plaza.

Concurso de limbo na Fiesta San Juan, no Wet'n Wild®

Peças de vidro no Festival of the Masters, Downtown Disney®

OUTONO

Os parques temáticos ficam menos cheios e as temperaturas caem, o que torna essa época ideal para visitas. O Halloween é o grande feriado de outono, e muitos parques fazem comemorações especiais. O Dia de Ação de Graças é outro feriado importante. Esse é o melhor período para observar os pássaros e visitar as áreas de preservação.

SETEMBRO

Viva la Musica *(meados set)*, SeaWorld® Orlando. Uma festa da cultura hispânica, com boa comida, durante o Hispanic Heritage Month. Bandas latinas ao vivo.

Christian Rock Festivals *(meados set)*, Orlando. Dois concertos realizados em parques temáticos na mesma noite mostram algumas das melhores vozes da música cristã contemporânea: o Night of Joy, no Disney's Magic Kingdom®, e o Rock the Universe, no Universal Orlando®.

Lake Mirror Classic Auto Festival *(meados set)*, Lakeland. Todos os tipos de carros clássicos.

CLIMA DE ORLANDO

°F/°C	Abr	Jul	Out	Jan
máx.	83/28	91/33	85/29	71/22
mín.	59/15	73/23	66/19	49/9
sol	10 horas	10 horas	10 horas	9 horas
chuva	45 mm	182 mm	61 mm	58 mm
mês	Abr	Jul	Out	Jan

OUTUBRO

Epcot International Food & Wine Festival *(out-nov)*. No World Showcase, a tentação do melhor jantar é estimulada por demonstrações culinárias e pratos exóticos, além de vinhos internacionais e sobremesas.

Bicycle Festival *(2° fim de semana)*, Mount Dora. O maior e mais antigo evento ciclístico da Flórida atrai 1.500 participantes.

Beertoberfest *(meados out)*, Orlando. Este evento dura um dia inteiro, e conta com mais de 40 fabricantes de cerveja, dos Estados Unidos e de todo o mundo, além de boa comida e música ao vivo. A Church Street do centro de Orlando vira a capital da cerveja na Flórida.

Biketoberfest *(3° fim de semana)*, Daytona Beach. Show internacional de motos, demonstrações e concertos.

Craft Fair *(4° fim de semana)*, Mount Dora. Mais de 350 artesãos americanos e 250 mil visitantes se reúnem nesta feira.

NOVEMBRO

ICE! At Gaylord Palms *(início nov-início jan)*. Espetacular exposição de gelo que apresenta personagens como Papai Noel e Rudolph, a rena de nariz vermelho. Agasalhe-se bem para visitar esta atração popular.

Winter Park Concours d'Elegance *(início nov)*, Park Avenue. Exposição e competição com mais de 200 motocicletas e carros exóticos. Também há um desfile de carros.

Fall Fiesta in the Park *(1° fim de semana)*, Downtown Orlando. Aproveite as 550 barracas de artesanato regional no Lake Eola. Um dos cinco melhores espetáculos artesanais ao ar livre na Flórida.

Halifax Art Festival *(início nov)*, Daytona Beach. Evento anual com obras de mais de 250 artistas e atrações ao vivo.

Native American Festival *(início nov)*, Silver Springs. Celebração da cultura, das artes e do artesanato indígena mais diversões.

Festival of the Masters *(meados nov)*, Downtown Disney®. Mais de 200 artistas participam desse festival de belas-artes que dura três dias. Há também música e comida.

Daytona Turkey Run *(fim nov)*. Mostra de carros e permuta no fim de semana de Ação de Graças, no Daytona International Speedway.

Birthplace of Speed Celebration *(fim nov)*, Ormond Beach. Desfile com iluminação a gás de automóveis antigos e show de carros.

Light Up Mount Dora *(28 nov)*. Cerca de 2 milhões de lanternas são acesas para comemorar o feriado da estação. As festividades incluem músicas do coral comunitário, balé e outras atrações no Donnelly Park.

FERIADOS

Ano-Novo (1° jan)
Martin Luther King Day (3ª seg de jan)
Presidents' Day (3ª seg de fev)
Memorial Day (última seg de mai)
Independence Day (4 jul)
Labor Day (1ª seg de set)
Columbus Day (2ª seg de out)
Election Day (1ª ter de nov)
Halloween (31 out)
Veterans Day (11 nov)
Thanksgiving/Ação de Graças (4ª qui de nov)
Natal (25 dez)

Zora Neale Hurston Festival of Arts & Humanities, em Eatonville

INVERNO

O número de visitantes aumenta no inverno, pois eles fogem do tempo gelado do norte. Chegam também as celebridades, para descansar ou para se apresentar na temporada mais animada da região. Os parques se animam com as luzes e as celebrações de Natal, quando ocorrem desfiles especiais. O Magic Kingdom® fica ainda mais colorido.

DEZEMBRO

Mickey's Very Merry Christmas Party *(nov-dez)*, Magic Kingdom®. Noites divertidas, com neve e desfiles encantadores sobre o tema do Natal.
Festival of Trees *(início dez)*, Ocala. Árvores enfeitadas e lindas guirlandas expostas no Appleton Museum of Art, com artesanato e decorações criadas por artistas locais, que colocam tudo à venda.
Festival of Lights *(meados dez)*, Silver Springs. Siga os milhões de lâmpadas num labirinto de jardins iluminados, topiarias que cintilam e dezenas de cenas das festas.

JANEIRO

Birding & Wildlife Festival *(jan)*, Titusville. Exibição de pássaros, seminários sobre vida selvagem, workshops, competição de arte e aventuras em canoas a remo.
Central Florida Scottish Highland Games *(meados jan)*. Grande desfile, jogos, comidas e diversões.
Renninger's Antique Extravaganza *(3º fim de semana de jan, fev e nov)*, Mount Dora. Para quem aprecia antiguidades, esse evento ocorre em Renninger's Twin Markets, com mais de 1.500 pontos de venda.
Zora Neale Hurston Festival of Arts & Humanities *(fim jan)*, Eatonville. Esse festival destaca a vida e a obra de um dos mais importantes colecionadores e intérpretes da cultura negra e rural do sul. Com exposições de pinturas, apresentação de peças teatrais e programas educativos.

FEVEREIRO

Mount Dora Arts Festival *(1º fim de semana)*. Realizado nas ruas de Mount Dora desde 1977, esse festival mostra obras de mais de 300 artistas consagrados. Eles disputam prêmios de pintura, gravura, fotografia, joalheria, escultura e muitas outras categorias. Também há diversões ao vivo, atividades para crianças e comidas.
Speedweeks *(primeiras três semanas)*, Daytona. O Daytona International Speedway vira o centro mundial de corridas durante três semanas de fevereiro. A ação tem início com as Rolex 24 Hours de Daytona, seguidas por eventos que culminam com as 1500 Milhas de Daytona.
ArtsFest *(meados fev)*, Orlando. Mostra o melhor da arte e da cultura da Flórida Central, com mais de 50 eventos planejados, que vão de apresentações sinfônicas e balés a exposições de arte e aulas sobre a história da região.
Mardi Gras at Universal Orlando *(meados de fev-meados mar)*. Música e luxo de fantasias coloridas, desfiles, comida e muita animação nessa comemoração de Carnaval na Universal.

As 500 Milhas no Daytona International Speedway, durante as Speedweeks

Carvalhos cobertos de musgos no Lake Kissimmee State Park ▷

WALT DISNEY WORLD® RESORT E FLÓRIDA CENTRAL ÁREA POR ÁREA

WALT DISNEY WORLD® RESORT

Maior complexo de entretenimento do mundo, o Walt Disney World® Resort ocupa uma área de 121km² e tem quatro parques temáticos, com atrações criativas e moderníssimas. Dois parques aquáticos, um complexo esportivo, uma linha de navios de cruzeiro e uma série de hotéis, retaurantes, boates, campos de golfe e lojas o transformam numa experiência única.

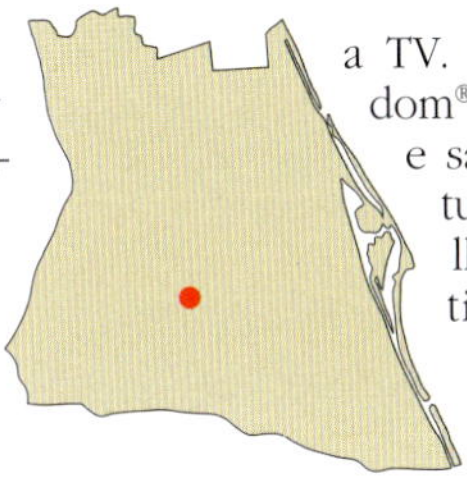

Todos sempre se encantam com o Walt Disney World®. Sem igual em criatividade e atenção aos detalhes, ele oferece uma folga do mundo real e leva você numa viagem ao mundo da fantasia.

O Magic Kingdom®, primeiro parque temático da Disney na Flórida, abriu em 1971. Contando com sete "territórios" (Lands), continua sendo o parque temático mais conhecido. Em 1982, sempre se expandindo, a Disney deu início ao Epcot®, de 120ha, um empreendimento futurista e internacional, voltado para descobertas e conquistas científicas, que também oferece uma visão da cultura de onze países.

O Disney's Hollywood Studios® (antes chamado Disney-MGM Studios®) surgiu em 1989. O menor dos quatro parques consagra o cinema e a TV. O Disney's Animal Kingdom® ocupa 200ha de florestas e savanas, apresentando criaturas exóticas, safáris e trilhas. E há os parques aquáticos, Typhoon Lagoon e Blizzard Beach, com paisagem criativa e passeios agradáveis.

Downtown Disney® reúne boates, shows, restaurantes e lojas numa vibrante área de entretenimento.

Os cruzeiros contam com dois navios luxuosos que oferecem muito conforto e opções de trajeto. E há um paraíso para os amantes dos esportes: o complexo do ESPN Wide World of Sports®, além de campos de golfe de dezoito buracos e minicampos e atividades como caminhadas, cavalgadas, tênis, esportes aquáticos e corridas de carro. Existem, igualmente, muitas opções de acomodações, com diversos resorts e um camping.

The Primeval Whirl®, um brinquedo muito emocionante no Disney's Animal Kingdom®

◁ **Cinderella's Castle, toda a força da fantasia de histórias de fadas no Magic Kingdom®**

Como Explorar o Walt Disney World® Resort

Dê asas à imaginação nesse excelente centro em que todos se divertem, não importa a idade. Programe-se para passar pelo menos um dia em cada um dos "quatro grandes": Magic Kingdom®, Epcot®, Disney's Hollywood Studios® e Disney's Animal Kingdom®. Não deixe de se refrescar nos dois parques aquáticos: Blizzard Beach e Typhoon Lagoon. Ou talvez queira se divertir no ESPN Wide World of Sports®, nos campos de golfe, nas trilhas para caminhar ou cavalgar e nas piscinas e lagos, onde poderá nadar, andar de barco ou praticar esqui. Com mais de 30 resorts, você pode voltar ao hotel e descansar antes de retornar a um dos parques para ver os fogos de artifício ou assistir a algum show em Downtown Disney®.

Magic Kingdom®
As sete "terras" de fantasia e aventura cercam o belíssimo Cinderella's Castle.

PRINCIPAIS ATRAÇÕES

Blizzard Beach 5
Disney's Hollywood Studios® 3
Disney's Animal Kingdom® 4
Downtown Disney® 8
Epcot® 2
Fort Wilderness Resort e Acampamento 7
Magic Kingdom® 1
Typhoon Lagoon 6

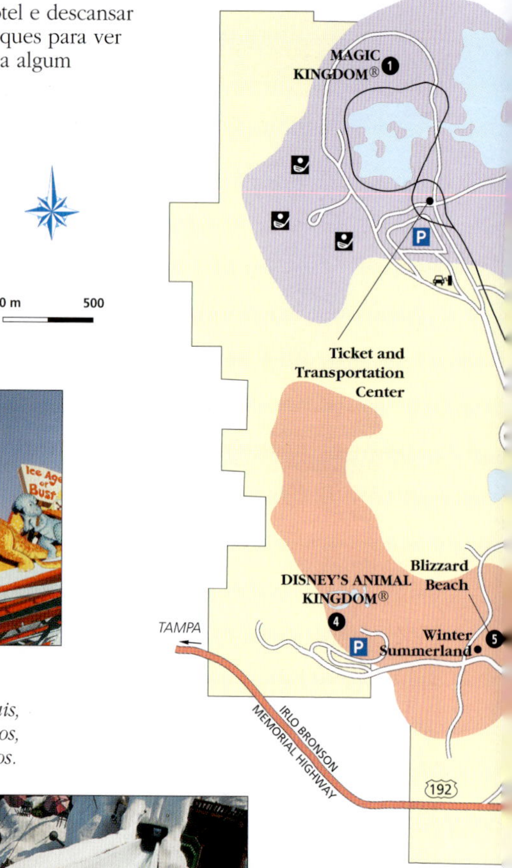

Disney's Animal Kingdom®
Experimente as emoções da vida selvagem no encontro com animais, além do prazer de safáris africanos, rafting, trilhas e brinquedos ótimos.

LEGENDA

- Estacionamento
- Posto de gasolina
- Campo de golfe
- Monotrilho
- Rodovia interestadual
- Rodovia principal
- Estrada secundária

Blizzard Beach
Você acha brinquedos sensacionais e ótimos escorregadores aquáticos neste parque temático maravilhoso e muito bem projetado, com 27ha.

Epcot®
Viaje por todos os continentes, entre num foguete espacial para Marte, embarque numa aventura subaquática e dê uma espiada num futuro de descobertas e invenções extraordinárias.

Disney's Hollywood Studios®
O show business no Disney's Hollywood Studios é inigualável. Visitantes de todas as idades mergulham no esplendor, no glamour e na mágica de Hollywood.

- Área do Magic Kingdom Resort
- Área do Epcot Resort Area
- Disney's Hollywood Studios
- Área do Disney's Animal Kingdom Resort
- Área do Downtown Disney Resort

VEJA TAMBÉM

- ***Onde Ficar*** pp. 138-140
- ***Onde Comer*** pp. 148-150

COMO CHEGAR

Um sistema de transporte eficiente e abrangente desloca uma média diária de 200 mil visitantes. O centro de transportes do Walt Disney World é o Ticket and Transportation Center (TTC). Monotrilhos, *ferryboats* e ônibus funcionam todos os dias. E os hotéis situados fora da área do resort oferecem transporte gratuito para os parques. Veja mais detalhes na página 76.

Downtown Disney®
Restaurantes temáticos de celebridades, shows e a maior loja com produtos Disney – tudo isso e muito mais nesse complexo emocionante de compras e diversão.

Magic Kingdom® ❶

Como o mais requintado parque temático da Disney, o Magic Kingdom® tem um formato semelhante na Califórnia (onde fica a Disneyland original, de 1955), no Japão e na França. Os 43ha do parque estão repletos de personagens de desenhos animados e visões saudosas de como era o mundo, e principalmente os EUA, e de como voltar a sê-lo. A área é dividida em sete "territórios", as Lands, que evocam um tema ou uma era específica, como o Wild West, Colonial America e o futuro. Com vida efervescente, aqui há desfiles sofisticados, músicos que tocam nas ruas e personagens Disney em três dimensões.

COMO EXPLORAR O PARQUE

A não ser que você seja hóspede de um dos hotéis Disney, marque sua visita para o meio da semana ou mais para o fim, pois o parque fica mais movimentado no fim e no início da semana. Você tem sorte se ficar num hotel Disney. Como hóspede, terá acesso a ingressos privilegiados, antes dos outros, duas vezes por semana: quinta-feira e sábado. Aproveite e passe pelas catracas uma hora antes da abertura oficial. Isso lhe dará mais 60 minutos para se divertir em Fantasyland e Tomorrowland antes que o parque abra para o público.

Ao chegar ao parque, você poderá pegar um mapa sobre as Lands e os brinquedos, além dos horários de shows e desfiles. Um quadro acima da Main Street também dá informações e acrescenta uma lista de espera para as muitas atrações. É relativamente fácil passear pelo parque, pois as Lands saem de um ponto central, na frente do Cinderella's Castle.

As atrações mais procuradas se situam em extremidades opostas do parque, a uma boa distância. Por isso é provável que você acabe caminhando mais do que esperava. Porém há outras formas modernas de transporte. A Main Street possui uma série de veículos que, para não ficar atrás da tradição Disney de contar histórias, relata a dos transportes desde os veículos de tração animal até os carros motorizados.

Um trem a vapor realiza um circuito de 20 minutos pelo parque, parando em Main Street e Frontierland.

Visitantes na Main Street, USA® com o Cinderella's Castle ao fundo

DICAS

• Se você está entre os visitantes que entram mais cedo, procure o portão perto de Peter Pan e It's a Small World cerca de 15 a 20 minutos antes da abertura oficial.

• Para reduzir o número de usuários das atrações antes do fechamento, boa parte das áreas para as filas internas recebe um cordão, de modo que, de fora, elas parecem longas.

• O sistema fastpass *economiza muito tempo. Reduz o período de espera em mais de uma hora (às vezes, mais) nos brinquedos muito procurados, ao dar direito a passes gratuitos nos guichês perto da entrada do brinquedo. Volte após um tempo programado (em geral, uma hora) para entrar numa fila muito mais curta. Faça suas escolhas com atenção, pois só terá um* fastpass *de cada vez.*

BARES E RESTAURANTES

O parque oferece muitas opções de fast-food e uma enorme variedade de serviços rápidos para você escolher. Para uma refeição razoável, experimente a Liberty Tree

Tavern. Se preferir um jantar calmo, o Crystal Palace é uma boa escolha.

O Cinderella's Royal Table, dentro do próprio castelo, oferece um gostinho de realeza, com seu ambiente majestoso. Sua especialidade é uma excelente costela e, em geral, a comida é saborosa. A frequente aparição de personagens Disney diverte as crianças e confere um toque de magia à refeição. Mas convém reservar com antecedência para garantir uma mesa nesse concorrido restaurante.

Se sua turminha preferir comer sanduíches, o Aunt Polly's, na Tom Sawyer Island, tem tudo para agradar, mas é a única opção diponível no local.

A VISÃO DE WALT DISNEY

Walt Disney (1901-1966), o criador de Mickey Mouse, foi pioneiro em desenhos animados. Ao observar os filhos brincando num parquinho de diversões sujo, veio-lhe a inspiração de construir um lugar limpo e cheio de atrações, que pais e filhos pudessem aproveitar juntos. Imaginou um parque temático que girasse em torno de cinco Lands: Main Street, um cenário inspirado no país do fim do século XIX/início do século XX; Adventureland, impregnada do mistério de locais exóticos; Frontierland, uma homenagem aos pioneiros; Fantasyland, um local de fantasia, inspirado na música "When You Wish upon a Star"; e Tomorrowland, baseada num tema futurista, adequado à era espacial que se iniciava. Disney adquiriu um terreno de 65ha em Anaheim, na Califórnia, e supervisionou cada aspecto do projeto e da construção. Em 1955, quando o Magic Kingdom foi inaugurado e 28 mil pessoas se acotovelaram para entrar, consta que Disney chorou muito – por fim, seu grande sonho se tornara realidade. Atualmente o império Disney se espalha pelo mundo, com parques temáticos em Paris e Tóquio. O Walt Disney World® Resort de Orlando abriu em 21 de outubro de 1971.

PARA VISITA DE 1 DIA

Se, de fato, quiser percorrer o Magic Kingdom® em apenas um dia, saiba que se trata de uma tarefa árdua, por causa das distâncias a percorrer. E isso piora no verão.

1. *Depois de passar pela catraca, vá logo para o centro. Se o parque estiver todo aberto, vire à direita e dirija-se à* ***Space Mountain®****. Se houver cordas nas áreas no centro, espere perto do cordame da entrada para Tomorrowland e rume para a Space Mountain®, quando retirarem as cordas. Esse é um brinquedo ótimo para quem deseja emoções fortes. Ou, se preferir um começo mais sossegado, pode ir para o* ***Buzz Lightyear's Space Ranger Spin****.*
2. *Após a Space Mountain®, escolha entre* ***Tomorrowland® Indy Speedway*** *e* ***Tomorrowland Arcade****. Se você tem filhos pequenos, deve ir para Fantasyland, passando por Tomorrowland (mantenha o autódromo a sua direita e vire à esquerda na Mad Tea Party) e brinque em* ***The Many Adventures of Winnie the Pooh****.*
3. *Em seguida, vire à esquerda e atravesse o Dumbo the Flying Elephant na direção de* ***Peter Pan's Flight*** *e aproveite o brinquedo.*
4. *Saia pela esquerda, vá até Liberty Square e visite* ***The Haunted Mansion®****, à direita.*
5. *Ao sair da Haunted Mansion, dobre à direita e continue até* ***Splash Mountain®****. Se o tempo de espera for de mais de meia hora, pode ser uma boa ideia comprar um fastpass para esse brinquedo. Daqui, vire à direita e vá até* ***Big Thunder Mountain Railroad****.*
6. *Na saída do Big Thunder, atravesse a ponte e vá diretamente para* ***Pirates of the Caribbean®*** *e entre no brinquedo.*
7. *Agora você pode voltar para brincar na Splash Mountain®.*
8. *Depois da Splash Mountain®, volte até* ***Jungle Cruise****. Se o horário se encaixar, entre no brinquedo; senão, passeie pelo* ***Enchanted Tiki Room Under New Management****.*
9. *Adquira um fastpass para o* ***Mickey's PhilharMagic*** *e tome um lanche leve.*
10. *Ao terminar de lanchar, entre no Mickey's PhilharMagic.*
11. *Em seguida, crianças menores têm muito com o que se divertir na Fantasyland®: isso inclui* ***It's a Small World****,* ***Peter Pan's Flight****,* ***Snow White's Scary Adventures****,* ***Dumbo the Flying Elephant****,* ***Ariel's Grotto*** *e* ***Mad Tea Party****.*
12. *Atravesse o centro em direção a Tomorrowland e adquira um fastpass para o* ***Buzz Lightyear****.*
13. *Visite* ***Monsters Inc. Laugh Floor Comedy Club****, e escolha* ***Astro Orbiter®*** *ou* ***Walt Disney's Carousel of Progress****.*
14. *Volte para brincar no* ***Buzz Lightyear****.*
15. *Cruze o centro e vá para Frontierland e arranje um lugar confortável e com boa vista para aproveitar toda a riqueza do* ***desfile da tarde****.*
16. *Após o desfile, você tem a oportunidade de entrar no último brinquedo antes do jantar. Escolha entre* ***Jungle Cruise*** *na Adventureland ou suba a bordo do* ***Liberty Square Riverboat****.*
17. *Depois do jantar, não perca o* ***Main Street Electrical Parade****. Se o parque estiver fechando cedo, assista ao desfile em Town Square. Se o fechamento for mais tarde, é melhor vê-lo em Main Street, do lado de Tomorrowland. Desse modo, assim que o desfile terminar, você poderá voltar para as atrações de Tomorrowland e Fantasyland® para ir a algum brinquedo que perdeu (ou ir de novo em algum que seja seu preferido).*
18. *Por fim, jante no California Grill (p. 150) e assista aos fogos no conforto das paredes de vidro do restaurante, que dá vista para o Magic Kingdom®.*

PRINCIPAIS ATRAÇÕES

① SPLASH MOUNTAIN®

② BIG THUNDER MOUNTAIN RAILROAD

③ BUZZ LIGHTYEAR'S SPACE RANGER SPIN

④ IT'S A SMALL WORLD

⑤ PIRATES OF THE CARIBBEAN®

⑥ SPACE MOUNTAIN®

⑦ THE MAGIC CARPETS OF ALADDIN

⑧ THE HAUNTED MANSION®

⑨ PETER PAN'S FLIGHT

⑩ THE MANY ADVENTURES OF WINNIE THE POOH

MAIN STREET, USA®

Ao chegar à Main Street, entre na fantasia de Disney, visitando uma cidadezinha vitoriana que nunca existiu nos EUA. À medida que você percorrer a rua, vai passar por baixo da Main Street Station. Daqui, pode pegar o trem para um passeio pelo parque. A cada dez minutos parte um deles. Sob a estação há armários onde, por uma pequena taxa, você pode guardar bagagens e objetos de valor.

Ao entrar na Town Square, a **City Hall** fica à esquerda. É um bom lugar para visitar antes, se quiser informações sobre os shows e outros eventos que possam ocorrer durante sua estada. O **Town Square Exposition Hall** fica à direita, quando se entra na praça. Aqui, podem-se comprar filmes e outros suprimentos para câmeras, mas as lojas principais ficam ao longo da Main Street.

A Main Street é uma incrível mistura de cores, formatos e músicas, cheia de detalhes. À noite, a rua toda assume um aspecto mágico, pois milhares de luzes resplandecentes trazem um brilho extra a suas imaculadas calçadas. Esse também é um ponto excelente para assistir ao popular **Main Street Electrical Parade** *(p. 39)*, uma fantasia cintilante de música, atuação ao vivo e carros alegóricos iluminados.

ADVENTURELAND®

Vegetação rica, batidas evocativas de tambores e construções coloniais se reúnem para invocar imagens vívidas da África e do Caribe. Por uma ponte de madeira que sai do centro chega-se a Adventureland, uma mescla emocionante e divertida do exótico com o tropical.

Uma das primeiras atrações que se vê nessa Land é a **Swiss Family Treehouse**, uma ótima maneira de iniciar seu giro por essa parte do parque. A réplica da grande casa da árvore descrita no belo conto infantil do século XIX é magnífica de ver. Repleta de detalhes e símbolos, constitui uma lembrança da engenhosidade e dos valores cristãos dos náufragos dessa ficção. Ao subir na árvore, você terá uma belíssima vista geral dessa área do parque. O lugar, sombreado e ventilado, também oferece um passeio educativo que costuma prender o interesse das crianças com menos de 10 anos.

O **Jungle Cruise** é um passeio de barco que leva o visitante por cenários projetados com recursos de animatrônica, passando pela África, Índia e América do Sul. Essa atração deve boa parte de sua popularidade à imensa capacidade de entretenimento do "barqueiro", cujo humor amalucado e contagioso sempre diverte.

Diversão em The Magic Carpets of Aladdin, na Adventureland®

O **Enchanted Tiki Room Under New Management** é uma atração divertida e animada com bastante inteligência. Trata-se também de uma maneira agradável de passar uns 20 minutos, quando se quer fugir do calor. Com personagens de *Aladdin* e *The Lion King*, vale uma visita só para ver a mudança no formato das paredes.

O **Pirates of the Caribbean®** faz uma viagem animada e

The Jungle Cruise: no meio da floresta, com um barqueiro divertido

detalhada. Esse passeio emocionante leva você a um cruzeiro bastante realista, passando por ruínas de masmorras, combate de galeões do século XVI e cenas de mutilação e deboche. As ricas personagens e os detalhes fazem com que esse passeio seja um dos melhores. Depois do enorme sucesso da versão cinematográfica, essa atração ganhou alguns retoques e pode ter ficado muito assustadora para os pequenos. Embora se diga que não é tão boa quanto a versão da Disneyland Paris, os efeitos Audio-Animatronic® são muito bons e o passeio continua entre os favoritos dos visitantes.

Em outra atração popular, **The Magic Carpets of Aladdin**, um tapete com quatro passageiros voa por uma réplica gigante de uma garrafa de gênio; os tapetes se movem sob o "comando" dos viajantes, enquanto camelos extravagantes " cospem" nos visitantes voadores.

Na saída, você encontra uma das lojas mais interessantes do parque, com uma ótima seleção de acessórios e lembranças com as personagens da Disney.

DICAS

- *No topo da Swiss Family Treehouse é possível tirar ótimas fotos da Adventureland.*
- *A maioria dos desfiles do Magic Kingdom tem início na Frontierland, perto da Splash Mountain, de onde se pode assistir a tudo.*
- *Procure chegar aqui cerca de 45 minutos antes que o desfile comece, para pegar um bom lugar e esperar a chegada das personagens Disney.*
- *Os desfiles diurnos saem da área da Splash Mountain para a Town Square; os noturnos quase sempre fazem o trajeto inverso.*
- *Para visitar primeiramente a Splash Mountain, suba no trem em Main Street, antes de o parque abrir. O trem parte na hora da abertura e chega a Frontierland sete minutos depois. Essa estação fica perto da Big Thunder e da Splash Mountain.*

Os vagões se inclinam na Big Thunder Mountain Railroad

FRONTIERLAND®

Montada num cenário inspirado no faroeste, essa Land está cheia de calçadas elevadas e armazéns. A **Frontierland Shootin' Arcade** é uma reminiscência do Wild West e das antigas feiras rurais. O **Country Bear Jamboree** oferece um show musical animatrônico de bichos que os pequenos adoram e é uma folga bem-vinda num dia quente de verão.

Feito para atordoar, mas muito bem elaborado, o passeio pelo Wild West americano num trem de mina descontrolado na **Big Thunder Mountain Railroad** é uma das atrações mais antigas. Como montanha-russa, é uma experiência até suave, se bem que os vagões traseiros tornam a viagem muito mais emocionante do que os da frente. Desde o início do dia, juntam-se longas filas, por isso essa atração deve ser programada para bem cedo.

Em frente à Big Thunder Mountain fica a plataforma de embarque na qual se toma a jangada para a **Tom Sawyer Island**. Completa, com forte, pontes de corda, cachoeiras e túneis, a ilha é o sonho de aventura para as crianças.

Uma ótima atração que ameaça deixar você todo molhado é a **Splash Mountain®**. É um exemplo típico do que a Disney faz de melhor, integrando música, efeitos especiais e belas criaturas construídas artesanalmente. Isso, combinado com milhares de gotículas antes da chegada de mais água, transforma o passeio pelo rio num dos melhores do mundo. As pessoas gostam muito de repetir as emoções e, de manhã, formam-se longas filas para o brinquedo, o que se repete até o fechamento. É recomendável adquirir *fastpasses* para o Big Thunder Mountain Railroad e a Splash Mountain.

Mergulho na emocionante descida da Splash Mountain®

LIBERTY SQUARE

A menor das Lands, a Liberty Square é encenada numa América pós-colonial e conta com três atrações: o **Liberty Square Riverboat**, **The Hall of Presidents** e **The Haunted Mansion**. No Liberty Square Riverboat é feita uma sossegada viagem no tempo até os dias da abertura de fronteiras, com a aquisição da Louisiana e o nascimento da cultura sulista. O passeio não costuma ter muita gente e é uma ótima maneira de vencer o calor do verão.

Outra opção interessante é a visita ao Hall of Presidents, nunca apinhado. Trata-se de um show animatrônico impressionante que apresenta a voz gravada do presidente atual lendo textos de grandes presidentes do passado. A parte animatrônica vem depois de um filme multimídia que revela as provações e as adversidades dos momentos iniciais dos EUA. O filme mostra uma visão da escravidão bastante honesta e franca e termina com uma nota patriótica.

The Haunted Mansion®, primeira atração construída em Walt Disney World®, continua sendo uma das melhores. Embora o fator medo tenha perdido boa parte de sua força com o passar dos anos, a introdução inteligente, a projeção engenhosa dos fantasmas, os efeitos 3-D e a atenção para os detalhes durante todo o percurso ainda são admiráveis. A possibilidade da entrada quase contínua de grandes grupos permite que mesmo as filas longas, agora raras, caminhem depressa. Crianças muito pequenas talvez se assustem com algumas "aparições" repentinas, mas a maioria vai achar mais engraçado do que assustador.

O Prince Charming Regal Carousel e, ao fundo, o Cinderella's Castle

FANTASYLAND®

Dominada pelas agulhas arrojadas do Cinderella's Castle, essa Land é o coração do Magic Kingdom®. As atrações despertam sensações de perplexidade e encantamento até nos mais indiferentes. Essa Land costuma ser o primeiro

DICAS

- *Um atalho pouco conhecido do Fantasyland® para a Tomorrowland fica logo à direita da estação de trem.*
- *Um ótimo lugar para ver os fogos de artifício noturnos sem as multidões é na entrada do parque na Main Street, voltada para o Cinderella's Castle.*
- *The Tomorrowland Arcade* (p. 40) *pode ser um ótimo local para "estacionar" os jovens enquanto você leva os pequenos para saborear alguma delícia no Dumbo the Flying Elephant ou para ver algum show mais sossegado.*

Passeio tranquilo no Liberty Square Riverboat

SHOWS E DESFILES

Não perca esses eventos incríveis. Os shows – o *Mickey's PhilharMagic*, maravilhoso filme em três dimensões, e *The Enchanted Tiki Room* – têm uma proposta excelente, mas os desfiles são incomparáveis. Balões imensos, cercados por uma multidão de atores e dançarinos, percorrem um trajeto fixo que vai de Frontierland® até Town Square, na Main Street. À tarde, sempre há um desfile, e, no auge da temporada, a Main Street Electrical Parade ocorre duas vezes por noite, em geral às 20h30 e às 22h30. À noite também é apresentado o Wishes™ Nighttime Spectacular, uma bela coreografia de fogos e música.

destino das crianças, pois as personagens dos livros de história ganham vida aqui. **Dumbo the Flying Elephant** é um chamariz para crianças pequenas, enquanto o Prince Charming Regal Carousel, datado de 1917 e restaurado, encanta todas as faixas de idade com seus cavalinhos. As **Snow White's Scary Adventures**, que recontam a historinha, um passeio sobre trilhos, podem assustar um pouco as crianças pequenas. Já o **Peter Pan's Flight** é muito popular, combinando a sensação de voar com o prazer da perfeita sincronia entre música e movimento. Em frente fica **It's a Small World**, uma viagem aquática por uma série de quadros animados. Na entrada do Cinderella's Castle está a principal atração, o **Dream Along with Mickey**, um musical em que Mickey e sua turma convidam todos a participar cantando e dançando.

The Many Adventures of Winnie the Pooh incorpora o que há de mais moderno em tecnologia de veículos, iluminação e efeitos sonoros com diversos canais. Como atração concorrida, merece um *fastpass*.

Inspirada no Chapeleiro Maluco e na Lebre de Março, da festa de "desaniversário" absurda de *Alice no país das maravilhas*, a **Mad Tea Party** coloca os convidados sentados em xícaras que fazem círculos para a direita e para a esquerda. Os pequenos costumam adorar esse brinquedo.

O filme em 3-D **Mickey's PhilharMagic** oferece uma merecida pausa nas caminhadas e apresenta o altíssimo padrão associado à Disney, mas pode ser desgastante para crianças pequenas. De todos os filmes em 3-D apresentados pelos parques da Disney, esse talvez seja o mais perfeito. Apresenta um enredo sólido: o Pato Donald arranja problemas depois de se apoderar do chapéu de feiticeiro do Mickey, durante a preparação para uma sinfonia encantada. Isso faz o pato rodopiar por diversos dos musicais Disney mais conhecidos, para desfazer a travessura. A música maravilhosa se junta ao acréscimo de 3-D às cenas de sucesso de Disney, e a intensificação dos sentidos em alguns momentos é muito bem utilizada.

A **Ariel's Grotto** dispõe de uma área de saudações e da "fonte interativa". Aqui, as crianças pequenas podem brincar num ambiente aquático, conhecer a própria Pequena Sereia e se encharcar à vontade.

Pooh's Playful Spot é o playground do Ursinho Pooh, onde as crianças poderão pular como o Tigrão.

O **Fairytale Garden** apresenta histórias de forma descontraída e no **Bibbidi Bobbidi Boutique** as crianças são mimadas.

Atualmente em ampliação, a Fantasyland® ficará com quase o dobro do tamanho atual. A obra está em andamento no antigo Mickey's Toontown Fair®. Agora, os visitantes podem encontrar Mickey e Minnie, os personagens mais famosos de Disney, na entrada principal e tirar fotos com eles. A montanha-russa Goofy's Barnstormer será transformada na Great Goofini, com um Big Top e outros elementos lúdicos circenses.

O destaque da obra de ampliação é o brinquedo Little Mermaid, que levará os visitantes ao reino submarino de Ariel. No alto de uma colina por perto, o Beast's Castle dará a chance de contracenar com Bela em uma apresentação na biblioteca. Outras célebres princesas e heroínas da Disney ficarão em áreas nas quais as crianças poderão festejar o aniversário de Aurora com fadas do bem, dançar com Cinderela, ver Sininho e dar um passeio com Branca de Neve e os Sete Anões no Mine Train.

Rodopios das xícaras no brinquedo da Mad Tea Party

Construção futurista que abriga o brinquedo Space Mountain®

DICAS

• *Geralmente o melhor lugar para ver os fogos – última atração da noite – é perto da saída do Magic Kingdom®.*
• *Esse local privilegiado também permite sair rapidamente do parque, e você estará entre os primeiros a usar o transporte da Disney de volta ao seu hotel ou ao estacionamento.*
• *No final da noite, o monotrilho para o Ticket & Transportation Center (TTC) costuma estar lotado. Para evitar a multidão, pegue a outra rota do monotrilho, mais longa, que indica "Resorts".*

TOMORROWLAND®

Baseada num tema futurista, Tomorrowland passou por diversas reformas para se revitalizar. A gerência continua a fechar, substituir ou adicionar brinquedos, num esforço rotineiro de encontrar a combinação perfeita. A **Space Mountain**® é uma corrida veloz por curvas fechadas e descidas bruscas, no escuro, enfrentando projeções de asteroides e similares. A impressão de viajar pelo espaço é excelente. Mas, embora a brincadeira seja mais perturbadora do que a Big Thunder Mountain *(p. 37)*, ela pode parecer meio sem graça para quem quer mais emoções.

Ao lado da Space Mountain fica a **Tomorrowland Arcade**, uma enorme mostra de videogames e diversos jogos *high tech*. O **Walt Disney's Carousel of Progress** atrai muita gente e é uma atração em que o visitante se senta em uma plateia que gira em volta do palco. O espectador observa as transformações na vida doméstica através dos tempos e, embora pareça estranho, esse é um dos brinquedos preferidos, principalmente tarde da noite.

Os espectadores testam a esperteza e descobrem o poder do riso no clube de comédia **Monsters, Inc. Laugh Floor Comedy Club**, inspirado no filme *Monstros S.A.* O anfitrião do show é Mike Wazowski, o monstro de um olho só do filme.

Stitch's Great Escape!™ é outra experiência teatral de cunho multisensorial (incluindo odores) com o alienígena maluco; surpresas durante a apresentação podem assustar crianças menores. Adultos e crianças encontrarão diversão até durante a refeição no **Cosmic Ray's Starlight Café**. Sonny Eclipse, um alien gigante animatrônico, toca piano em um colorido palco, divertindo toda a família que pode provar os também divertidos Cosmic Chicken e Blast-off Burgers. Um ótimo local para se proteger do eventual calor ou chuva, e também para se assistir à queima de fogos.

O visitante pode voar alto nos foguetes prateados do **Astro Orbiter**, que oferece ótima vista da Tomorrowland. Passeio de dez minutos, calmo e interessante, **Tomorrowland Transit Authority** oferece excelentes vistas do parque e a oportunidade para descansar. Quase nunca fica cheio. Passa pela Space Mountain e permite espiar várias outras atrações.

O **Buzz Lightyear's Space Ranger Spin** é um dos melhores brinquedos do parque. Aqui, a brincadeira é enfrentar o maldoso Imperador Zurg em um carrinho de dois lugares com canhões a laser, placares eletrônicos e um controle que permite que você gire o carro rapidamente para mirar melhor. Os tiros nos alvos com um laser vermelho causam estrondos e colisões e aumentam seus pontos bem depressa. Uma volta não é o suficiente neste brinquedo, que é um dos poucos de onde as crianças têm de chorar para tirar os pais.

O **Tomorrowland**® **Indy Speedway** é um autódromo amplo

Os visitantes voam alto num foguete do Astro Orbiter®

Tomorrowland Transit Authority®, um passeio sossegado

e seguro, onde crianças e adultos com mais de 1,30m podem dirigir os próprios carros de corrida por uma pista cheia de curvas – as crianças menores precisam ir com um adulto para guiar. Embora não seja tão emocionante quanto o Epcot's Test Track *(p. 46)*, esse brinquedo está mais de acordo com as pistas de kart voltadas para a família.

COMPRAS

No Magic Kingdom, em todos os lugares há lojas que vendem todos os tipos de roupas, confeitarias (sem chicletes) e os esperados produtos simbólicos. Todas as Lands têm as próprias lojas com itens relacionados a seu tema e ao brinquedo mais próximo. Muitas lembranças de piratas podem ser adquiridas perto de Pirates of the Caribbean, por exemplo. Faça suas compras na saída para não ter de carregar os pacotes durante o dia todo.

PREPARE-SE

Esta tabela ajuda você a planejar sua visita ao Magic Kingdom®. Os brinquedos e shows estão em ordem alfabética dentro de cada Land.

		TEMPO DE ESPERA	RESTRIÇÃO PARA ALTURA/IDADE	HORÁRIO MAIS CONCORRIDO	FASTPASS	TEMPO DE EMBARQUE	PODE PROVOCAR ENJOO	CLASSIFICAÇÃO GERAL
	ADVENTURELAND®							
B	JUNGLE CRUISE	❍		11h-17h	➡	❷		▼
B	THE MAGIC CARPETS OF ALADDIN	❍	3 anos +	9h-19h		❶	✓	▼
B	PIRATES OF THE CARIBBEAN®	❍		10h-17h		❷		◆
S	THE ENCHANTED TIKI ROOM	◗		12h-16h		❷		▼
	FRONTIERLAND®							
B	BIG THUNDER MOUNTAIN RAILROAD	●	1m +	9h-19h	➡	❶	✓	★
B	SPLASH MOUNTAIN®	❍	1m +	9h-19h	➡	❶		★
S	COUNTRY BEAR JAMBOREE	❍		10h-19h		❶		▼
	LIBERTY SQUARE							
B	THE HAUNTED MANSION®	◗		12h-19h		❶		◆
B	LIBERTY SQUARE RIVERBOAT	◗				❶		▼
S	THE HALL OF PRESIDENTS	❍				❶		▼
	FANTASYLAND®							
B	DUMBO THE FLYING ELEPHANT	❍		10h-16h		❷		▼
B	IT'S A SMALL WORLD	❍		9h-19h		❷		★
B	MAD TEA PARTY	❍		10h-18h		❶	✓	▼
B	THE MANY ADVENTURES OF WINNIE THE POOH	❍		10h-17h	➡	❷		◆
B	PETER PAN'S FLIGHT	❍		10h-17h	➡	❷		★
B	SNOW WHITE'S SCARY ADVENTURES	❍		10h-17h		❷		◆
S	MICKEY'S PHILHARMAGIC	❍		10h-16h	➡	❶		★
S	DREAM ALONG WITH MICKEY	❍		10h-17h				◆
B	THE GREAT GOOFINI	❍		10h-18h		❶		◆
	TOMORROWLAND®							
B	ASTRO ORBITER®	❍			➡	❶		▼
B	BUZZ LIGHTYEAR'S SPACE RANGER SPIN	◗	1,12m +	10h-19h	➡	❶	✓	◆
B	SPACE MOUNTAIN®	❍	1,12m +	9h-19h	➡	❸		▼
B	STITCH'S GREAT ESCAPE!™	◗	1m +		➡	❷	✓	▼
S	COSMIC RAY'S STARLIGHT CAFE ALIEN PIANO SHOW	❍		10h-19h				▼
B	TOMORROWLAND® INDY SPEEDWAY	❍	1,30m +	10h-19h		❸		◆
B	TOMORROWLAND® TRANSIT AUTHORITY	❍				❷		◆
S	WALT DISNEY'S CAROUSEL OF PROGRESS	❍				❷		▼
S	MONSTERS, INC. LAUGH FLOOR COMEDY CLUB	❍						◆

Legenda: Brinquedo – B; Show – S; Tempo de Espera Pequeno – ❍ Médio – ◗ longo – ●; Tempo de Embarque Rápido – ❶ Médio – ❷ Vagaroso – ❸; Classificação Geral Bom – ▼ Excelente – ◆ Extraordinário – ★

Epcot® ❷

Epcot®, acrônimo de Experimental Prototype Community of Tomorrow, era o sonho de Walt Disney para uma comunidade ativa, repleta de tecnologia. A ideia dele era representar aqui uma visão utópica do futuro. Mas, no momento de sua inauguração, em 1982, foram feitas diversas mudanças no sonho original e Epcot® abriu como centro educacional e feira mundial permanente.

O parque de 100ha se divide em duas partes: o Future World, com destaque para educação e diversão, e a World Showcase, que representa a arte, a cultura e a habilidade culinária de diferentes países.

Test Track, um dos brinquedos mais procurados em Epcot®

DICAS

- *É permitida a entrada imediata mais cedo nos parques para os visitantes aproveitarem algumas atrações. Assim, convém chegar às catracas pelo menos 15 minutos antes da abertura.*
- *A maioria das pessoas vai à Spaceship Earth assim que chega a Epcot, por isso o tempo de espera é longo. Mas, à tarde, pode-se entrar quase sem demora.*
- *Para evitar os engarrafamentos do fim do dia, estacione na área de visitantes dos hotéis Yacht e Beach Club. Caminhe até o World Showcase, passando pelo International Gateway, e saia pelo mesmo lugar, depois das IllumiNations.*

COMO EXPLORAR O PARQUE

Epcot® tem duas vezes e meia o tamanho do Magic Kingdom®, ou seja, é preciso pelo menos um dia e meio para cobrir a maioria de suas atrações. A World Showcase não costuma abrir até as 11h; por isso, a aglomeração de pessoas de manhã cedo fica no Future World, migrando depois para o cordame entre os dois parques, à espera da abertura da Showcase. Como tudo na Disney, chegar cedo é o segredo para uma visita benfeita. Se você tem direito aos privilégios de entrada antecipada, chegue uma hora e 40 minutos antes da abertura oficial.

Embora realmente exista um pequeno número de brinquedos no Future World, dois deles – Test Track e Mission: Space – são assediados desde cedo. Assim, é melhor procurá-los bem cedo. Adquira um *fastpass* para um e brinque no outro. Para chegar a eles, pegue a direita no imenso prédio de Innoventions East. Às vezes, ajuda imaginar o Future World como um mostrador de relógio: se a entrada principal fica às 6h, então a Mission: Space fica às 9h, e o Test Track, às 11h. Em termos aproximados, isso equivale a caminhar da entrada do Magic Kingdom® diretamente para Splash Mountain®/Big Thunder Mountain Railroad.

Depois de sair da área da Mission: Space/Test Track, volte até Innoventions East, atravesse para Innoventions West e saia no Imagination Pavilion (quase na posição de 1h no relógio). Em seguida, pode voltar ao Spaceship Earth (6h), se as filas diminuíram, ou voltar para os excelentes pavilhões de Ellen's Energy Adventure (7h) e Wonders of Life (sazonal, 8h). Embora pareça que você foi muito para trás, sentirá um gostinho de satisfação quando vir as filas no fim do dia.

Visite Soarin e The Seas with Nemo & Friends à tarde, após ir ao World Showcase, que ficou mais interessante para crianças por oferecer um jogo de caça interativa em Kim Possible World Showcase Adventure.

Há Kidcot Fun Spots em diversos pavilhões, onde os pequenos podem ficar e se divertir, e a estratégia de comprar um "passaporte" para

NEGOCIAÇÃO DE PINS E BUTTONS

Quando a Disney percebeu que pins e buttons (feitos para eventos especiais) eram revendidos por valores muito acima dos de mercado, teve um momento de inspiração, criando as Pin Stations – quiosques que vendem centenas de diferentes "broches" da Disney, em todos os parques. Epcot's Pin Station Central, perto da Spaceship Earth, é o maior deles. Em geral, cada um custa de US$ 6 a US$ 15. Depois, num lance de gênio, a Disney criou os Pin Traders – membros do elenco que os visitantes convencem a fazer trocas de pins. A ideia avançou, com o estabelecimento de regras de troca muito simples, que os membros do elenco podem romper em favor dos visitantes. Isso estimulou a imaginação das crianças, que passam horas descobrindo um pin ou button que não têm e barganhando para consegui-lo.

Spaceship Earth, geosfera de 55m de diâmetro na entrada de Epcot®

cada criança carimbar pode ser uma bênção. Há passeios menores (quase sempre voltas de barco) em alguns pavilhões e diversos shows de filmes. O jantar em alguns pavilhões é excelente e pode ser reservado no hotel. O sistema de transporte no parque não é muito bom, e você sempre chega mais depressa caminhando. Por isso é fundamental a utilização de sapatos confortáveis. Também não há muita sombra; então use chapéu ou boné.

FUTURE WORLD

Ao passar pelas catracas e enxergar o domo geodésico que abriga a Spaceship Earth, você percebe uma nova atração: **Leave a Legacy**. Este projeto utilizou a imagem de mais de 500 mil visitantes, que foram gravadas em metal e presas a modernas estruturas de pedra. O Future World compreende diversos edifícios arrojados e se tem acesso a ele por Innoventions East e West. Alguns prédios contêm uma única atração, ao passo que, em outros, se pode pesquisar várias mostras, quase sempre interativas, e aproveitar os brinquedos no pavilhão principal. Boa parte das atrações é patrocinada por grandes empresas, o que fica evidente pelos símbolos.

Spaceship Earth

Instalada numa enorme esfera geodésica de 7,5 toneladas, essa atração sempre cheia leva você por quadros muito benfeitos e cenas animatrônicas que retratam o progresso tecnológico do ser humano. O domo é quase tão atraente quanto o brinquedo, canalizando a água da chuva para a World Showcase Lagoon.

Innoventions

Os dois prédios, East e West, criam uma mostra interativa de produtos de um futuro próximo, constantemente atualizados por meio de conexões com fabricantes de bens eletrônicos. É uma ótima "visita rápida", à qual você pode voltar enquanto espera seu horário de *fastpass* ou uma fila diminuir. Embora algumas das brincadeiras originais tenham ido para Downtown Disney® *(pp. 74-5)*, ainda existe muita coisa para as crianças fazerem, enquanto os pais assistem aos "infomerciais ao vivo", que apresentam os mais modernos dispositivos. O prédio East agora apresenta o Epcot Character Spot, onde os visitantes podem encontrar o Mickey.

PRINCIPAIS ATRAÇÕES

1. ILLUMINATIONS
2. MISSION: SPACE
3. TEST TRACK
4. SOARIN'
5. ELLEN'S ENERGY ADVENTURE
6. KIM POSSIBLE WORLD SHOWCASE ADVENTURE
7. SPACESHIP EARTH
8. THE SEAS WITH NEMO & FRIENDS
9. MAELSTROM
10. GRAN FIESTA TOUR

PARA VISITA DE 1 DIA

1. *Chegue uma hora e 40 minutos antes da abertura oficial, num dia de entrada mais cedo, ou uma hora antes em dia normal.*
2. *Vá direto para* ***Test Track*** *e adquira um fastpass para mais tarde. Entre na fila para* ***Mission: Space****.*
3. *Ao sair de Mission: SPACE, use seu Fastpass para Test Track e cruze o parque rumo ao* ***Imagination Pavilion****, para embarcar em* ***Journey into Imagination with Figment****. Visite as* ***Innoventions*** *se tiver algum tempo livre.*
4. *Após sair do Imagination Pavilion, vá à* ***Spaceship Earth****.*
5. *Na Spaceship Earth, vire à direita e siga para o* ***Turtle Talk with Crush****, uma experiência incrível em 3-D. Ou visite as Innoventions, caso ainda não tenha ido até lá.*
6. *Depois vá para* ***Ellen's Energy Adventure****.*
7. *Siga até* ***World Showcase*** *e espere a retirada do cordame à esquerda.*
8. *Depois dirija-se ao* ***México****. Brinque em* ***Gran Fiesta Tour****.*
9. *Saia pela direita e vá até a* ***Noruega****. Brinque em* ***The Maelstrom****.*
10. *Chegou a hora de um almoço tardio. Escolha um pavilhão diferente de onde quer jantar e, depois do almoço, já faça a reserva para o jantar. Se possível, marque a reserva para duas horas antes das IllumiNations. Em seguida, visite a* ***China*** *(cinema), a* ***França*** *(cinema) e o* ***Canadá*** *(cinema).*
11. *Volte ao Future World e visite o pavilhão* ***The Land****. Brinque no* ***Soarin*** *ou, se a espera for muito longa, adquira um fastpass para o Soarin e experimente as outras atrações enquanto espera.*
12. *Deixe o pavilhão The Land pela esquerda, vá para* ***The Seas with Nemo & Friends*** *e aproveite suas duas atrações.*
13. *Ao sair do The Seas with Nemo & Friends Pavilion, vá ao* ***Epcot Character Spot*** *para pedir autógrafos e tirar fotos com personagens cultuados pela garotada.*
14. *Brinque no Soarin, quando chegar sua hora, e termine explorando as Innoventions ou pegue um fastpass para repetir algum brinquedo. Vá jantar, o que deve dar uma meia hora para encontrar um bom lugar para ver as* ***IllumiNations****.*

Epcot: Mission: SPACE

Um dos mais novos brinquedos vibrantes em Epcot leva o visitante a uma viagem pelos céus, que termina num pouso acidentado em Marte. Essa atração muito popular é a última palavra em simuladores, combinando giros em alta velocidade (para simular as forças G) com um simulador e um enredo visual interativo em 3-D. O resultado é um lançamento de foguete e uma viagem para Marte totalmente convincentes, contando com um giro em volta da Lua. São impressionantes a recriação realista da decolagem para o espaço e o pouso problemático. Essa atração é a mais avançada do parque em termos tecnológicos e foi um brinquedo criado pela imaginação de Disney, mas que se baseia em dados científicos fornecidos por astronautas, cientistas e engenheiros. Pode-se escolher entre uma viagem intensa ou uma mais leve, com menos sacudidas.

PONTOS ALTOS

★ Decolagem

★ Pouso em Marte

INTERNATIONAL SPACE TRAINING CENTER

A história se passa no International Space Training Center (ISTC), em 2036. Nesse futuro espacial, muitos países se juntaram para treinar uma nova geração de exploradores do espaço. Os participantes da Mission: Space se tornam candidatos a astronautas em sua primeira missão de treinamento.

O prédio do ISTC é todo metálico, brilhante, cheio de paredes curvas, num visual supermoderno da era espacial. O exterior curvo de aço envolve o pátio, chamado **Planetary Plaza**. No instante em que os visitantes pisam nesse pátio são levados para um mundo futurista. Enormes réplicas da Terra, de Júpiter e da Lua enchem o Plaza e suas paredes apresentam citações de figuras históricas sobre as viagens e as explorações espaciais. O modelo da Lua tem placas de latão que indicam a localização de cada pouso, americano ou soviético, tripulado ou não, durante as décadas de 1960 e 1970. O interior do ISTC divide-se em diversas áreas para diferentes níveis de treinamento. Há quatro compartimentos de brinquedos, com dez cápsulas em cada um. Uma cápsula comporta quatro visitantes.

O TREINAMENTO

Antes de embarcar no voo, os exploradores devem cumprir vários procedimentos a fim de se prepararem para a "missão". Essas sessões de treinamento e instruções demoram, o que faz o tempo de espera parecer menor, pois as pessoas se entretêm antes da verdadeira brincadeira: o ambiente é bem encenado e até meio militar (uma característica rara nos parques da Disney). No **ISTC Astronaut Recruiting Center** os exploradores conhecem o treinamento e observam um modelo do X-2 Trainer, a nave na qual embarcarão em sua jornada pelo espaço.

A segunda etapa da missão é o **Space Simulation Lab**, uma roda de alta gravidade, com 10m, que gira devagar e contém alojamento de trabalho, salas de exercício, cubículos para dormir e áreas de refeição para as equipes. Um dos destaques do Lab é um veículo lunar da era *Apollo*, emprestado do Smithsonian National Air and Space Museum, que descreve a primeira exploração que o ser humano fez na Lua.

Os participantes entram na **Training Operations Room**, que se agita com a atividade das muitas sessões de treinamento que estão em curso. Diversos monitores grandes mostram, ao vivo, as sessões de treinamento no ISTC. No **Team Dispatch**, um oficial se encontra com os participantes, que são divididos em equipes de quatro pessoas e enviados ao **Ready Room**. Esse é o ponto em que cada membro da equipe aceita um posto: comandante, piloto, navegador ou engenheiro. Espera-se que, durante o voo, cada membro execute as tarefas que lhe cabem naquele papel assumido.

Réplicas dos planetas se destacam contra o fundo metálico do prédio da Mission: Space

É aqui que os exploradores conhecem o Capcom (Capsule Communicator), que será o guia dos astronautas durante o voo. No **Pre-Flight Corridor** os exploradores recebem as instruções finais para a missão. Em seguida, um membro uniformizado da tripulação de voo acompanha a equipe até uma cápsula: a X-2 Space Shuttle.

VOO E POUSO

Os membros da equipe embarcam na cápsula de treinamento X-2, são presos firmemente e há uma "janela" a poucos centímetros de cada um. Começa a contagem regressiva, seguida pela trepidação do lançamento: o estrondo dos motores, as nuvens do escape e o movimento da cápsula se combinam para criar sensações semelhantes às que os astronautas sentem numa decolagem real.

As janelas da cabine são, de fato, moderníssimas telas planas de vídeo que usam uma combinação de vidro LCD e programas de vídeo eletrônicos para apresentar uma imagem supernítida, com movimentos, baseada em dados verdadeiros tirados de satélites que orbitaram Marte. As vistas espetaculares da Terra e de Marte que se obtêm pela janela reforçam a ilusão de viajar pelo espaço.

Os membros da equipe precisam trabalhar em harmonia, desempenhando seus papéis para enfrentar com êxito os desafios e concluir a missão para Marte. Durante o voo, a tripulação recebe instruções do Capcom sobre suas tarefas, que consistem em apertar botões, e a cápsula obedece aos comandos de modo muito convincente. Guinadas e giros inesperados deixam os participantes nervosos e pedem manobras radicais com os joysticks. Além da divertida "estilingada" ao redor da Lua, há também uma breve experiência de "ausência de gravidade" e de ter de desviar de asteroides a caminho de Marte.

O "voo" de quatro minutos chega ao fim com um pouso com colisão em Marte, complementado por fantásticos efeitos sonoros obtidos com o uso de amplificadores estereofônicos, embutidos bem atrás das cápsulas espaciais. Astronautas pioneiros, como Buzz Aldrin e Rhea Seddon, entraram no brinquedo e sua comparação com uma viagem espacial real foi favorável.

As forças G que ocorrem durante a Mission: Space são, na realidade, de intensidade menor do que as de uma montanha-russa comum; porém duram muito mais.

DICAS

- *Primeiro brinquedo criado para usar o sistema fastpass. Evite uma espera demorada nessa atração utilizando o fastpass, disponível na entrada para Mission: Space. Estarão afixados dois horários. Se a espera for muito longa, o visitante pode obter um fastpass com o horário em que deve voltar.*
- *Leia todas as placas de advertência na entrada de Mission: Space e só entre no brinquedo se tiver certeza de que conseguirá ir até o fim.*
- *É preciso que o visitante tenha uma altura mínima de 1,10m.*
- *A experiência toda da Mission: Space, desde o show de abertura até o Advance Training Lab, pode durar de 45 minutos a mais de uma hora. O "voo" para Marte dura aproximadamente quatro minutos, desde o fechamento da cápsula até sua reabertura.*

ADVANCE TRAINING LAB

Após o voo, o visitante circula pelo Advance Training Lab, colorida área de jogos interativos, onde testa suas habilidades em jogos espaciais para todas as idades. Você pode explorar essa área mesmo que não vá ao brinquedo. Aqui não existe exigência de altura mínima.Na **Space Race**, duas equipes participam de uma corrida para ver quem será a primeira a completar uma missão bem-sucedida na volta de Marte para a Terra. As equipes são compostas de mais de 60 visitantes, que trabalham juntos para superar os desafios e reveses em sua missão. **Expedition: Mars** é outra atividade divertida no Advance Traning Lab. Nesse videogame sofisticado, o jogador deve localizar quatro astronautas presos em Marte. **Space Base** se destina a astronautas juniores. É uma excelente área de jogos interativos em que as crianças escalam, escorregam, exploram e se livram do excesso de energia. Também se pode mandar **Postcards from Space** de um quiosque no Advance Training Lab. Aqui, o visitante faz um vídeo de si mesmo em um dos muitos cenários espaciais, criando um belo momento de sua experiência no espaço, enviando um e-mail do resultado para a família e os amigos.

Do outro lado do Advance Training Lab fica **Mission: Space Cargo Bay**, uma área de compras que ocupa 139m². Uma figura em 3D do Mickey, com 1,20m de altura e vestida como astronauta, saúda os visitantes. A área é dominada por um mural de 3,60m de altura, retratando diversas personagens Disney num mecanismo espacial na superfície de Marte. Aqui, os visitantes podem adquirir uma grande variedade de suvenires, como lembrança de sua "experiência espacial".

PREPARE-SE

Future World, entre Test Track & Wonders of Life.
Tel *(407) 934-7639.*
9h-21h diariam.
www.disneymissionspace.com

CUIDADOS

Esse brinquedo não é para todos, ainda mais se a pessoa for propensa a enjoos ou não suportar espaços fechados, barulhos altos nem rodopios. As crianças pequenas podem achar muito agitado e mulheres grávidas e pessoas com pressão alta ou problemas cardíacos devem ser aconselhadas a evitá-lo. Lembre-se: depois da decolagem, não há como voltar.

FUTURE WORLD

Ellen's Energy Adventure
Um filme razoável é revigorado por uma tecnologia fascinante, com a apresentação de Ellen DeGeneres e Billy Nye. A sala toda gira até se dividir em seções que se movimentam com autonomia e transportam a plateia para uma paisagem pré-histórica. A ideia é fazer uma viagem pela criação do Universo: veja e ouça o explosivo Big Bang; passeie por perto de gigantescos dinossauros produzidos em animatronic; escape por pouco da lava de vulcões, flutue bem acima da Terra com satélites e átomos, e encerre explorando um futuro dotado de força de fusão.

The Seas with Nemo & Friends Pavilion
A tecnologia que está por trás desta atração é, por si mesma, impressionante, mas o motivo para vir até aqui é a visita à Sea Base Alpha, o mais ambicioso projeto de pesquisa de Epcot. Uma apresentação prepara você para uma jornada ao fundo do oceano. Depois você toma um *hydrolator* para o leito do mar. Aqui, embarca num trem de pequenos vagões em constante movimento, onde as pessoas se empolgam ao ver tubarões, golfinhos, tartarugas gigantes e manatis. Em The Seas with Nemo & Friends, baseado no filme *Procurando Nemo*, o visitante se junta a Marlin, Dory e seus companheiros e participa de uma história engraçada a bordo de um "mariscomóvel". Há também um divertido show interativo com duração de 15 minutos chamado **Turtle Talk with Crush**, no qual a tartaruga, dotada de voz e animação computadorizada em 3-D, aceita perguntas e conversa com os membros da plateia.

Test Track
Esse é um dos mais concorridos brinquedos de Epcot. A Test Track usa a tecnologia mais sofisticada que existe, colocando você num simulador que se movimenta por trilhas em alta velocidade. Basicamente, você é passageiro de um protótipo de carro esporte com seis lugares, em teste, antes de entrar em produção. Embora o brinquedo faça você passar por análises de frenagem, subidas, viradas bruscas, quase batendo, o clímax é na raia externa da corrida, em que o veículo ultrapassa os 102km/h, numa pista elevada, em volta do prédio da Test Track. No entanto, o sistema para com frequência, quase sempre por causa dos modernos sistemas de segurança que interrompem a corrida. Apesar de ser tranquilizador, isto resulta em filas que continuam a crescer até a noite, quando a espera pode ser de 90 minutos a duas horas. A volta dura apenas quatro minutos, mas o brinquedo é tão bom que você quer ir muitas vezes. Atenção, porque as máquinas de *fastpass* ao lado da entrada normalmente esgotam os passes na hora do almoço.

The Imagination Pavilion
O Imagination Pavilion abrange um show, um brinquedo e uma área interativa. O show é um revival de **Captain Eo**, o filme espetacular em 3-D com Michael Jackson, o brinquedo é **Journey into Imagination with Figment** e a área interativa tem um playground de jogos sensoriais audiovisuais e demonstrações.

The Journey Into Imagination with Figment é uma viagem impressionante em busca de ideias ligadas às artes e ciências, mas é muito complicada e longa demais. Você passa por várias cenas com animação que apresentam ilusões ópticas e efeitos sonoros.

O **ImageWorks Lab** oferece ao visitante a oportunidade de manipular som e imagem de modo interativo, desde fazer música ao agitar os braços até uma experiência com um vídeo em câmera lenta e rápida para fazer música com exercícios aeróbicos. Atrai tanto adultos quanto crianças.

Hora do almoço para os moradores de The Seas with Nemo & Friends

DICAS

• Test Track é muito concorrido, mas pouco confiável. Evite as longas filas, entrando na primeira volta. Ao sair, compre um fastpass *para outra rodada, mais tarde.*
• Se ocorrer uma pane em sua vez, depois de desembarcar pergunte a um membro da equipe se poderá andar de novo, imediatamente.
• Como o Test Track funciona continuamente (mesmo com o parque fechado), você pode voltar para uma nova rodada nos últimos minutos antes de o parque fechar.
• O show *Ellen's Energy Adventure é muito longo (45 minutos). Opte por ele para descansar no verão ou enquanto espera o horário do* fastpass *para outro brinquedo.*
• Mesmo com longas filas, o Ellen's Energy Adventure *passa para 600 visitantes a cada 17 minutos, então não terá de esperar muito.*
• O pavilhão The Land, com seus produtos enormes, é um sonho para agricultores, mas seu eletrizante brinquedo Soarin' não é para crianças pequenas. Um programa melhor para elas é The Seas with Nemo & Friends, que apresenta o cativante elenco aquático de monstros criados pela Disney para o filme Procurando Nemo.

The Land
Ecologia e preservação constituem os temas principais nas atrações dispostas em volta de um restaurante de fast-food. Por isso, são mais procuradas no horário do almoço. As personagens de *The Lion King* encabeçam **The Circle of Life**, um poema à preservação que se expressa em filme e animação. As ameaças ao meio ambiente e as possíveis soluções são apresentadas nesse show divertido e inspirado.

Living with the Land é um passeio de barco de 14 minutos que explora o passado e o presente da agricultura nos EUA e mostra avanços do setor em florestas tropicais, na África e em outros lugares. Embarque nessa viagem de descoberta em laboratórios vivos situados nas planíceis americanas, em uma floresta tropical e no deserto africano, e conheça o que há de novo em aquacultura e cultivos no deserto. Veja ainda estufas experimentais, onde produtos nativos de muitas culturas, incluindo arroz, cana-de-açúcar e banana, são cultivados – alguns se destinam aos restaurantes do Epcot® –, e observe em primeira mão o fascinante ambiente aquático do Aquacell, no qual vivem jacarés e peixes. Um passeio a pé também integra essa viagem de barco.

A maior atração do Land Pavilion – e o brinquedo emocionante mais novo do Epcot® – é o **Soarin**. O visitante é levado às alturas neste simulador de asa-delta, vendo apenas uma grande tela ao seu redor. Com o vento nos cabelos e os pés balançando sobre o topo das árvores, sente-se o aroma das florestas de eucalipto, dando a sensação de voar sobre as maravilhas naturais da Califórnia. Esta atração não é indicada para quem tem medo de altura, e é aconselhável usar o fastpass.

Os visitantes se sentem voando no Soarin' do Land Pavilion

PREPARE-SE

Esta tabela ajuda você a planejar suas visitas no Epcot®. Os brinquedos e shows no Future World e na World Showcase estão listados abaixo.

		TEMPO DE ESPERA	RESTRIÇÃO PARA ALTURA/IDADE	HORÁRIO MAIS CONCORRIDO PARA PARTICIPAR	FASTPASS	PODE PROVOCAR ENJOO	CLASSIFICAÇÃO
	FUTURE WORLD						
B	**JOURNEY INTO IMAGINATION WITH FIGMENT**	◗		11h-14H			◆
B	**MISSION: SPACE**	●	1,12m	Dia todo	➡	✓	★
B	**SPACESHIP EARTH**	◗		9h-12h			★
B	**TEST TRACK**	●	1m	Dia todo	➡	✓	★
S	**CIRCLE OF LIFE**	❍		12h-14H			▼
S	**TURTLE TALK WITH CRUSH**	◗					▼
S	**ELLEN'S ENERGY ADVENTURE**	◗		10h-13h			◆
S	**THE SEAS WITH NEMO & FRIENDS**	❍		11h-15H			◆
S	**LIVING WITH THE LAND**	❍		12h-14H	➡		
B	**SOARIN'**	●	1m	Dia todo	➡	✓	★
	WORLD SHOWCASE						
B	**MAELSTROM**	●		11h-17h	➡		◆
B	**GRAN FIESTA TOUR STARRING THE THREE CABALLEROS**	❍		12h-15h			◆
B	**KIM POSSIBLE WORLD SHOWCASE ADVENTURE**	◗		9h-12h			▼
S	**THE AMERICAN ADVENTURE**	❍					▼
S	**IMPRESSIONS DE FRANCE**	❍					◆
S	**O CANADA!**	❍					◆
S	**REFLECTIONS OF CHINA**	❍					★
S	**MATSURIZA TAIKO DRUMMERS AT JAPAN PAVILION**	❍					★

Legenda: Brinquedo – B Show – S; Tempo de espera Pequeno – ❍ Médio – ◗ Longo – ●; Classificação Bom – ▼ Excelente – ◆ Regular – ★

WALT DISNEY WORLD MONORAIL SYSTEM

Entrada do pavilhão da China

WORLD SHOWCASE

Às vezes os templos, as igrejas, as prefeituras e os castelos desses onze pavilhões ou "países" são réplicas de prédios existentes; outras vezes têm apenas o estilo da região representada. Mas a World Showcase é muito mais do que apenas um conjunto de exemplares arquitetônicos. O pessoal de serviço de cada pavilhão provém do país representado, vende produtos locais de alta qualidade e tem também uma culinária regional muito boa.

Em determinados horários, marcados no mapa do guia, artistas daquele país apresentam shows no vestíbulo de cada representação. Os melhores são os excelentes acrobatas da China e as curiosas e cômicas estátuas vivas da Itália. Apenas alguns pavilhões possuem brinquedos, enquanto um grande número tem belas apresentações em telas gigantes, que falam da história, da cultura e das paisagens do país. Um número pequeno dispõe de galerias de arte, embora elas quase passem despercebidas.

A maneira mais rápida de percorrer os 2km do perímetro é a pé, mas o jeito mais fácil de ir da entrada até o pavilhão americano é pegar o serviço de ferryboat que cruza a lagoa, ligando o pavilhão do Canadá ao do Marrocos e o do México ao da Alemanha.

México

Uma pirâmide maia abriga o interior mais impressionante da World Showcase. Músicos e estandes que vendem *sombreros*, ponchos e bichos de papel machê *(piñatas)* enchem uma praça banhada por uma luz púrpura. O pano de fundo é um vulcão em erupção. Ocultas pelo esplendor da área principal ficam pequenas galerias de arte e um espaço de artesanato para as crianças brincarem. O **Gran Fiesta Tour Starring the Three Caballeros** é um delicioso passeio de barco em uma lagoa na base de um vulcão fumegante. O restaurante do lado de fora do pavilhão oferece ótima posição para ver as IllumiNations *(p. 52)* no fim do dia.

Noruega

A arquitetura deste pavilhão conta com as réplicas de uma igreja medieval de madeira e de uma fortaleza do século XIV, que dominava o Porto de Oslo, chamada Castelo de Akershus, muito bem situada, em volta de uma praça calçada com pedras.

Pode-se comprar trols, agasalhos e outros artesanatos típicos, mas não perca o **Maelstrom**, um rápido mas divertido passeio pelos fiordes num escaler até o país dos trols, atravessando o Mar do Norte, salpicado de poços de petróleo, e atracando num porto de pesca. O passeio é seguido de um curta sobre a Noruega. O filme não é obrigatório – quem preferir pode passar pelo cinema e sair. Mas vale a pena conhecer mais esse país.

China

Neste pavilhão, a grande atração é a réplica de um conhecido marco de Pequim: o Templo do Céu, com a metade do tamanho do prédio original. O ambiente sossegado contrasta com a atmosfera mais ruidosa de alguns pavilhões próximos.

Para o entretenimento, vá ver **Reflections of China**, um filme em Circle-Vision projetado, simultaneamente, em nove telas em volta da plateia, mostrando fantásticos locais antigos e paisagens pouco conhecidas do país. Atenção, pois você deve assistir ao filme todo. O país envia um fluxo quase contínuo de trupes acrobáticas e com outras habilidades que realizam pequenos shows no decorrer do dia, o ano todo.

O centro comercial do pavilhão vende de tudo, desde lanternas chinesas e tecidos pintados à mão até saquinhos de chá. Infelizmente, os restaurantes não são nada excepcionais.

Exemplos de edifícios de vários países à mostra na World Showcase

◁ O inconfundível globo da Spaceship Earth, centro de atração do Future World

Elementos arquitetônicos de Veneza no pavilhão da Itália

Alemanha
Trata-se de uma mistura de construções com frontões e agulhas reunidas em volta de uma praça central: St. Georgsplatz. Elas se baseiam em obras de toda a Alemanha, entre as quais há um armazém de Freiburg e um castelo do Reno. Se você tem filhos, procure programar a visita para que coincida com o toque do carrilhão do *glockenspiel* da praça. De vez em quando, um sanfoneiro toca. As lojas estão cheias de presentes diferentes ou engenhosos, como as lindas bonecas artesanais de madeira. E você precisa jantar aqui, para sentir o puro sabor da Alemanha.

Itália
A parte principal do relativamente pequeno pavilhão da Itália representa Veneza, das gôndolas atracadas em postes bicolores na lagoa até as fantásticas versões do campanário de tijolo e do Palácio do Doge, do século XIV, na Praça de São Marcos. Até o mármore falso parece autêntico. Atrás, as construções são nos estilos veronês e florentino, e a estátua de Netuno é uma cópia da obra de Bernini.

A arquitetura é a grande atração, mas você também deve fazer uma pausa para comer em um dos restaurantes ou dar uma olhada nas lojas, onde pode adquirir massas, amaretti e vinho, entre outros produtos.

Estados Unidos
Embora seja o destaque da World Showcase, falta-lhe o charme da maioria dos outros países. Os americanos, porém, ficam comovidos com o show **The American Adventure**, realizado dentro do enorme prédio georgiano. Para os outros, oferece uma visão interessante da psique americana. O show é abertamente ufanista, embora seja uma brincadeira provocante com a história do país até a atualidade. Há retratos em tela e algumas excelentes figuras de Audio-Animatronic®, com destaque para o escritor Mark Twain e para Benjamin Franklin, grande estadista do século XVIII.

DICAS
- *A World Showcase abre mais tarde do que o Future World, mas fecha muito depois, por isso faça seu passeio por aqui durante a tarde ou a noite.*
- *A fonte interativa na passagem entre o Future World e a World Showcase é ótima para as crianças pequenas durante o verão.*
- *Com boa regularidade, há barcos que atravessam a World Showcase Lagoon. O melhor é que eles têm ar-condicionado, oferecendo uma pausa para o calor no meio do dia.*
- *Quando estiver percorrendo a World Showcase, reserve um momento para anotar os cardápios dos restaurantes em cada mostra – em geral, pode-se fazer reserva no local para comer mais tarde.*

WORLD SHOWCASE: OS BASTIDORES
Para ter uma visão mais aprofundada do Walt Disney World, faça as visitas aos bastidores. Na World Showcase, visitas de duas horas de Segway exploram a arquitetura e as tradições dos países apresentados no parque, ao passo que, durante o Flower and Garden Festival, os passeios Gardens of the World explicam como foram criados os jardins por lá, incluindo dicas para você montar um cantinho mágico da Disney em sua casa. Esses passeios custam US$60-99 por pessoa. Se você tiver US$219 e sete horas livres, vale a pena se inscrever para o passeio Backstage Magic, que inclui os três parques temáticos. Um dos destaques é a visita à famosa rede de túneis sob o Magic Kingdom®. Ligue para se informar sobre todos esses passeios na Disney *(p. 77)*.

A bela arquitetura e a paisagem do pavilhão japonês

ILLUMINATIONS: REFLEXOS DA TERRA

O único show de Epcot que não se pode perder é o IllumiNations, apresentado todas as noites, quase na hora de fechar, em volta da World Showcase Lagoon. Trata-se de um belíssimo show, original, com efeitos de laser, fogos de artifício e uma trilha sonora sinfônica, que destaca as onze nações retratadas. Os melhores lugares para apreciá-lo são as cadeiras da varanda da Cantina de San Angel, no México, os balcões do restaurante do Japão e a ponte do International Gateway, perto do Reino Unido.

OUTROS PAVILHÕES DA WORLD SHOWCASE

Japão

Trata-se de um lugar restrito, formal, com um jardim japonês tradicional, um castelo samurai e um pagode, cópia de um templo de Nara, do século XVII, cujos cinco andares representam a terra, a água, o fogo, o vento e o céu.

A loja de departamentos Mitsukoshi, cópia do saguão cerimonial do palácio imperial de Kyoto, oferece quimonos, sinos de vento, árvores de bonsai e a oportunidade de achar uma pérola numa ostra. Grupos de teatro cabúqui, entre outros, se apresentam durante o dia todo. Porém, o Japão só se concretiza de fato nos restaurantes, onde os visitantes podem provar iguarias como sushi e tempurá. No segundo nível do pavilhão, chefs mostram sua habilidade com as facas, numa exibição da arte japonesa no preparo de alimentos.

Marrocos

A atração do Marrocos está em seus azulejos esmaltados, suas portas com formato de buraco de fechadura, em suas avermelhadas muralhas de fortaleza e nas ruelas sinuosas da medina (cidade velha), aonde se chega atravessando a reprodução de um portão da cidade de Fez. A atuação de artistas nativos dá ao show maior autenticidade.

O Marrocos dispõe de um dos melhores artesanatos da World Showcase. As vielas da cidade velha levam a um movimentado mercado, com lojinhas de xales, tapetes, objetos de latão e de couro.

Há diversos tipos de jantar. O Tangerine Café serve boa variedade de sanduíches marroquinos e alguns doces. Experimente o cuscuz, feito no vapor e servido com cordeiro ou frango, no Restaurant Marrakesh. Aqui também é apresentada a dança do ventre.

França

O talento gaulês permeia tudo no pavilhão francês, desde a arquitetura até as grandes lojas. Das atrações arquitetônicas destacam-se a réplica da Torre Eiffel em escala de um para dez, mansões parisienses da *belle époque* e a rua principal de um vilarejo rural. Entre os autênticos produtos da França

Réplica detalhada do famoso minarete da mesquita Koutoubia de Marrakesh, no pavilhão do Marrocos

O pavilhão do Canadá exibe exemplos da arquitetura do país

para venda existem perfumes (como a variedade da famosa marca Guerlain), vinhos e boinas. Há excelente comida francesa em alguns restaurantes do pavilhão, e uma *pâtisserie* vende bolos e *croissants* extraordinários.

Um filme intitulado **Impressions de France** é a principal diversão. O filme, mostrado em cinco telas adjacentes e sincronizado com música clássica francesa, oferece um rápido passeio pelas regiões mais bonitas do país.

Reino Unido

O Rose and Crown Pub é o coração deste pavilhão. Serve comida tradicional inglesa, como tortas da Cornualha, peixe com fritas e até o chope amargo, gelado para atender ao paladar americano. Há também uma barraca onde se compram fritas e outros lanches, quando se está com pressa ou quer fazer uma refeição barata. O *pub* também diverte com cantorias quase todas as noites. Jardins agradáveis circundam o *pub* e uma mistura de construções históricas de vários estilos arquitetônicos, como um castelo inspirado em Hampton Court, uma imitação de casa em estilo georgiano e um chalé coberto com palha.

Não há o que fazer nesse pavilhão a não ser vasculhar as lojas, que vendem desde chá de boa qualidade e porcelanas a suéteres, gravatas com padrão escocês, ursinhos de pelúcia e soldados de brinquedo. O terraço do Rose and Crown oferece uma ótima vista das IllumiNations.

Canadá

Aldeia indígena com cabana de madeira e totem de 9m de altura, réplica do Château Laurier Hotel (de Ottawa), em estilo vitoriano, e jardins ornamentais formam o grande, mas calmo, pavilhão canadense. Toda a diversidade do país, principalmente suas amplas paisagens, ganham vida com o filme **O Canada!** em Circle-Vision (embora o filme em Circle-Vision da China seja muito melhor). A plateia fica no meio da sala de projeção e se vira para acompanhar o filme, conforme ele vai passando em nove telas. As lojas do Canadá vendem grande variedade de artesanato de indígenas e do povo inuíte, além de comidas e vinhos. O restaurante Cellier Steakhouse serve saborosos frutos do mar canadenses e bifes, acompanhados por vinho e cerveja do país.

ONDE COMER E BEBER

Jantar é fundamental na visita a Epcot® e, principalmente, à World Showcase. Alguns pavilhões dessa última dispõem de locais que servem *fast-food* decente, mas os melhores restaurantes (incluindo os listados a seguir) exigem reserva. Ligue para fazer reservas *(p. 77)* assim que souber quando irá a Epcot®.

A maioria dos restaurantes serve almoço e jantar. Tente horários menos concorridos, como 11h ou 16h, se não encontrar outros. Em geral, o almoço custa cerca de dois terços do preço do jantar e existe cardápio para crianças mesmo nos restaurantes mais caros.

Recomendados na World Showcase:
México: o San Angel Inn tem comida mexicana interessante, mas cara. É o lugar mais romântico para jantar em Epcot®. Peça uma mesa a beira-rio, elas têm as melhores vistas.
Noruega: o restaurante Akershus serve um *koldtbord* (bufê) norueguês com preço razoável. O cenário é baseado em um castelo real de Oslo do século XIV.
Alemanha: o Biergarten tem um clima de cervejaria, com um bufê farto e barato e animada música regional.
Itália: o Tutto Italia Ristorante oferece boas massas e especialidades italianas, e o Via Napoli tem pizzas gostosas.
Japão: pode-se comer em comunidade, tanto nos Teppan Yaki Dining Rooms, em volta de uma chapa de grelhar, quanto no bar do Tempura Kiku, que serve sushi e tempurá (não precisa reservar).
França: há três restaurantes de alta classe: o caríssimo Bistrot de Paris (só jantar); Les Chefs de France, o restaurante mais elegante de Epcot®, com cozinha sofisticada de chefs consagrados *(p. 149)*; e a Boulangerie Patisserie, para pães, quiches e café.
Reino Unido: a barraca de peixe com fritas de Harry Ramsden vende apenas comida barata de *pub*, com porções modestas. É indicado para almoços rápidos, e o terraço anexo é o local mais relaxante da World Showcase.
Recomendados no Future World:
The Land: o Garden Grill é giratório e passa por uma floresta tropical, uma pradaria e um deserto.
The Seas with Nemo & Friends: no caro Coral Reef, pode-se comer peixes e observá-los em movimento através de uma parede.

Disney's Hollywood Studios ❸

Inaugurados em 1989, os Disney's Hollywood Studios (antes chamados de Disney-MGM Studios) são o menor parque do Walt Disney World Resort, e com instalações completas para a produção de filmes. Em janeiro de 2004, porém, o departamento de animação foi fechado e o aspecto "de trabalho" da atração foi quase totalmente abandonado, embora a produção de alguns filmes e programas de TV (a maioria para o canal a cabo da Disney) ainda se realize aqui. Apesar dessas mudanças, o parque continua sendo um famoso destino turístico, com shows excelentes e brinquedos baseados em filmes e programas de TV da Disney e da Metro-Goldwyn-Mayer, num tributo ao mundo de Hollywood e ao show business. Em constante modificação, o parque introduziu shows novos e espetaculares, como Fantasmic! e Beauty and the Beast – Live on Stage, que aumentaram enormemente sua popularidade. Como em seu concorrente, o Universal Orlando *(pp. 88-99)*, as experiências interativas dos Disney's Hollywood Studios se destinam a adultos e adolescentes.

DICAS

- *O melhor lugar para assistir ao desfile da tarde é num banco perto do estande de pipoca e bebidas, na frente do Sounds Dangerous. Mas é preciso guardar o lugar.*
- *Durante os desfiles, a maioria das outras atrações fica em silêncio, mas é quase impossível chegar a elas, se você não estiver do lado certo.*
- *Evite estacionar na área do Disney's Hollywood Studios ou Animal Kingdom, se for a diversos parques nesse dia. O transporte para essas áreas estacionamento acaba bem antes do último show no Magic Kingdom e pode demorar para voltar até o carro.*

COMO EXPLORAR O PARQUE

O desenho desse parque temático é diferente dos demais, embora o Hollywood Boulevard assuma o papel de "Main Street, USA" com o propósito de conduzir os visitantes para as diversas atrações. Nos últimos anos, o Walt Disney World ampliou o alcance e a magnitude das atrações do parque, construindo algumas das melhores em Orlando. Com enormes filas de turistas para os brinquedos e shows, é bom chegar cedo para evitar muita espera. Também vale a pena não esquecer que algumas atrações podem ser extremamente emocionantes e talvez assustem as crianças pequenas. O horário das diversões mudam com frequência e as ruas podem ser fechadas com a visita de celebridades ou no caso de filmagens ao vivo. Embora isso costume ocorrer no inverno, convém descobrir tudo sobre horários, locações e shows, assim que chegar, nos Guest Services, localizados à esquerda da entrada principal.

Por volta das 15h30, o parque apresenta o desfile da tarde, quase sempre baseado em um dos recentes desenhos animados da Disney. E saiba que, dado o ambiente aberto do parque, o calor pode se tornar muito desconfortável para os visitantes.

O Fantasmic! ocorre à noite (uma vez por noite da baixa estação e duas vezes na alta). Embora haja acomodações para 10 mil pessoas ao mesmo tempo, você talvez tenha de chegar bem mais cedo (umas duas horas antes), durante a alta estação, para garantir um bom lugar.

Visitantes indo para o Rock 'n' Roller® Coaster starring Aerosmith

HOLLYWOOD BOULEVARD

Belas construções em estilo art déco competem com uma réplica do Teatro Chinês para representar Hollywood. Aqui, você tira uma foto e pode ver alguns membros de elencos

Famoso Hollywood Brown Derby Restaurant, no Hollywood Boulevard

que atuam como repórteres ou policiais, caçando celebridades. E é no bulevar que esse elenco conduzirá você para o Echo Lake's Indiana Jones Epic Stunt Spectacular! – um show ao vivo, com dublês dos filmes de Indiana Jones.

Na metade do bulevar há uma rua à direita, conhecida como Sunset Boulevard. Aqui estão os dois brinquedos mais concorridos dos Disney's Hollywood Studios: The Twilight Zone Tower of Terror e o Rock 'n' Roller Coaster starring Aerosmith.

No cruzamento dos bulevares Sunset e Hollywood fica uma enorme cobertura no formato do chapéu do Mickey no filme *Fantasia*. Trata-se de uma mistura de loja, galpão sombreado e ponto de venda de pins *(p. 42)*, onde adolescentes preparam seu lance para a troca de distintivos.

No ponto mais alto do Hollywood Boulevard fica o Central Plaza, dominado pela cópia do Teatro Chinês de Grauman. Aqui, você pode ir a **The Great Movie Ride**, um passeio pela história que caracteriza todos os gêneros de filmes, de musicais e de terror aos de gângster. Enormes veículos que levam 60 visitantes de cada vez passam silenciosamente pelos maiores cenários de cinema já construídos para um brinquedo da Disney.

Como sempre, a experiência cinematográfica da Disney levou à criação de cenários fantásticos. Momentos memoráveis, como Gene Kelly cantando na chuva e Dorothy descendo pela estrada de tijolinhos amarelos, a caminho de Oz, foram recriados com a ajuda de figuras em Audio-Animatronic® muito reais. Esse divertido passeio de 25 minutos combina clipes de filmes antigos, efeitos especiais e divertidas sequências ao vivo, e termina com uma nota muito animada e otimista. No The American Idol Experience você terá a oportunidade de cantar, assistir e votar nos cantores.

PRINCIPAIS ATRAÇÕES

1. THE TWILIGHT ZONE TOWER OF TERROR™
2. FANTASMIC!
3. ROCK 'N' ROLLER® COASTER STARRING AEROSMITH
4. MUPPET* VISION 3-D
5. STAR TOURS
6. INDIANA JONES™ EPIC STUNT SPECTACULAR!
7. BEAUTY AND THE BEAST – LIVE ON STAGE
8. VOYAGE OF THE LITTLE MERMAID
9. THE GREAT MOVIE RIDE
10. THE MAGIC OF DISNEY ANIMATION

PARA VISITA DE 1 DIA

1. *Assim que entrar no parque, compre um* fastpass *para* ***The Twilight Zone Tower of Terror****.*
2. *Caminhe até Sunset Boulevard e entre na fila para* ***The American Idol Experience****.*
3. *Quando sair, dirija-se ao Animation Courtyard e assista aos shows (em geral, o tempo de espera é mínimo) –* ***The Magic of Disney Animation, Voyage of the Little Mermaid****,* ***Playhouse Disney – Live on Stage*** *e* ***Walt Disney: One Man's Dream****.*
4. *Se for a hora para a Tower of Terror, desça o Sunset. Espere na fila pelo* ***Rock 'n' Roller Coaster starring Aerosmith*** *depois que sair da Tower (se o tempo de espera for menos de uma hora, senão volte mais tarde).*
5. *Almoce na ampla área de restaurantes do Sunset, ou vá ver o show* ***Beauty and the Beast – Live on Stage****.*
6. *Ande até a ponta sudeste do parque e compre um* fastpass *para* ***Star Tours****. Dirija-se para o show* ***Muppet Vision 3-D*** *e caminhe pela New York Street depois que sair.*
7. *Um pouco antes de ir para Star Tours, adquira um* fastpass *para* ***Indiana Jones Epic Stunt Spectacular!***
8. *Jante no restaurante em que fez reserva.*
9. *Na hora, dirija-se para o show de Indiana Jones, depois atravesse o parque para sua última chance de brincar de novo na Tower of Terror ou na Rock 'n' Roller Coaster, se o tempo de espera diminuiu para menos de uma hora. Controle o tempo para sair do brinquedo 90 minutos antes de começar o* ***Fantasmic!***
10. *Quando a noite cair, dirija-se para o Amphitheater para assistir ao Fantasmic! e terminar o dia de maneira perfeita.*

The
HOLLYWOOD TOWER
Hotel

SUNSET BOULEVARD

Assim como o Hollywood Boulevard, o Sunset Boulevard lembra a famosa rua cor-de-rosa de Hollywood na década de 1940. Teatros e fachadas de lojas (algumas falsas) foram recriados nos mínimos detalhes. Numa das pontas do bulevar fica o Hollywood Tower Hotel. Nesse prédio decadente, atingido por raios, está um dos mais aterrorizantes brinquedos de Orlando: **The Twilight Zone Tower of Terror™**. Esse brinquedo prende você num elevador desgovernado, numa viagem inspirada em *The Twilight Zone*, programa de TV da década de 1950. A área que antecede o show é uma biblioteca na qual você entra pela indicação de um lanterninha tristonho. Daqui, você entra no que parece ser uma sala de caldeira do hotel e caminha pela prancha que leva aos elevadores de carga, dotados de assentos de tábua. De vez em quando, as portas do elevador se abrem, permitindo que se dê uma espiada nos corredores fantasmagóricos. Quando se atinge o 13º andar, o elevador roda horizontalmente pelo hotel. Mas você só consegue pensar no medonho mergulho de treze andares, que todo mundo sabe que virá, mas nunca prevê quando. A única queda que existia originalmente agora se divide em sete e, durante a primeira despencada, motores muito potentes empurram você para baixo muito mais depressa do que numa queda livre. Aterrorizador e genial, esse brinquedo é uma obra-prima da tecnologia. Também se consegue ter uma visão fugaz de todo o parque, e de fora dele – quebrando a tradição da Disney –, antes de começar a descida assustadora. Esse brinquedo não é para todo mundo, mas os entusiastas corajosos e também os novatos programam uma ida na hora que chegam.

O fantástico **Rock 'n' Roller® Coaster starring Aerosmith** acelera de 0 a 96km/h em apenas 2,8 segundos. Preso nos carros, o visitante sente as arrancadas violentas conforme é lançado pelas curvas e giradas. Cheio de viradas de ponta-cabeça, descidas íngremes e rotações em espiral, o Rock 'n' Roller Coaster é acompanhado por uma trilha sonora perfeitamente sincronizada, e com volume alto, à medida que leva você a um letreiro de néon. Quem gosta de sentar na frente pode entrar por uma rampa mais baixa. O pré-show é mais suave e apresenta uma sessão de gravação da banda Aerosmith.

O bulevar tem duas arenas para shows. O **Theater of the Stars** é enorme e coberto com 1.500 lugares. Nele, o show **Beauty and the Beast – Live on Stage**, apresentado diversas vezes por dia (leva 30 minutos), tem belas cenas adaptadas do filme homônimo. Os figurinos e cenários primorosamente detalhados são obras de arte. Como o show é concorrido, chegue cedo para pegar um bom lugar. No gigantesco **Hollywood Hills Amphitheater** é exibido o espetacular **Fantasmic!**

DICAS

- *Os fastpasses para os brinquedos de mais público – Tower of Terror e Rock 'n' Roller Coaster – costumam acabar no início da tarde. Se você não chegar cedo ao parque, a única possibilidade de ir a esses brinquedos será esperar na fila de mais de duas horas (cada um), ou ficar no parque quase até a hora de fechar, quando as filas demoram apenas uns 45 minutos.*
- *Na sala da caldeira da Tower of Terror, pegue qualquer porta aberta para os elevadores. Não se preocupe se os outros visitantes não fizerem o mesmo. Você conseguirá um assento e uma vista melhores.*
- *Muitas pessoas deixam o parque quando chove ou anoitece, mas esse é o melhor momento para brincar na Tower of Terror.*

Sunset Boulevard também oferece ampla área onde os visitantes podem escolher algum dos muitos estandes e restaurantes, com opções para lanches rápidos, refeições leves ou almoço completo, com preços variados.

FANTASMIC!

Cada parque da Disney procura terminar o dia com um show espetacular, mas o Fantasmic!, do Disney's Hollywood Studios, desbanca todos eles. Na Flórida, é simplesmente o mais admirável evento do tipo. Trata-se de uma mistura de laser, projeção em fontes, animação e um elenco de mais de 50 atores e dançarinos. O Fantasmic! consegue coreografar todo o evento, concatenando música, fogos e luzes. Apresentado na ilha de uma lagoa, que representa a imaginação de Mickey Mouse, a história combina com inteligência elementos de todos os clássicos da Disney numa única batalha entre o bem e o mal.

Barcos iluminados, balões voadores e um lago que explode em chamas são apenas algumas das atrações desse evento encantador. Apresentado para uma plateia de 10 mil pessoas por show, o Fantasmic! cativa adultos e crianças, com efeitos especiais incríveis que interagem com atores ao vivo. O amplo conjunto de personagens famosos provoca exclamações, em pessoas de todas as idades, no momento em que são reconhecidos

Como era de esperar, o show é muito popular para a maioria dos visitantes, como um final apoteótico da noite. Por isso é preciso chegar cedo para sentar na frente (mesmo que tenha de se molhar nas primeiras fileiras). O local abre cerca de duas horas antes do espetáculo, e o show mais cedo tende a encher mais depressa do que a apresentação final. Mesmo nos momentos mais sossegados da baixa estação, todos os 10 mil lugares já estão ocupados 30 minutos antes do início do show. E esse é um espetáculo que, se você perdesse, não se perdoaria.

◁ **Fachada sinistra de The Twilight Zone Tower of Terror™, nos Disney's Hollywood Studios**

Disney MGM
STUDIOS

Uma formiga gigante no "Honey, I Shrunk the Kids" Movie Set Adventure

ANIMATION COURTYARD

A ideia original do Animation Courtyard não era só oferecer ao visitante uma visão da história e do processo de animação, mas também uma espiada nos futuros desenhos animados, do jeito que estão sendo feitos. Com o fechamento da unidade de animação da Disney, em janeiro de 2004, essa área do parque se tornou menos procurada, mas vale a pena visitar alguns pontos.

A **Magic of Disney Animation**, que era um passeio pelos locais de trabalho no departamento de animação, agora é uma visita com guia com apenas um artista Disney e alguns filmes que exploram as ricas histórias de Disney nos desenhos animados. O artista produz desenhos ao vivo e responde a perguntas sobre a elaboração dos filmes. O passeio termina com a plateia (na maioria crianças) se sentando às mesas e trabalhando com o artista para criar as próprias personagens Disney. Para os adultos, o aspecto mais interessante da atração são os croquis dos clássicos da Disney e cópias de estatuetas dos Oscars® que a unidade já ganhou.

O show **Voyage of the Little Mermaid** é interpretado em desenho, ao vivo e com personagens de Audio-Animatronic®. Os efeitos especiais usam laser e água para criar a sensação de uma gruta subaquática. É um dos shows mais concorridos, embora as crianças pequenas possam se assustar com a tempestade de raios.

Disney Junior – Live on Stage! é para os pequenos, com personagens de programas do Disney Channel, como Mickey Mouse Clubhouse, Handy Manny e Little Einsteins. Não perca o show de 20 minutos, que estimula a participação da plateia.

Walt Disney: One Man's Dream poderia passar como mera propaganda, mas é difícil não admirar a grande visão de Walt Disney e sua capacidade de assumir riscos. Um "museu" fascinante apresenta coleções de recordações das primeiras aparições de Disney na mídia e muitas maquetes em escala e propostas históricas dos parques. Dirija-se ao cinema para ver um filme sobre Walt Disney. Apesar do título, o filme e as fotos deixam bem claro que Disney recebeu muita ajuda da família, principalmente do irmão Roy, que trabalhou duramente para terminar e ampliar o Walt Disney World®, depois da morte de Walt, em 1966. É admirável o entusiasmo de Walt pela expansão de seu sonho –os planos para o Disney World e seu sonhado projeto do Epcot®. Mas Walt ficaria admirado com o tamanho, os objetivos e os atrativos da empresa atualmente, provavelmente dizendo: "Nunca esqueça que tudo começou com um camundongo".

COMPRAS

A maioria das melhores lojas está no Hollywood Boulevard, que fica aberto meia hora depois que o resto do parque temático fechou. Mickey's of Hollywood é um grande empório das mercadorias Disney. A Celebrity 5 & 10 tem grande variedade de lembrancinhas baratas de filmes, como claquetes e Oscars®, além de livros e cartazes. A Sid Cahuenga's One-of-a-Kind é mais cara e aqui você compra filmes raros e lembranças de TV, como fotografias realmente autografadas (de Boris Karloff e Greta Garbo, por exemplo) ou roupas de atores famosos. Os celulares de edição limitada, vendidos na Animation Gallery, no Animation Courtyard, também são muito caros e farão um rombo em sua carteira. A mesma loja vende cartazes e livros de Disney.

◁ O empolgante brinquedo Rock 'n' Roller® Coaster estrelado pelo Aerosmith, no Disney's Hollywood Studios®

DICAS

- *Ao lado da fila para o Magic of Disney Animation fica uma cabine de fotos com Lillo e Stitch. O único envolvimento da Pixar com o parque está em duas oportunidades de "saudações de personagens" –uma para os monstros, de* Monsters, Inc.*, e outra que apresenta personagens de* Toy Story. *Verifique seus horários quando entrar no parque para descobrir quando essas cabines serão visitadas.*
- *Pela Animation Courtyard você encontrará diversas personagens Disney dispostas a posar com seus filhos. Não se preocupe se estiver despreparado: filmes, pilhas e até câmeras descartáveis podem ser adquiridos em muitas lojas do parque.*

Algumas personagens do filme *As crônicas de Nárnia – príncipe Caspian* ganham vida na atração **Journey into Narnia: Prince Caspian**, que oferece um olhar aprofundado sobre o longa-metragem. Os visitantes podem encontrar com o Príncipe Caspian em pessoa, tendo como pano de fundo o local onde ele foi confrontado pelos narnianos pela primeira vez no filme. Efeitos especiais com diversas telas ao redor colocam o espectador dentro da história. Também há uma exposição de itens relacionados ao filme.

STREETS OF AMERICA

As ruas de Nova York, São Francisco e Chicago, entre outras cidades, são recriadas aqui em cenários de filmes. Os tijolos e as pedras são de plástico e fibra de vidro pintados e as fachadas dos prédios são escoradas com vigas. Esses cenários são utilizados para filmagens, mas os visitantes podem explorá-los livremente.

Perto daqui fica o **Lights, Motors, Action® Extreme Stunt Show®**, com apresentações de carros e motos especiais que mostram como as cenas de ação são feitas nos filmes de Hollywood. Os shows duram 33 minutos, em vários horários durante todo o dia.

Toy Story Pizza Planet Arcade é uma arcada de mentira, feita para se assemelhar ao local preferido de Andy. Está cheia de joguinhos.

O **Muppet™ Vision 3D** é um adorável filme em 3D, estrelado pelos Muppets. As crianças adoram esse show de 25 minutos. Trombones, carros, foguetes se lançam para fora da tela de modo tão realista que as crianças agarram o ar pensando em pegar algo. Uma banda de Muppets toca música no poço da orquestra. Personagens de Audio-Animatronic® e os excelentes efeitos especiais, como o canhão que fura as paredes da sala, aumentam o impacto do show. O pré-show de doze minutos é pura travessura Muppet. Aqui se vê o melhor de Kermit (Caco) e Miss Piggy. O filme em 3D, apresentado por Statler e Waldorf em Audio-Animatronic®, é uma comédia ótima para todas as idades.

Se tiver filhos pequenos, não perca a imaginativa **"Honey, I Shrunk the Kids" Movie Set Adventure**. Tudo é enorme nesse playground especialmente projetado para os pequenos gastarem seu excesso de energia. Ao entrar, você se vê cercado por lâminas de capim com 9m de altura, um escorregador feito de um rolo de filme e uma formiga do tamanho de um pônei. Túneis imensos, aranhas gigantes e outros objetos entretêm as crianças durante horas. Como a área não é muito grande, o playground pode ficar muito cheio, e convém ir até lá bem cedo. Pela popularidade, os pais têm dificuldade de tirar as crianças de lá.

Embora nunca deixe de divertir, a meia hora do Disney's Hollywood Studios **Backlot Tour** ganha mais vida quando um filme está sendo rodado. O passeio começa com um show que explica como os efeitos de controlar o tempo e as forças da natureza (como o mar) são realizados no filme. Pessoas da plateia são amarradas com cordas para algumas demonstrações.

Um ousado piloto no Lights, Motors, Action!® Extreme Stunt Show®

Muita ação e explosões no Indiana Jones™ Epic Stunt Spectacular!

Um veículo de 200 assentos leva o visitante a diversos departamentos –passando pelos bangalôs de produção, pelo departamento dos figurinos (onde se podem ver fantasias sendo elaboradas), a loja-cenário etc. Você também conhecerá três estúdios de gravação e, se tiver sorte, poderá se deparar com a filmagem de uma série de TV, um comercial ou um filme. Caso uma produção esteja em andamento, o público é autorizado a entrar e acompanhar o trabalho.

O veículo continua sua viagem até o **Boneyard®**, uma área externa repleta de veículos e utensílios que apareceram em diversos filmes, a exemplo da jaula de ossos do filme Piratas do Caribe, do Baú da Morte, espaçonaves da série *Star Wars*, caminhões dos filmes de Indiana Jones e carros da série de filmes *Herbie, the Lovebug*.

A parte mais memorável deste passeio está na área conhecida como **Castastrophe Canyon**. Reproduzindo o sudoeste americano, esta atração materializa uma viagem realística e assustadora por enchentes, explosões, terremotos e vários outros desastres. Ao deixar o cânion, você é levado para trás do cenário, onde pode observar todo o equipamento utilizado para criar os efeitos.

A última parte do passeio consiste em uma caminhada, premiada com exibições da **American Film Institute Showcase**. As exibições, que mudam periodicamente, têm temas como efeitos especiais ou grandes vilões. Personagens com roupas e acessórios também ficam expostos. Há também uma loja AFI, onde se pode comprar uma enorme variedade de suvenires e lembranças de filmes e séries de TV.

ECHO LAKE

Aqui as atrações se concentram em três shows e um brinquedo emocionante. Os shows revelam os truques das filmagens e da TV.

A parte de áudio da "mágica" de Hollywood aparece no extravagante filme **Sounds Dangerous – with Drew Carey**. O comediante Drew Carey é um detetive da polícia que sai disfarçado, com uma câmera escondida, que nunca consegue fotografar, mas não perde um som. Numa tirada inovadora, parte do filme ocorre na mais completa escuridão, e a plateia dispõe apenas dos fones de ouvido para imaginar o que está acontecendo.

Aqui perto, o **Academy of Television Arts and Sciences Hall of Fame** apresenta diversas personagens lendárias da TV, que foram homenageadas por seus feitos, tanto na frente quanto atrás das câmeras.

O roteiro do sensacional brinquedo **Star Tours** é baseado nos filmes *Star Wars*. Sua nave, um simulador de voo semelhante ao usado para treinar astronautas, pega uma rota errada e tem de fugir de meteoros e participar de uma batalha intergaláctica.

O grande show **Indiana Jones™ Epic Stunt Spectacular!** recria as conhecidas cenas dos filmes de Indiana Jones, com estrondos e façanhas corajosas

O Dinosaur Gertie na entrada do Echo Lake

que empolgam a plateia. Dublês pulam entre prédios, ao mesmo tempo que se desviam de franco-atiradores, explosões repentinas e armadilhas. Numa linha educativa, o diretor dos dublês e os próprios dublês demonstram como são realizadas algumas sequências de ação.

Em volta do Echo Lake há diversos locais para refeições, projetados para se parecerem com cenários de filmagem.

PIXAR PLACE

A principal atração aqui é o **Toy Story Mania!**, uma animada aventura 4-D em que brinquedos gigantes fazem o visitante se sentir como se tivesse sido encolhido até ficar do tamanho de Woody e Buzz Lightyear (personagens do desenho *Toy Story*) – o tamanho ideal para participar de jogos interativos que são realizados embaixo da cama de Andy.

ONDE COMER E BEBER

Vale a pena enfrentar o problema de fazer reserva para um dos restaurantes no Disney's Hollywood Studios®, mais pelo ambiente do que pela comida. Pode-se reservar uma mesa por telefone *(p. 77)* ou diretamente no Dining Reservation Booth, na esquina dos Boulevars Hollywood e Sunset, ou nos próprios restaurantes.

O Hollywood Brown Derby, exclusivo e caro, é uma cópia do Original Brown Derby, de Hollywood, onde os artistas se reuniam na década de 1930 –com as mesmas caricaturas de celebridades nas paredes e especialidades da casa, como a Cobb Salad e o bolo de grapefruit. Em geral, as crianças preferem o Sci-Fi Dine-In Theater Restaurant, um drive-in da década de 1950, onde os clientes se sentam em mini-Cadillacs e assistem a velhos filmes de ficção científica enquanto saboreiam pipoca e hambúrgueres. No 50's Prime Time Café, você é servido por uma garçonete maternal, numa cozinha da década de 1950, com a TV ligada em seriados cômicos; a comida (com itens como bolo de carne, bife de panela, frango frito e milk-shakes) é bem caseira. Os adultos que buscam algo para beber podem ir ao vizinho Tune-In Lounge.

O melhor lugar para comer sem fazer reserva é a cafeteria Hollywood & Vine, com decoração Art Déco e um bufê self-service variado que tem massas, saladas, frutos do mar e carnes, além de uma excelente variedade de sobremesas. O Mama Melrose's Ristorante Italiano serve pizza, massa, frutos do mar e outros pratos em um típico ambiente italiano.

PREPARE-SE

Esta tabela ajuda você a planejar a visita ao Disney's Hollywood Studios®. As atrações estão listadas em cada área.

		ESPERA	RESTRIÇÃO PARA ALTURA/IDADE	MELHOR HORÁRIO	FASTPASS	PODE CAUSAR ENJOO	CLASSIFICAÇÃO
	HOLLYWOOD BOULEVARD						
B	**THE GREAT MOVIE RIDE**	❍		Todos			◆
S	**AMERICAN IDOL EXPERIENCE**	◗					▼
	SUNSET BOULEVARD						
B	**ROCK 'N' ROLLER® COASTER STARRING AEROSMITH**	●	1,20m	➤11	➡	✓	◆
B	**THE TWILIGHT ZONE TOWER OF TERROR™**	●	1m	➤11	➡	✓	★
S	**BEAUTY AND THE BEAST – LIVE ON STAGE**	◗					◆
S	**FANTASMIC!**	●					◆
	ANIMATION COURTYARD						
S	**DISNEY JUNIOR – LIVE ON STAGE!**	◗		Todos			▼
S	**VOYAGE OF THE LITTLE MERMAID**	●		Todos	➡		◆
P	**MAGIC OF DISNEY ANIMATION**	◗		Todos			◆
S	**WALT DISNEY: ONE MAN'S DREAM**	◗					▼
S	**JOURNEY INTO NARNIA: PRINCE CASPIAN**	◗		Todos			▼
	STREETS OF AMERICA						
S	**MUPPET™ VISION 3-D**	●		Todos			★
S	**LIGHTS, MOTORS, ACTION!® – EXTREME STUNT SHOW®**	●		➤11	➡		★
P	**STUDIO BACKLOT TOUR**	❍		Todos			★
	ECHO LAKE						
B	**STAR TOURS**	◗	1m	➤11	➡	✓	★
S	**INDIANA JONES™ EPIC STUNT SPECTACULAR!**	●		Todos			◆
S	**SOUNDS DANGEROUS – WITH DREW CAREY**	◗		Todos			▼
	PIXAR PLACE						
B	**TOY STORY MANIA!**	◗		Todos			◆

Legenda: Brinquedo – B Show – S Passeio – P; Espera Pequena – ❍ Média – ◗ Longa – ●; Classificação Bom – ▼ Excelente – ◆ Regular – ★; Melhor Horário: Antes das 11h – ➤11

Disney's Animal Kingdom® ❹

Enquanto os outros parques temáticos da Disney apresentam alguns peixes, pássaros e outros exemplares da natureza, o Disney's Animal Kingdom transborda de vida em todas as suas formas. Trata-se do maior parque temático (tem cinco vezes o tamanho do Magic Kingdom) e é o mais fácil de percorrer, pois uma grande parte desse espaço extra só é acessível em safáris. Crianças e adultos adoram o infindável conjunto de animais e de paisagens e arquitetura exóticas, tanto reais como míticos. Mas os adolescentes e os que buscam emoções podem achar que há bem menos brinquedos do que gostariam. Para agradar a este público, o parque inaugurou em 2006 uma excitante atração, Expedition Everest – Legend of The Forbidden Mountain, que consiste em uma emocionante viagem de trem em alta velocidade em uma paisagem recriada dos Himalaias.

Entalhes na casa de The Tree of Life, na Discovery Island®

COMO EXPLORAR O PARQUE

O parque se divide em sete Lands: The Oasis, Discovery Island, Dinoland USA, Camp Minnie-Mickey, África, Ásia e Rafiki's Planet Watch. A orientação dentro do parque é bem diferente dos outros. Ao passar pelas catracas, você entra em **The Oasis** – uma área cheia de folhagens que oferece diversas rotas para o centro do parque: a Safari Village. The Oasis tem muitas surpresas, e a maioria delas é ignorada pelos visitantes que correm para as atrações. O tempo gasto na espera em diversos hábitats será bem recompensado. O parque destaca as caminhadas vagarosas (com dezenas de trilhas naturais semiescondidas e caminhos secundários cheios de vistas panorâmicas) e os shows, mais do que brinquedos. Mas seus brinquedos são todos ótimos e ficam apinhados.

Há também muita coisa para as crianças pequenas, com áreas arborizadas mais ou menos dedicadas aos pequenos. Se você gosta de animais ou se interessa pela preservação da natureza, este parque é o máximo, mas é preciso tempo para realmente saborear a experiência – este não é um local para turistas apressados que buscam emoções passageiras. Leve sua câmera e muitos filmes, pois vai querer tirar muitas fotos.

DISCOVERY ISLAND®

Assim que você entra no espaço aberto da vila, **The Tree of Life** vai aparecendo. Trata-se de uma estrutura maciça, de catorze andares, que é um marco do parque. Ela pende sobre uma série de fachadas de lojas muito coloridas e uma porção de tanques e jardins, cada qual com uma variedade de vida selvagem. As lojas principais, os serviços para os cuidados com bebês e o posto de primeiros socorros estão voltados para The

DICAS

- *Ao entrar no parque, ignore The Tree of Life, por enquanto, e dirija-se para a parte de trás do parque, a fim de adquirir um fastpass para os safáris, pois eles costumam acabar no início da tarde.*
- *Não deixe de ver Oasis Exhibits na pressa de ir aos brinquedos e shows – as crianças ficarão encantadas por ficarem tão perto dos animais, e há muito o que aprender aqui e na parte Dinoland USA do parque.*
- *Muitos turistas ignoram as trilhas e caminhos pelo parque, mas eles são essenciais para o total aproveitamento do Animal Kingdom e constituem parte integrante do projeto filosófico dos criadores. Além do pleno contato com a vida selvagem, as vistas e o verde são lindos e dão excelentes fotografias.*
- *Os ossos de dinossauro de Dino-Sue e no brinquedo DINOSAUR são réplicas perfeitas de dinossauros verdadeiros, descobertos em excavações em Dakota do Sul; e a sala de espera do brinquedo DINOSAUR é uma bela simulação detalhada das camadas da crosta da Terra.*

O show It's Tough to Be a Bug®, na Discovery Island®

O concorrido brinquedo DINOSAUR, que dá vida aos dinossauros

PRINCIPAIS ATRAÇÕES

1. KILIMANJARO SAFARIS®
2. FESTIVAL OF THE LION KING
3. IT'S TOUGH TO BE A BUG®
4. KALI RIVER RAPIDS®
5. DINOSAUR
6. FINDING NEMO – THE MUSICAL
7. FLIGHTS OF WONDER
8. PRIMEVAL WHIRL®
9. TRICERATOP SPIN
10. EXPEDITION EVEREST

Tree of Life. Incrustadas na árvore, e motivo de fascinação e encanto para os visitantes, estão 325 entalhes e outras imagens de diversos animais. Enquanto esperam na fila para os shows ou para tirar fotos, as crianças passam o tempo tentando identificar todos eles. Sob seus ramos estão pontes que atravessam para outras Lands, e dentro do próprio tronco se apresenta o show **It's Tough to Be a Bug**®. Exibido numa sala "subterrânea", esse filme em 3D e sua experiência sensorial constituem um dos melhores shows de todo o Walt Disney World e não dá para perdê-lo. Apresentado por Flik e com a presença de personagens do grande sucesso da Disney e da Pixar *A Bug's Life*, combina Audio-Animatronic® e intensificação sensorial para aumentar o realismo do filme em 3D animado em computador. O espetáculo mexe com nosso medo natural de insetos e a plateia fica num misto de riso e repulsa. O final deixa todo mundo rindo.

DINOLAND USA®

A Dinoland é uma mistura de brinquedos, áreas para as crianças brincarem e exibições sérias de itens ligados a dinossauros. Os que gostam de conhecer tudo sobre dinossauros adoram os esqueletos verdadeiros desses animais, que levam você ao concorrido brinquedo **DINOSAUR**, no qual o visitante embarca num simulador móvel que viaja para trás no tempo, dando pinotes e guinadas violentas para se livrar dos dinossauros carnívoros. Quase todo no escuro, o brinquedo pode assustar as crianças pequenas. O pré-show é uma ótima oportunidade de aprender sobre o passado da Terra. A recriação de camadas de rochas sedimentares oferece uma visão da história do planeta e é acompanhada pela narração do apresentador de ciências Bill Nye.

As crianças mais novas se divertem mais e ficam mais tontas, nos brinquedos ao ar livre como o **Primeval Whirl**® e o **TriceraTop Spin**, uma montanha-russa com carros giratórios. Há também **The Boneyard**, um playground onde as crianças podem escavar à procura de ossos de dinossauro. Para a família toda, o show apresentado em Dinoland USA é o divertido **Finding Nemo – The Musical**. Seus 30 minutos são cheios de fantoches, dançarinos, trapezistas e panos de fundo animados. O palco do Theatre in the Wild se transforma em um mundo submarino encantado com a ajuda de inovadores efeitos especiais de luz e som, além dos incríveis bonecos de Michael Curry (que desenhou os bonecos do musical *O rei leão* para a Broadway).

Boneco de iguana na parada do parque, no Animal Kingdom®

DICAS

- *Verifique os horários do Festival of the Lion King e do Flights of Wonder, pois eles variam. Veja as atrações que ocorrem continuamente após checar o planejamento desses shows.*
- *O Wildlife Express Train é uma ótima maneira de ir da África (do lado noroeste do parque) até Rafiki's Planet Watch (do lado nordeste). É um passeio muito relaxante nas horas mais quentes do dia.*

CAMP MINNIE-MICKEY

Originalmente projetado para que os visitantes conhecessem as personagens Disney, essa Land também tem uma das duas produções teatrais ao vivo do parque. As filas para **Camp Minnie-Mickey Greeting Trails** (no fim das quais os pequenos conhecem as personagens) podem, previsivelmente, se tornar muito compridas e, às vezes, se entrelaçam com as dos outros shows teatrais.

Muito concorrido e sem dúvida o melhor show ao vivo em todo o Walt Disney World, o **Festival of the Lion King** estimula você a vibrar e a cantar como nenhum outro. Muito bem coreografado e com ótimo figurino, esse espetáculo colorido é um dos mais elaborados que se vê fora da Broadway. Particularmente agora que o teatro está totalmente fechado e com ar-condicionado, é uma atração imperdível, indicada para o início ou o fim do dia. Cada apresentação acomoda mil pessoas, mas isso não diminui as filas, que duram o dia todo. Prepare-se para esperar durante muito tempo em longas filas, que normalmente estendem-se por áreas sem sombra e pouco ventiladas. **Mickey's Jammin' Jungle Parade** é um desfile diário que serpenteia pelo parque a cerca de uma hora antes do fechamento. O desfile dá vida a uma mistura de imagens abstratas de animais, na forma de *puppets* altos e animados, com roupas divertidas, acompanhados por Mickey, Minnie, Donald, Pateta e o Rafiki, do filme *O rei leão*. Elaborados táxis do tipo riquixá colocam visitantes escolhidos no meio do desfile, enquanto grupos de "animais" interagem com o público, convidando-o a cantar junto.

ÁFRICA

A vila de Harambe é a entrada para a África, a maior das Lands. Sua arquitetura se baseia numa aldeia do Quênia e oculta a organização da Disney por trás das fachadas simples e precárias e dos oscilantes postes telegráficos.

Os **Kilimanjaro Safaris®** constituem a atração mais procurada do parque, embora fique mais calma à tarde. Os visitantes embarcam em caminhões abertos dos dois lados, que passeiam por uma

Avistam-se leões e rinocerontes nos Kilimanjaro Safaris®

impressionante réplica da paisagem do leste africano. Durante essa volta de 20 minutos sobre poças de lama e pontes precárias, podem-se ver animais, como leões, hipopótamos, rinocerontes e elefantes, todos perambulando aparentemente imperturbáveis e livres. Não é incomum um rinoceronte-branco chegar bem perto para farejar o caminhão.

Para ver gorilas de perto, o **Pangani Forest Exploration Trail®** leva os visitantes a um mundo de riachos e cascatas espumantes. Pode ficar meio congestionado com os visitantes que saem dos safáris. O passeio é menos procurado no fim da tarde, e você pode passar algum tempo observando os animais. O agradável Wildlife Express, uma recriação do sistema ferroviário africano, leva você ao **Rafiki's**

Visitantes apreciando as paisagens recriadas do leste africano, nos Kilimanjaro Safaris®

ONDE COMER E BEBER

O Disney's Animal Kingdom® possui poucos restaurantes. O Rainforest Café® fica próximo à entrada do parque e demanda reserva antecipada. No divertido Restaurantosaurus, com um bufê de preço fixo, pode-se jantar com personagens. O Restaurantosaurus também apresenta um McDonald's completo. Em lados opostos da Discovery Island® ficam o Pizzafari e o Flame Tree Barbecue, restaurantes para o almoço, enquanto a África se orgulha do Tusker House Restaurant. A Ásia oferece apenas barracas de lanches, que também estão em outras áreas do parque. Não é recomendável alimentar os animais ou jogar moedas em tanques de água.

Aventura no turbilhão aquático dos Kali River Rapids®

Planet Watch, que apresenta dois programas educativos: o Conservation Station and Habitat Habit e o Affection Section, com animais de criação.

ÁSIA

Esta Land exibe pássaros exóticos, gibões e tigres na recriação de ruínas indianas pós-coloniais. **Kali River Rapids®** oferece a oportunidade de você ficar todo encharcado. Esse passeio curto apresenta alguns dos ambientes mais incríveis e cheios de detalhes, que você talvez deixe escapar até outra onda ensopar as partes ainda apenas úmidas. Morcego frugívoro gigante, anta e dragão-de-komodo podem ser vistos na **Maharaja JungleTrek®**, cujo ponto alto é um belo tigre-de-bengala andando pelas ruínas do palácio. Pelos vidros, você fica bem perto dos tigres.

O **Flights of Wonder** é um show divertido, que reserva muitas emoções; exibe aves que mostram seu comportamento natural com treinadores e uma "história" inteligente. Atenção, pois as aves voam baixo e roçam o alto da cabeça da plateia, mas inclinar-se só as faz voar ainda mais baixo.

Inaugurada em 2006, a **Expedition Everest™ – Legend of The Forbidden Mountain** tem um trem de alta velocidade, com destino ao Monte Everest, numa viagem audaciosa, passando por terrenos acidentados e declives nevados. O brinquedo inclui as emoções de uma montanha-russa e toda a mística que cerca o Abominável Homem das Neves.

PREPARE-SE

Esta tabela ajuda você a programar sua visita ao Animal Kingdom. Os principais brinquedos, shows e passeios estão listados abaixo.

		TEMPO DE ESPERA	RESTRIÇÃO PARA ALTURA/IDADE	MELHOR HORÁRIO PARA A ATIVIDADE	FASTPASS	PODE PROVOCAR ENJOO	CLASSIFICAÇÃO
	DISCOVERY ISLAND®						
S	**IT'S TOUGH TO BE A BUG®**	○		Todos	➡		◆
	DINOLAND USA®						
B	**DINOSAUR**	◗	1m	Todos	➡	✓	▼
B	**PRIMEVAL WHIRL®**	●	1,20m	▸11	➡	✓	◆
B	**TRICERATOP SPIN**	●		▸11		✓	★
S	**FINDING NEMO: THE MUSICAL**	◗		Todos			◆
	AFRICA						
B	**KILIMANJARO SAFARIS®**	●		Todos	➡	✓	★
P	**PANGANI FOREST EXPLORATION TRAIL®**	●		Todos			◆
	ASIA						
B	**KALI RIVER RAPIDS®**	◗	1m	Todos	➡	✓	★
S	**FLIGHTS OF WONDER**	◗		Todos			★
P	**MAHARAJA JUNGLE TREK®**	●		Todos			◆
P	**EXPEDITION EVEREST™**	●	1,10m	11▸	➡	✓	★
	CAMP MINNIE-MICKEY						
S	**CAMP MINNIE-MICKEY GREETING TRAILS**	●		Todos			◆
S	**FESTIVAL OF THE LION KING**	◗		Todos			★
S	**MICKEY'S JAMMIN' JUNGLE PARADE**						▼

Legenda: Brinquedo – B Show – S Passeio – P; Tempo de Espera Pequeno – ○ Médio – ◗ Longo – ●; Classificação Bom – ▼ Excelente – ◆ Razoável – ★

Parques Aquáticos

O Walt Disney World® apresenta dois dos melhores parques aquáticos do mundo, incluindo o segundo maior da história. Embora sejam menos importantes entre os maiores parques do resort, os parques aquáticos atraem um número enorme de visitantes, ainda mais no verão. A Typhoon Lagoon apresenta desde empolgantes escorregadores até corredeiras cheias de curvas que chegam a rios suaves. Além da oportunidade de mergulhar com snorkel entre tubarões e outros peixes de verdade, há um parque aquático normal. Por outro lado, a Blizzard Beach da Disney é diversão garantida o ano inteiro, com um maravilhoso "resort para esquiar", que joga o visitante numa terra encantada, onde o inverno "perdeu a força", substituindo os canais e escorregadores por esquis e tobogãs. Essa ideia genial mantém a área coberta de "neve", com uma ótima água morna durante o ano todo.

Descida do Mount Gushmore na Blizzard Beach

BLIZZARD BEACH ❺

Diz a "lenda" que, numa tempestade de inverno maluca, uma parte das terras da Disney ficou sob um monte de neve. As cabeças pensantes da Disney logo começaram a trabalhar, construindo o primeiro resort de esqui da Flórida, com elevadores de esquis, pistas de tobogã e uma rampa de tirar o fôlego. Mas a neve derretia rapidamente, e o pessoal da Disney achou que tudo estava perdido, até que descobriram um jacaré deslizando montanha abaixo. Num segundo, transformaram o resort de esqui num parque com água e esquis: Blizzard Beach. Fizeram tobogãs de uma só pessoa virarem escorregadores, e a montanha se tornou a rampa mais longa e alta do mundo. Criaram enseadas para os fãs de boias de câmara de ar ficarem remando por aqui.

A grande atração é a **Summit Plummet**, uma queda de 36m que leva os mais corajosos a velocidades de mais de 96km/h. Muito procurada pelos adolescentes, é muito forte para crianças, que precisam ter pelo menos 1,20m para brincar aqui. O Slush Gusher e o Toboggan Racer são parecidos, mas menos assustadores. Dois grandes favoritos das famílias são o Downhill Double Dipper, que tem dois escorregadores paralelos de 15m de altura que o arremessam contra um adversário deslizando por um tubo interno, e os Snow Stormers, onde as crianças descem deitadas em esteiras de tobogã por uma das três calhas sinuosas de 110m de extensão.

Quase em pé para descer o altíssimo Summit Plummet

As emoções continuam com **Teamboat Springs**, uma corrida (de brincadeira) de rafting por águas agitadas que dura mais do que você imagina, mas deixa sempre uma vontade de brincar mais. Os Runoff Rapids também passam por águas bravias, dessa vez num tubo fechado.

Para os que têm uma agenda menos corrida, há uma subida de cadeirinha para o **Mount Gushmore**, onde se pode fazer escaladas ou caminhar. Outras opções são flutuar suavemente pelo parque todo descendo o Cross Country Creek e ficar na área de piscina chamada Melt-Away Bay. Para crianças mais velhas há também o Blizzard Beach Ski Patrol Training Camp, enquanto as menores adoram o Tike's Peak.

Durante a alta temporada, a Blizzard Beach lota rapidamente e pode até fechar seus portões quando atinge a capacidade máxima. Chegue meia hora antes da abertura ou vá depois das 14h, quando há menos visitantes no parque e acesso mais fácil às atrações e aos armários chaveados de aluguel.

DICA

- *Blizzard Beach e Typhoon Lagoon têm estacionamentos gratuitos; o Winter Summerland divide o lote com Blizzard Beach. Você não precisa esperar o transporte da Disney se estiver de carro: pode dirigir até os parques aquáticos e estacionar lá.*

◁ Mergulho com snorkel no meio de peixes coloridos, em Shark Reef, na Typhoon Lagoon

TYPHOON LAGOON ❻

Esse parque aquático oferece menos emoções fabricadas pelo ser humano e mais estímulos naturais, embora também apresente algumas atrações tradicionais desse tipo de parque. Enquanto Blizzard Beach explora suas novidades, Typhoon Lagoon fornece belezas naturais e contato com a vida marinha e se orgulha de ter uma das maiores piscinas do mundo com ondas, com 18.406m³ de água. O tema desse parque é o naufrágio do *Miss Tilly*, pego por uma tempestade tão violenta que foi jogado no pico do **Mount Mayday**, um paraíso tropical.

No topo desse monte estão três tipos de passeio de rafting em corredeiras, com intensidades diferentes: a emocionante Gang Plank Falls, a altíssima e radical Mayday Falls e a relativamente suave Keelhaul Falls.

Também no Mount Mayday se faz *body-slide*, conhecido como Humunga-Kowabunga (requer altura mínima de 1,20m). Muito divertidos, mas assustadores, esses brinquedos contam com uma queda de aproximadamente 15m, a 48km/h, quase na vertical. Os Storm Slides oferecem três rampas com curvas que viram para dentro da própria montanha.

A mais nova atração do Typhoon Lagoon é **Crush'n' Gusher**, que leva os mais corajosos a uma aventura que desafia a gravidade em corredeiras dentro de cavernas.

A Wave Pool, com "Miss Tilly" ao fundo

A **Wave Pool** é mais relaxante, com ondas de 1,8m de altura que se alternam com períodos de calmaria. Outra atração sossegada é o **Castaway Creek**, canais sinuosos, relaxantes e muito bonitos, onde você parece se desfazer de seus problemas para sempre. As crianças podem passar muitas horas divertidas no playground aquático, Ketchakiddee Creek, e em piscinas de ondas menores. Merece destaque o **Shark Reef**, onde os visitantes poderão observar, num "cargueiro emborcado", a vida marinha tropical e pequenos tubarões ou pegar um snorkel e uma máscara e nadar com eles. É totalmente seguro e possibilita belíssimas vistas submarinas.

Proximidade com a vida subaquática em Shark Reef

WINTER SUMMERLAND

Apesar de Fantasia Gardens, em Buena Vista Drive, ter sido o primeiro parque temático de minigolfe da Disney, o Winter Summerland é o único em sintonia com os temas dos parques aquáticos vizinhos, Blizzard Beach e Typhoon Lagoon, porém com um toque natalino e dois campos de dezoito buracos: os campos Winter e Summer. Consta que os dois foram construídos por duendes de Papai Noel, que se dividiram em dois grupos – os que tinham saudade do Polo Norte e os que preferiam o calor da Flórida. Os campos estão cheios de elementos interativos e têm muitos desafios. Geralmente mais concorrido, o campo Winter costuma ser considerado um pouco mais fácil, com grande quantidade de "neve" e elementos natalinos. Alguns dos buracos nos dois campos são idênticos, a não ser pela substituição de neve por areia nos buracos do Summer. Esse último conta com pranchas de surfe, borrifos de água e outros obstáculos tropicais, incluindo um Papai Noel cochilando, enterrado na areia. Os dois campos convergem para os dois buracos finais num alojamento ao estilo cabana de madeira.

Disney Cruise Line®

Com uma linha de cruzeiros que oferece dois navios maravilhosos, maiores do que a média, com destinos exclusivos e diária completa, o Disney World, em 1998, ampliou seu alcance para as águas do Caribe. Além das concorridas viagens de três ou quatro noites, agora existem itinerários mais longos, que oferecem mais portos em ilhas e cruzeiros de maior duração. A Disney's Cruise Line dispõe de dois poderosos incentivos com os quais nenhuma outra linha de cruzeiros pode competir: além de sua fantástica reputação de qualidade e conforto, oferece férias que incluem estadia no Walt Disney World como parte do pacote total.

Navio da Disney Cruise Line® em Castaway Cay

OS NAVIOS E O DESTINO

Dois navios de cruzeiro da Disney, o **Disney Magic** e o **Disney Wonder**, dispõem de camarotes cerca de 25% maiores do que os da maioria dos navios de cruzeiro. Dois navios, o **Disney Dream** e o **Disney Fantasy**, se uniram à frota entre 2011 e 2012. O estilo quase sempre moderno dos outros navios foi substituído por uma elegância grandiosa das embarcações europeias de antigamente, com tema *art déco* no *Magic* e *art nouveau* no *Wonder*. Os dois oferecem teatro, restaurantes, spas e academias de ginástica, entre outros confortos. A **Castaway Cay**, ilha particular da Disney, é o ponto final de todos os cruzeiros e consiste numa extensão supertropical dos hotéis e resorts do Walt Disney World. Aqui existem praias desertas, ciclismo, passeios de barco com fundo de vidro, esportes aquáticos e muito mais. Além disso, existem sempre muitas atividades para as crianças a bordo e em terra, tantas que você quase não verá seus filhos durante a viagem.

Jantar no restaurante Palo, a bordo de um navio da Disney

CRUZEIROS DE TRÊS OU CINCO NOITES

O itinerário dos cruzeiros rápidos nos dois navios é o mesmo: depois de chegar a Port Canaveral em um ônibus fretado e fazer o check-in, você parte, chegando a Nassau, nas Bahamas, no dia seguinte. Um dia depois chega a Castaway Cay, saindo de lá à noite para voltar a Canaveral às 9h da manhã seguinte. O cruzeiro de quatro noites tem mais um dia no mar, e o de cinco noites oferece uma noite extra em Castaway Cay ou Key West antes de retornar a Port Canaveral.

Um navio da Disney Cruise Line® atracado no porto

CRUZEIROS DE SETE NOITES

A Disney oferece passeios aos lados leste e oeste do Caribe, nos cruzeiros mais longos, que incluem paradas em St. Maarten e St. Thomas, além da ilha Castaway Cay, no cruzeiro para o leste. Já o cruzeiro para o oeste faz paradas em Grand Cayman e Cozumel, além de aportar em Castaway Cay. Cruzeiros para a Europa também estão disponíveis.

DICAS

- *Fique atento, pois as diárias completas não incluem coisas como gorjetas para funcionários, atendente do camarote e para todos os serviçais. Outras despesas adicionais: refrigerantes na piscina e bebidas alcoólicas. Há uma taxa de US$15 por pessoa para comer no restaurante de especialidades apenas para adultos. As excursões em terra também trazem despesa extra: taxas portuária e governamental, adicionadas à remuneração.*
- *Convém planejar antes as excursões em terra, escapando da fila de inscrição ainda no navio e evitando riscos. Você pode conectar o site* (p. 77) *para se inscrever nessas excursões em terra.*

Fort Wilderness Resort & Campground ❼

Um camping talvez parecesse em desacordo com a ideia de luxo constante na maioria das acomodações do Disney World. Mas Fort Wilderness, inaugurado em 1971, ainda representa uma das metas de Walt Disney: incentivar o gosto pela natureza e pela vida ao ar livre. Localizado em Bay Lake, na área do Magic Kingdom, tem mais de 750 campings protegidos e mais de 400 cabanas para fornecer diversos níveis de "rusticidade". Enquanto há pouca vida selvagem nessa área, existe uma abundância de divertimentos e conveniências. O centro do Fort Wilderness é Pioneer Hall, local de diversos restaurantes e de um show noturno concorrido, o *Hoop-Dee-Doo Musical Revue (p. 75)*. Há um barco confortável para o transporte até Magic Kingdom e ônibus para todos os parques temáticos.

Crianças trotam em Fort Wilderness Resort & Campground

Um chalé em Disney's Fort Wilderness Resort & Campground

ACOMODAÇÕES E ÁREAS COMUNITÁRIAS

Os campings de Fort Wilderness são pequenos, mas razoavelmente isolados, com ligações de eletricidade e água em todos os pontos. Todas as cabanas oferecem o conforto de uma casa em áreas demarcadas *(p. 140)*. Há quinze "instalações públicas" com ar-condicionado pelo camping, com lavanderias, chuveiros, telefones e até máquinas de gelo, abertas 24 horas por dia. Dois "empórios" oferecem mantimentos e alugam equipamentos de recreação.

RECREAÇÃO

Há muita coisa para manter o visitante distraído em Fort Wilderness Resort. O **Tri-Circle D Ranch** tem duas piscinas aquecidas, circuitos a cavalo (com guia) e passeios de pônei. Para outras atividades, existem quadras de tênis, voleibol e basquetebol, aluguel de bicicletas e barcos, pescaria, trilha, passeios noturnos em carroças, brincadeiras típicas, percursos de carruagem, um pequeno zoo e jogos eletrônicos. Você também pode optar por esquiar e fazer *parasailing* e *wakeboarding*. Em geral, há equipamentos para alugar. É preciso fazer reserva para os passeios a cavalo com guia e para pescar.

Fort Wilderness também oferece o programa **Campfire** com cantorias e cinema ao ar livre. O programa, disponível para todos os visitantes da Disney e não apenas para os que estão em Fort Wilderness, apresenta uma hora completa de cantorias, com marshmallow tostado e uma iguaria americana: marshmallow e chocolate derretidos sobre bolachas. Apresentadas em parte pelos esquilos Chip'n' Dale, da Disney, as cantorias levam à projeção de um desenho da Disney. Outra atração noturna é **Electrical Water Pageant** *(p. 75)*, que passa em Fort Wilderness Resort por volta das 22h. Há um café da manhã com bufê a preço fixo em Pioneer Hall.

ESPORTES EM WALT DISNEY WORLD

Além de Fort Wilderness, todos os resorts da Disney dispõem de esportes e academias (só para hóspedes). O complexo do **ESPN Wide World of Sports®** foi inaugurado em 1997, inicialmente como campo de treino e abrigo para atletas em competição, treinamento para os jogos olímpicos e outras atividades recreativas *(p. 178)*. Embora a prática do DWWS seja em boa parte passiva, não se pode dizer o mesmo da **The Richard Petty Driving Experience** *(p. 177)*, na qual os visitantes podem treinar e se tornar motoristas em corrida com carro do estilo Nascar, dirigindo a velocidades que ultrapassam 160km/h. Ao contrário da maioria das atividades da Disney, você controla totalmente o veículo. Esses carros exibem motores com mais de 600HP e provocam grandes emoções. Como seria de esperar, as intruções de segurança dominam essa atividade.

Downtown Disney® 8

Compras, bons jantares, shows e concertos estão disponíveis em Downtown Disney®, dando muitas opções aos visitantes do Walt Disney World® Resort depois que os parques fecham. O Downtown Disney® possui o Marketplace, um agradável shopping ao ar livre, com lojas e restaurantes; e o West Side, que, além de lojas e lanchonetes, possui áreas para shows. A Pleasure Island era originalmente parte deste complexo e oferecia ao visitante casas noturnas temáticas e shows, mas hoje ela é também uma área de compras e refeição para a família. O Downtown Disney® tem estacionamento e entrada grátis, embora algumas atrações, como o DisneyQuest®, "um parque temático interativo interno", com cinco andares, cobrem entrada separada, a menos que você tenha passes para o Ultimate Park Hopper e Premium Annual *(p. 76)*. Há ônibus o tempo todo daqui para os hotéis do resort. O Downtown Disney® possui agora uma marca registrada: um gigantesco balão a gás, que sobe com os visitantes a 122m de altura, oferecendo uma linda vista do Walt Disney World® Resort e dos arredores de Orlando.

Loja da Harley-Davidson na Pleasure Island, Downtown Disney®

PLEASURE ISLAND

Por mais de 20 anos, Pleasure Island era repleta de casas noturnas, shows ao vivo e noites com queimas de fogos. Hoje, possui shoppings e restaurantes de qualidade. A **Fuego by Sosa Cigars** combina um elegante lounge com uma loja de charutos e acessórios. A **Orlando Harley-Davidson** oferece uma grande variedade de utensílios, lembranças e itens de coleção, para homens, mulheres e crianças. Há duas motocicletas Harley-Davidson à disposição para os visitantes, e você pode comprar um livro de receitas da Harley-Davidson. A **Curl** é uma moderna loja de artigos de surfe, que oferece a seus clientes uma grande coleção de roupas e acessórios, além de skates e pranchas de surfe. Há muitas outras lojas na área. Entre as opções de jantar estão o animado **Raglan Road Irish Pub**, o **T Rex Café**, bom para as crianças, o elegante **Fulton's Crab House** ou o casual **Italian at Portobello**.

CHARACTERS IN FLIGHT

Os visitantes podem passear pelos céus de Downtown Disney® em um iluminado balão, com pinturas feitas à mão de silhuetas de vários personagens "voadores" da Disney, como Mary Poppins, Aladdin, e Dumbo. O balão gigante, operado por **Aérophile**, é amarrado: não há perigo de ele voar para longe. Os passageiros passam cerca de 10 minutos admirando a espetacular paisagem em 360 graus do Walt Disney World® Resort e, dependendo do clima, a vista alcança até 16km. O balão é o maior a gás do mundo e possui uma gôndola que suporta 29 pessoas mais o piloto.

Quando as condições do tempo permitem, os voos começam às 9h e encerram às 24h. Acesso para portadores de deficiência. O preço do passeio é de US$18 para adultos e US$12 para crianças (entre 3-9 anos).

WEST SIDE

Cada loja, restaurante, ou negócio em West Side de Downtown Disney's é uma experiência única, uma ótima oportunidade para se divertir à noite. Entre as lojas imperdíveis estão a **Magnetron**, que exibe ímãs e outros itens de gosto popularesco; a **Magic Masters** com material para fazer mágica e truques; e a popular **Candy Cauldron**, com doces feitos no local. Há também o moderníssimo **AMC 24 Theatres**.

Os restaurantes com serviço completo incluem o concorrido **Bongos Cuban Café**, com comida cubana e latina, além de pista de dança e música ao vivo; o **Wolfgang Puck's Café**, com entradas gourmet; o restaurante **House of Blues** com culinária do sul dos EUA; e o **Planet Hollywood** que serve comida americana e tem recordações de filmes na decoração. Há lanches rápidos no **Wetzel's Pretzels**, com pretzels quentes e sorvetes

A resplandecente noite de Downtown Disney® West Side

Pirates of the Caribbean: Battle for Buccaneer Gold, em DisneyQuest®

Häagen-Dazs, e no andar de baixo do Wolfgang Puck's Café, que serve pizzas de forno a lenha e saladas. O West Side tem três atrações especiais que exigem ingressos separados: a sala de concertos House of Blues (que faz parte de uma cadeia nacional e atrai importantes apresentações musicais), o show La Nouba™, do **Cirque du Soleil®**, e uma casa de brinquedos eletrônicos chamada **DisneyQuest®**.

La Nouba™, o show do Cirque du Soleil®

Além dos shows normais com artistas nacionais, com um palco lateral para apresentações menores, a House of Blues oferece um Sunday Gospel Brunch, que apresenta cantores de gospel com sua característica música religiosa americana. O Cirque du Soleil, uma produção teatral baseada num circo, é tão concorrido que está sempre esgotado. O show fabuloso tem, simultaneamente, 64 artistas no palco, executando proezas variadas. As reservas são obrigatórias.

DisneyQuest é muito popular entre adolescentes e crianças pequenas, e apresenta jogos eletrônicos supermodernos, experiências de realidade virtual e outras "interatividades" de computador e em 3D, junto com grande variedade de jogos eletrônicos tradicionais, como Skee-ball, Mario Kart e Pac-Man. Entre as melhores diversões estão os "brinquedos" em realidade virtual (que requer o uso de capacete com visor especial), como por exemplo **Aladdin's Magic Carpet Ride**, **Ride the Comix** e **Invasion!**, juntamente com brincadeiras que precisam de dois atiradores, como **Pirates of the Caribbean: Battle for Buccaneer Gold**.

MARKETPLACE

Shopping center a céu aberto, com lojas excelentes e uma boa variedade de restaurantes, o Marketplace propicia uma caminhada relaxante, quando você não está com hora marcada. Entre as atrações, principalmente para crianças, há o **LEGO Imagination Center**, com fotos de maravilhosas construções com LEGO, desde uma nave espacial até um dragão num tanque ao lado da loja. Também para crianças, há as lojas **Once Upon a Toy** e **Disney's Days of Christmas**.

Adultos e crianças ficarão impressionados com o tamanho do empório **World of Disney**, a maior loja do mundo com todos os suvenires da marca. Entre os restaurantes há o colorido **Rainforest Café**, **Fulton's Crab House**, com excelentes frutos do mar e ambientação de barco fluvial, e o **Ghirardelli's Soda Fountain & Chocolate Shop** com clima de lanchonete de bebidas maltadas. Petiscos são encontrados no restaurante flutuante **Cap'n Jack's**, nas lojas das cadeias **McDonald's**, **Wolfgang Puck Express** e **Earl of Sandwich**.

Soberbo dragão feito de LEGO, no Marketplace

EVENTOS À NOITE

Além das atrações de Downtown Disney® há outras excelentes distrações noturnas, como **jantares com shows** e o **Electrical Water Pageant**. Assiste-se melhor ao Electrical Water Pageant da praia sem obstruções de Fort Wilderness. Trata-se de um desfile flutuante que serpenteia pelos resorts do parque, como o da Polinésia e o Contemporâneo. As crianças adoram essa fascinante animação elétrica de 20 minutos, que tem golfinhos pulando da água, baleias e até um dragão que cospe fogo. Desde 1971 costuma servir de ato de abertura ou encerramento para os fogos do Magic Kingdom e do Epcot. Os dois dinner shows de longa duração, Hoop-Dee-Doo Musical Revue e Disney's Spirit of Aloha, ainda são agradáveis e seguram os visitantes nos parques temáticos. O primeiro é uma popular comédia western no Pioneer Hall de Fort Wilderness; o segundo apresenta músicas, danças e comidas da Polinésia. Outro show, o Mickey's Backyard BBQ, oferece diversão country.

Informações Úteis

Espalhado por uma área de 121km² e cheio de atrações, o Walt Disney World® Resort oferece diversão para a família toda, durante pelo menos uma semana. Os visitantes com pouco tempo de férias têm de planejar com cuidado sua estada, a fim de aproveitar ao máximo essa terra de sonho. Essas informações foram elaboradas para ajudar nessa tarefa.

QUANDO VISITAR

As épocas mais movimentadas são o Natal, a última semana de fevereiro até a Páscoa e de junho a agosto. Nesses períodos os parques quase chegam ao limite da capacidade, com até 90 mil pessoas por dia só no Magic Kingdom. Todos os brinquedos funcionam e os parques abrem por mais tempo. Na baixa estação há 10 mil visitantes diários no Magic Kingdom; apenas um parque aquático pode estar operando e algumas atrações fecham para manutenção. O clima também influi: em julho e agosto, as tardes quentes e úmidas são quase sempre marcadas por temporais. Entre outubro e março, porém, as temperaturas e a umidade ficam mais toleráveis e permitem um cronograma de atividades mais ágil.

DIAS MAIS MOVIMENTADOS

Todos os parques temáticos ficam apinhados em certos dias. Eis os dias mais movimentados – Magic Kingdom®: segunda, quinta e sábado; Epcot: terça, sexta e sábado; Disney's Hollywood Studios®: quarta e domingo. Note, porém, que, depois de uma tempestade, os parques aquáticos ficam quase vazios, mesmo nos períodos de pico do ano.

HORÁRIOS

Se houver muito movimento, os horários de funcionamento aumentam (em geral das 9h às 22h, 23h ou 24h). Com pouco movimento, vão das 9h até 18h ou 20h. Ligue e cheque. Os parques abrem pelo menos 30 minutos mais cedo para quem tem passe e para hóspedes dos hotéis e resorts.

DURAÇÃO DA VISITA

Para aproveitar bem o Walt Disney World®, talvez queira passar dois dias em Magic Kingdom e Epcot ou um dia e meio, com meio dia para um parque aquático, deixando um dia para Disney's Hollywood Studios® e Animal Kingdom®. Reserve três noites para ver Fantasmic!, IllumiNations e os fogos de Wishes.

HORÁRIO IDEAL

Evite as multidões e o calor:
- Chegue o mais cedo possível e visite primeiramente a atração mais concorrida.
- Dê uma parada no início da tarde, quando fica mais quente e os parques enchem.
- Volte aos parques no frescor da noite para ver os desfiles e os fogos.

INGRESSOS E PASSES

Há muitos tipos de passes para os visitantes. Você pode adquirir bilhetes de um dia, para um parque, mas, se for ficar mais de três dias, pense no **Park Hopper Pass**, que permite a admissão por um dia em cada parque temático em qualquer dos quatro ou cinco dias. Para a maioria, um desses passes para vários dias é suficiente.

O **Park Hopper Plus** oferece acesso ilimitado aos parques temáticos e aquáticos por cinco, seis ou sete dias quaisquer.

No entanto, um dos melhores passes é o **Ultimate Park Hopper Pass**, disponível apenas para hóspedes dos hotéis Disney. Permite admissão ilimitada aos parques temáticos, aos parques aquáticos e ao complexo esportivo. Os preços são determinados pela duração de sua permanência. Os visitantes não hospedados na Disney podem pensar no **Annual Pass** ou no **Premium Annual Pass**, que custa um pouco mais do que o Park Hopper de sete dias. Annual Passes separados são oferecidos nos parques aquáticos e no DisneyQuest. O preço do ingresso de crianças vai de 3 anos a 9 anos.

Os passes estão disponíveis nas lojas Disney, no aeroporto, no Tourist Information Center, na I-Drive e no site oficial da Disney. Às vezes, os passes são incluídos em pacotes de viagem.

COMO CIRCULAR

Um amplo e eficiente sistema de transportes leva uma média de 200 mil visitantes a cada dia. Mesmo que você fique fora do Walt Disney World® Resort, muitos hotéis da redondeza oferecem ônibus de ida e volta aos parques temáticos, e você pode checar isso quando fizer sua reserva.

O centro de transportes do Walt Disney World® é o **Ticket and Transportation Center (TTC)**. Para ligá-lo ao Magic Kingdom® existem dois serviços de monotrilho. Um terceiro monotrilho liga o TTC a Epcot®. O serviço de ferryboat vai do TTC ao Magic Kingdom®, cruzando a Seven Seas Lagoon. Os ferryboats ligam Magic Kingdom® e Epcot® aos resorts nas respectivas áreas, enquanto os ônibus ligam tudo em Walt Disney World®, até mesmo linhas diretas para o Magic Kingdom®. Quem tiver os bilhetes pode usar todo o sistema de transportes gratuitamente.

Embora os transportes Disney sejam eficientes, você pode alugar um carro, se quiser aproveitar toda a área sem inconvenientes. Os parques temáticos são espalhados e, principalmente, para visitar as atrações com água, como Blizzard Beach e Typhoon Lagoon, nem sempre os transportes Disney são a melhor opção para as crianças. Os pequenos, que se molham e ficam cansados de nadar, não gostam de esperar nas filas dos ônibus.

COMO ENFRENTAR FILAS

As filas costumam ser menores no início e no fim do dia e durante os desfiles e a hora de refeições. As filas para os brinquedos andam devagar, mas a espera para um show raramente demora mais do que o próprio show. O *fastpass* *(p. 34)* permite reservar hora em 25 das atrações mais concorridas, em vez de entrar na fila. Os parques enchem logo, após a primeira hora. Até lá, você pode caminhar até os brinquedos para os quais terá de fazer fila depois.

DEFICIENTES FÍSICOS

Na entrada dos parques há cadeiras de rodas. Entradas especiais permitem ao visitante especial e aos acompanhantes entrar nos brinquedos sem ficar na fila. Os funcionários não têm permissão para erguer da cadeira os visitantes por motivos de segurança.

CRIANÇAS PEQUENAS

O Walt Disney World® pode ser muito cansativo física e emocionalmente para as crianças. Procure adaptar seu programa a isso. Se vier com pré-escolares, concentre-se no Magic Kingdom®.

As esperas e caminhadas exigidas num parque temático logo cansam os pequenos; por isso, alugue um carrinho em qualquer entrada de parque. Cada carrinho é personalizado quando você o aluga, mas, se ele desaparecer quando você sair de um brinquedo, pode pedir substituição, com seu recibo. Há diversos Baby Care Centers para trocas e amamentação em todos os parques.

Na "operação troca" *(switching off)*, um dos pais pode se divertir num brinquedo, enquanto o outro fica com o filho, esperando sua vez, sem ter de entrar na fila.

CONHEÇA O MICKEY

Para muitas crianças, o momento mais importante no WDW é conhecer as personagens Disney. Você as encontrará em todos os parques temáticos, mas poderá ter encontros mais sossegados em diversos restaurantes, mais no café da manhã. Cada parque temático e muitos resorts também oferecem "jantares com personagens", embora você tenha de ligar bem antes para fazer a reserva. Traga um caderno para autógrafos.

SEGURANÇA

Os registros de segurança mostram que as equipes lidam com problemas prontamente. Membros da equipe observam crianças desacompanhadas e as encaminham ao centro de crianças perdidas. As sacolas de todos os visitantes são revistadas.

ACOMODAÇÃO E RESTAURANTES

Hotéis e villas da Disney são de alto padrão. Mas mesmo os locais de preço mais baixo são mais caros do que muitos hotéis fora do WDW. Mas lembre-se de que, além da qualidade Disney, você ganha:

- Entrada mais cedo nos parques temáticos (até 60 minutos).
- Admissão garantida aos parques temáticos, mesmo quando estão cheios.
- Entrega de compras feitas em qualquer Walt Disney World® Resort.

Para jantar em algum dos restaurantes de serviço completo no WDW, em especial no Epcot®, reserve um Priority Seating – reserva de mesa equivalente ao *fastpass*.

Para mais informações, veja as pp. 138-40 e 148-50.

ESTACIONAMENTO

No Magic Kingdom® os visitantes têm de estacionar no TTC e caminhar ou pegar um carrinho. Epcot®, Disney's Hollywood Studios® e Animal Kingdom® possuem seus estacionamentos. Para os hóspedes do resort, o estacionamento é grátis; os outros pagam, mas só uma vez por dia, não importa quantas vezes andem com o veículo. Os estacionamentos são grandes, por isso convém lembrar o nome da personagem e a fileira em que você parou.

AGENDA

GERAL

Informações Gerais
Tel *(407) 824-4321.*
http://disneyworld.disney.go.com

Acomodações, Informações e Reservas
Tel *(407) 934-7639*

Reservas para Jantar (Incluindo Dinner Shows)
Tel *(407) 939-3463.*

Disney Tours
Tel *(407) 939-8687*

Reservas para Golfe
Tel *(407) 939-4653*

PARQUES TEMÁTICOS E ATRAÇÕES

Blizzard Beach
Tel *(407) 560-3400*

Disney Cruise Line®
Tel *(888) 325-2500.*
www.disneycruise.disney.go.com

Disney's Hollywood Studios®
Tel *(407) 824-4321*

Disney's Animal Kingdom®
Tel *(407) 938-3000*

Downtown Disney®
Tel *(407) 824-4321*

Epcot®
Tel *(407) 824-4321*

ESPN Wide World of Sports®
Tel *(407) 828-3267*

Fort Wilderness Resort & Campground
Tel *(407) 824-2900*

Magic Kingdom®
Tel *(407) 824-4321*

The Richard Petty Driving Experience
Tel *(407) 939-0130*

Typhoon Lagoon
Tel *(407) 824-4321*

OUTROS PARQUES TEMÁTICOS DE ORLANDO

De montanhas-russas a apresentações de baleias-assassinas, de fantasias enevoadas a compras incríveis e ótimos jantares, os parques temáticos de Orlando oferecem infindáveis opções de diversão e levaram a cidade ao topo da classificação de pontos turísticos mais procurados do mundo. O esforço pioneiro coube, é claro, ao Walt Disney World, em 1971. Logo surgiram outros parques.

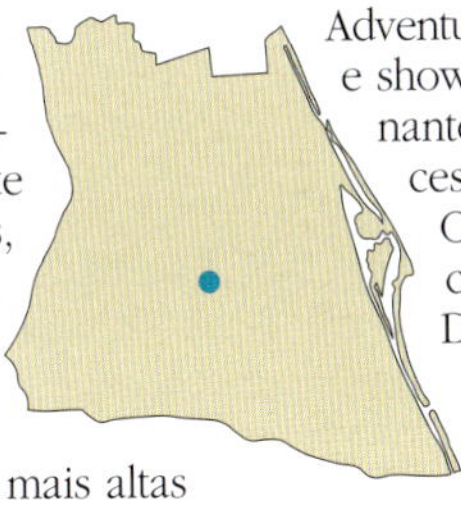

O SeaWorld®, que surgiu em 1973 com programas educativos e de entretenimento, aproxima o visitante de baleias, leões-marinhos, manatis e outras criaturas. Também apresenta brinquedos com temas do mar, como Kraken®, uma das montanhas-russas sem piso mais altas e rápidas do mundo. Do outro lado de SeaWorld® fica a Discovery Cove®. Trata-se de um paraíso tropical onde os visitantes nadam com golfinhos, fazem snorkel com os peixes e alimentam na mão aves exóticas.

A Universal Orlando®, que surgiu em 1990, ganhou destaque com a abertura do parque Universal Studios Florida®. Local de diversão animada, o Universal CityWalk® veio em 1998; depois foi a vez do segundo parque temático da Universal: Islands of Adventure®. Com seus brinquedos e shows high tech muito emocionantes, baseados em supersucessos do cinema, Universal Orlando® surgiu como uma concorrência séria para a Disney. Outra atração popular é o Wet'n Wild®, que conta com diversos brinquedos empolgantes.

Os parques temáticos não param de evoluir, com brinquedos novos que surgem a intervalos regulares, por exemplo The Waterfront, no Sea World®, uma cidadezinha de 2ha cheia do sabor e da animação das vibrantes cidades litorâneas, enquanto a Universal Orlando® inaugurou o empolgante passeio The Wizarding World of Harry Potter™. Outra atração popular do SeaWorld é Aquatica, que oferece ao visitante a oportunidade de nadar com mamíferos marinhos.

Golfinhos: mãe e filho saltam em Discovery Cove®

◁ Kraken, gigantesca montanha-russa, com 46m de altura, em SeaWorld® Orlando

Como Explorar Outros Parques de Orlando

Bem localizados na área em volta da International Drive *(pp. 110-1)*, Universal Orlando®, SeaWorld®, Discovery Cove® e Wet'n Wild® não ficam muito atrás do Walt Disney World® nas diversões. SeaWorld® e Discovery Cove® tratam do mundo natural, com hábitats muito bem reproduzidos, que exibem seres marinhos. Os shows do SeaWorld®, como *Blue Horizon* e *One Ocean* e seus brinquedos excelentes, oferecem bastante animação. Os outros dois principais locais temáticos destinam-se a crianças mais velhas e adultos. O parque aquático Wet'n Wild® é uma experiência muito divertida, ao passo que a Universal Orlando® atrai com seus dois parques temáticos cheios da magia do cinema e de brinquedos incríveis, repletos de efeitos especiais, além de dispor de uma exuberante área de entretenimento.

PRINCIPAIS ATRAÇÕES

Aquatica ❷
Discovery Cove ❸
SeaWorld® Orlando ❶
Universal Orlando ❹
Wet'n Wild® ❺

O show Blue Horizons, no SeaWorld® Orlando

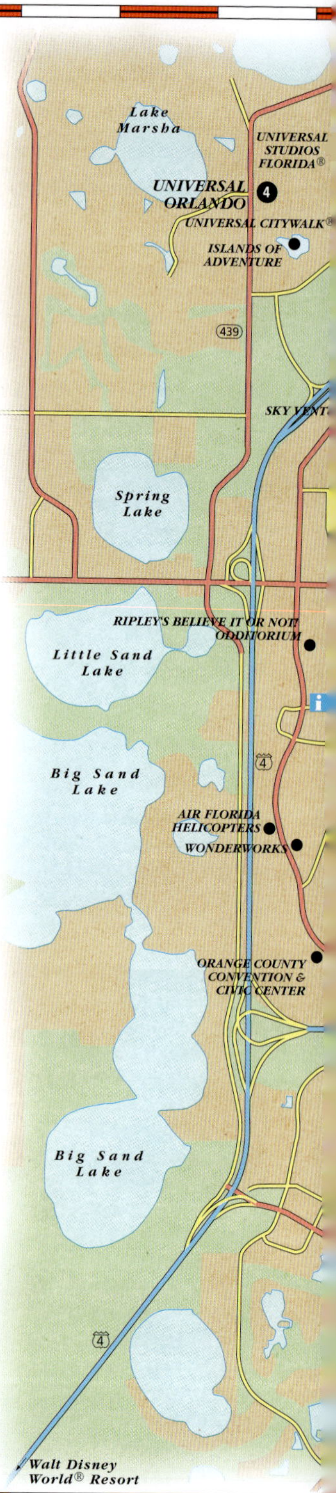

Revenge of the Mummy® – brinquedo da Universal Orlando®

VEJA TAMBÉM

- ***Onde Ficar*** pp. 140-1
- ***Onde Comer*** pp. 150-1

COMO CHEGAR

A nordeste do Walt Disney World®, os outros importantes parques temáticos de Orlando estão conectados entre si e com a Disney pela I-4, artéria vital da região. A Universal Orlando® fica numa das extremidades, nas saídas 74 e 75B da I-4. Na outra extremidade fica a Discovery Cove®, na frente do SeaWorld®, que se localiza no cruzamento da I-4 com a Beach Line Expressway. Wet'n Wild® fica na saída 75A da I-4. Além das conexões oferecidas pelo serviço público de ônibus Lynx, há fretamentos particulares, além de serviços de ida e volta que alguns hotéis fornecem para diversos parques temáticos. Se você deseja percorrer grandes distâncias em pouco tempo, o melhor é alugar um carro. Mas lembre-se de que a I-4 é uma estrada de trânsito intenso. Veja mais detalhes nas pp. 193-7.

0 km 1

LEGENDA

- Rodovia interestadual
- Rodovia principal
- Estrada secundária
- Informações ao turista

Casal se diverte em The Blast, brinquedo do Wet'n Wild®

SeaWorld® Orlando ❶

Em termos de escala e criatividade, o parque de aventuras da vida marinha mais concorrido do mundo está à altura de qualquer outro parque temático de Orlando. Inaugurado em 1973, possui brinquedos emocionantes, além de shows impecáveis, com excelente coreografia, que incluem o *One Ocean* e o *Blue Horizons*. O parque também é famoso por Shamu, a orca mascote do SeaWorld, e amigos. Algumas atrações permitem que você até toque ou alimente os seres marinhos, o que é inesquecível. O parque também oferece uma plataforma para a realização de programas de educação, pesquisa e preservação. Cada apresentação no parque ilustra como as pessoas podem proteger e defender o meio ambiente e a vida selvagem que há nele.

DICAS

- *Os visitantes têm permissão para alimentar a maioria dos animais. Mas o parque restringe o tipo e a quantidade de alimento, que tem de ser adquirido aqui. Cheque nos serviços ao visitante os horários da comida e a oferta de alimentos.*
- *Há aluguel de carrinhos, armários e canis climatizados.*
- *Os pais de crianças mais velhas podem alugar walkie-talkies, para que o grupo se disperse mas possa ser localizado com facilidade.*
- *Visite Kraken primeiro, pois mais tarde essa montanha-russa fica muito cheia e com longa fila.*
- *Leve uma sacola plástica à prova d'água para sua câmera, principalmente nos shows de baleias e golfinhos. As primeiras doze fileiras ficam molhadas.*
- *A Journey to Atlantis deixa o público encharcado, por isso deixe para ir até lá na parte mais quente do dia.*

COMO EXPLORAR O PARQUE

O SeaWorld costuma ficar menos cheio do que os outros parques temáticos de Orlando. Seu ritmo mais suave significa que uma visita depois das 15h permite uma experiência mais fresca e com menos gente. Procure reservar pelo menos um dia para cobrir todas as atrações. Pegue um mapa no Guest Services e planeje o dia. Você pode usar a Sky Tower, de 122m de altura, como ponto de referência para se orientar.

A maioria das apresentações é de exposições para ver caminhando ou shows em que se senta em estádios. Esses últimos são tão grandes que achar um bom lugar costuma ser um problema. Pense que, se você se sentar na frente, pode se molhar. Também vale a pena observar que os shows são programados para que dê tempo de assistir a outro. Isso é feito para reduzir ajuntamentos, mas é possível conseguir um lugar no show de Clyde e Seamore (leão-marinho e lontra) se sair do estádio da Shamu quatro minutos mais cedo (enquanto os artistas ainda estão agradecendo).

Na alta estação, vá cedo para Wild Arctic, Journey to Atlantis, Shark Encounter e Kraken, pois mais tarde formam-se longas filas. Crianças pequenas adoram conhecer os atores em roupas de pelúcia que interpretam Shamu e sua turma: orca, pinguim, pelicano, golfinho e lontra. É comum encontrá-los perto da saída do parque, na hora de fechar. O SeaWorld também tem muitos restaurantes à sua escolha quando der fome.

Turistas tocando e alimentando golfinhos amistosos numa lagoa de Dolphin Cove®, em Key West at SeaWorld®

Banho de sol dos leões-marinhos na Pacific Point Preserve®

ATRAÇÕES ANIMAIS

Os hábitats meticulosamente projetados no SeaWorld® oferecem uma rara observação de criaturas marinhas, como golfinhos, pinguins e tubarões, do modo como vivem em seus ambientes naturais.

Key West at SeaWorld®

Uma das atrações mais visitadas do parque, Key West at SeaWorld® é um paraíso tropical que apresenta animais dos recifes da Flórida. Espalhada pelos 2ha, Dolphin Cove® e Stingray Lagoon® abrigam golfinhos-nariz-de-garrafa e mais de 200 raias-lixas. Os visitantes também podem sentir a emoção de alimentar e tocar esses animais. Em Turtle Point®, veem-se muitas espécies de tartarugas marinhas ameaçadas, e, de uma área de observação subaquática, nota-se um belo recife de coral.

A Sunset Celebration, que ocorre toda noite em Key West, é um evento colorido, festivo, com música ao vivo e artistas de variedades.

Pacific Point Preserve®

Desenhada como uma réplica da costa norte do Pacífico, esta área de 1ha possui praias e afloramentos de rocha. Os visitantes adoram as palhaçadas dos leões-marinhos e das focas, quando brincam, pulam e se divertem nessa atração. Não perca as engraçadas horas da comida, quando os leões-marinhos e outros mamíferos mergulham atrás de comida e engolem peixes inteiros. Cheque os horários no balcão de informações.

Manatee Rescue

Considerada a melhor e mais nova mostra zoológica do país pela American Zoological Association, a atração permite ter uma visão de perto e pessoal dos manatis. Essa exposição muito educativa inclui um filme sobre esses herbívoros tristonhos e atraentes. Manatis machucados são levados para o parque por uma equipe que resgata animais e devolvidos a seu hábitat quando se recuperam.

Penguin Encounter®

Reprodução de regiões polares, este terreno fica coberto de neve, com temperaturas abaixo de zero. Quatro espécies de pinguins andam gingando pelos recifes e nadam graciosamente nas águas geladas, enquanto papagaios-do-mar brincam por perto. Uma esteira rolante de 35m de comprimento atravessa o hábitat e permite aos visitantes uma visão mais próxima dos pássaros.

Pinguins nas pedras geladas em Penguin Encounter®

PREPARE-SE

Mapa rodoviário E2. Orange Co. 7007 SeaWorld Drive, cruzamento da I-4 e Beach Line Expressway.
(407) 351-3600. *8, 50 de Orlando.* *9h-19h diariam; até 23h no verão.*
www.seaworld.com/orlando

Summer Nights no SeaWorld®

Nos meses de verão há mais experiências e aventuras disponíveis no parque, incluindo oportunidades para alimentar golfinhos, shows noturnos como Shamu Rocks, o luau havaiano Makahiki com espetáculo e jantar, e um show pirotécnico todas as noites, encerrado por fontes. Após as 18h a Summer Nights Central fica animada ao longo do lago, com gastronomia, jogos e música, inclusive de bandas ao vivo. Um passeio guiado VIP, que dá primazia em filas, pode ser reservado.

Shark Encounter

Entre num túnel subaquático cercado por peixes venenosos, barracudas, enguias de arrepiar e tubarões predadores. O túnel de 18m de extensão é feito de painéis de acrílico, cada um com mais de duas toneladas, e facilita a observação de perto, mas de forma segura, desses animais perigosos.

Quem está atrás de uma experiência mais emocionante pode tentar o programa interativo Sharks Deep, que faz parte do Shark Encounter. Aqui, os visitantes vestem trajes especiais e mergulham com snorkel ou oxigênio numa gaiola de tubarões, enquanto mais de 50 deles nadam em volta. Esse programa de duas horas é caro e permite apenas dois visitantes por vez.

Não se permite a participação de crianças com menos de 10 anos.

A'LURE

A'Lure –The Call of the Ocean é um espetáculo em estilo circense que combina acrobacias espetaculares, bonecos gigantes e técnicas de manobras aéreas em um imenso palco no Nautilus Theater. Uma grande tela de projeção exibe imagens de cardumes de peixes, graciosas raias-jamantas e serpentes marinhas gigantes, enquanto atores fazem uso de música, comédia, fantasias coloridas, laços e números acrobáticos para contar as lendas mitológicas das sereias do mar, que hipnotizam os marinheiros e os levam para as profundezas do mar.

BRINQUEDOS E SHOWS

Proezas espetaculares, palhaçadas dos animais e brinquedos e shows marcam a diversão no SeaWorld.

Wild Arctic®
Uma viagem muito realista ao Polo Norte, num voo simulado de helicóptero, atravessa nevascas e avalanches. No fim do "voo" perigoso, o visitante mergulha na exploração da paisagem gelada. Ele também conhece a população de animais da região, como morsas gigantes, focas brincalhonas, lindas baleias-beluga e dois ursos-polares divertidos, chamados Snow e Klondike.

Journey to Atlantis®
Quedas inesperadas, guinadas e curvas esperam os visitantes nesse brinquedo de aventura em alta velocidade, que mistura água e montanha-russa. O mais emocionante é a queda terrível, quase vertical, de uma altura de 18m. Oito pessoas, a bordo de um antigo barco de pesca grego, são arremessadas numa batalha pela cidade perdida de Atlântida e enfrentam mergulhos e curvas radicais, cercados de incríveis efeitos especiais, enquanto se safam para a segurança.

Kraken®
Com nome de mítico monstro marinho gigante, esta montanha-russa não tem piso e é das mais rápidas de Orlando. Os passageiros vão a 45,5m de altura e mergulham 44m, fazendo sete giros e ficando de cabeça para baixo –tudo na velocidade de 104km/h. Para aumentar a emoção, os assentos são abertos dos lados, oferecendo apenas prendedores nos ombros como suporte, sem nada mais para o passageiro segurar enquanto é arremessado no ar.

One Ocean
O show de Shamu no SeaWorld é uma espetacular celebração multissensorial à vida sob as ondas. Obviamente, as estrelas são as orcas, que fazem coreografias incríveis em meio a um cenário de fontes dançarinas, jogos de luzes coloridas e imagens surpreendentes que captam a movimentação das "artistas" sob a superfície, assim como janelas que dão para o vasto mundo submarino. A trilha sonora de músicas atuais do mundo inteiro enfatiza a mensagem do show – "um só mundo, um só oceano".

Shamu's Happy Harbor®
Com um labirinto de redes e escorregadores, montanhas de escalada e salões infláveis, essa área de 1,2ha de diversão é direcionada para crianças menores. Além dos pequenos brinquedos, há o Shamu Express®, uma montanha-russa para crianças, que diverte toda a família ao percorrer seus trilhos a 42 km/h.

Passageiros numa queda abrupta no brinquedo Journey to Atlantis®

O LADO SÉRIO DO SEAWORLD

As palavras de ordem no SeaWorld® são "pesquisa", "resgate" e "reabilitação". A equipe de resgate de animais do SeaWorld fica disponível 24 horas por dia e já ajudou milhares de baleias, golfinhos, manatis, tartarugas e pássaros doentes ou machucados. O programa de resgate dos manatis do parque é o maior do mundo. Os animais são cuidados e, se preciso, operados no centro de reabilitação do parque. Os que se recuperam são devolvidos à natureza.

O SeaWorld® realiza diversos passeios educativos, como o Saving a Species, que permite ter um vislumbre de seus programas de preservação.

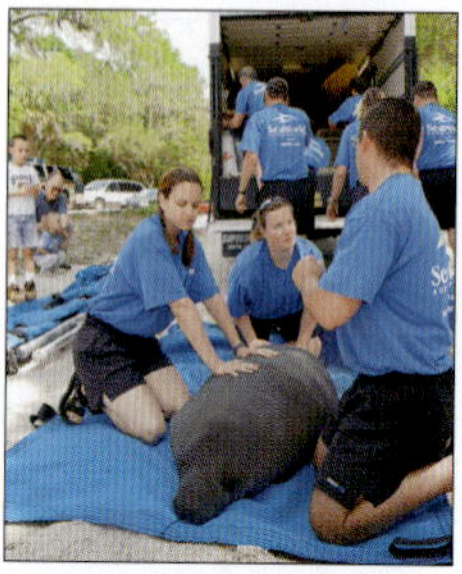

Equipe de resgate do SeaWorld cuida de um bebê manati

A Shamu Express®, uma montanha-russa infantil, no SeaWorld

PRINCIPAIS ATRAÇÕES

1. ONE OCEAN
2. BLUE HORIZONS
3. KRAKEN®
4. SHARK ENCOUNTER
5. JOURNEY TO ATLANTIS®
6. WILD ARCTIC®
7. PENGUIN ENCOUNTER®
8. CLYDE AND SEAMORE TAKE PIRATE ISLAND®
9. SHAMU'S HAPPY HARBOR®
10. MANTA®

Clyde & Seamore Take Pirate Island®
No Lion and Otter Stadium, este gozadíssimo show exibe dois leões-marinhos –Clyde e Seamore–, lontras e uma morsa, que, com o treinador, embarcam numa aventura de trapalhadas, cheia de tesouros perdidos, navios piratas e cenas cômicas no mar.

A'Lure – The Call of the Ocean
O teatro Nautilus do SeaWorld exibe este místico espetáculo estilo circense, que conta a história das sereias do mar, cujo canto hipnótico atrai os pescadores para o fundo do mar. Oferece efeitos especiais impressionantes, números acrobáticos, malabaristas e artistas de tecido.

Pets Ahoy!
Show divertido, com elenco de gatos, aves, cães, porcos, gambás e outros, realizando truques divertidos e cenas engraçadas. Quase todos os animais foram resgatados de abrigos. Os treinadores dão dicas sobre como treinar os animais de estimação de casa.

Manta®
Em uma montanha-russa que tem o formato de uma raia-jamanta, os visitantes prendem a respiração em descidas que chegam a 96km/h e que simulam os movimentos de nado da raia-jamanta no mar. Os trilhos passam tão perto da água, que algumas vezes a asa da raia roça a superfície durante a descida, jogando água nos visitantes.

Blue Horizons
O poder do mar e a elegância do voo convergem em um show espetacular com golfinhos, orcas, aves exóticas e uma equipe de mergulhadores e saltadores de primeira.

Passeios e Outras Atrações
Atrações menores contam com Dolphin Nursery para as mamães golfinhos e os bebês; e Clydesdale Hamlet, lar dos famosos cavalos Budweiser Clydesdales. A Polar Expedition Tour leva os visitantes a uma exploração educativa de 60 minutos a regiões polares e uma observação na Penguin Research Facility, enquanto a Adventure Express Tour oferece lugares reservados em passeios com guia do SeaWorld, com chance de alimentar os animais.

ONDE COMER, BEBER E COMPRAR

O Waterfront® at SeaWorld® é um lugar excelente para jantar, se divertir e fazer compras, em uma área de 2ha, que tem produtos e comida de todo mundo. Existem diversos restaurantes, que oferecem desde serviço completo até lanchonetes. Entre eles estão o Voyagers Smokehouse, que serve carnes defumadas e grelhadas; o Seafire Inn, que tem pratos refogados na hora e apresenta o show Makahiki Luau; o Sand Bar, que serve ótimos lanches e martínis; e o Spice Mill Café, que serve culinária internacional. Um jantar na parte externa do The Waterfront® permite que o visitante coma junto às baleias, ao passo que no Sharks Underwater Grill *(p. 150)*, os clientes saboreiam comida "Floribeana" a poucos metros dos ameaçadores tubarões. Há um divertimento novo a cada esquina, como os Groove Chefs que fazem música com utensílios de cozinha, e o Long Shoremen que diverte o público com comédias improvisadas. As lojas do The Waterfront® vendem bugigangas e suvenires do SeaWorld®.

Tartaruga e golfinho de pelúcia de lojas do SeaWorld®

Aquatica ❷

Mais recente parque do trio que forma o SeaWorld, o Aquatica tem alguns dos mais emocionantes brinquedos aquáticos de Orlando. Inspirado pela vida selvagem e paisagens dos Mares do Sul, o parque conta com dezenas de escorregadores, rios, lagoas e praias. A grande diferença entre o Aquatica e outros parques aquáticos de Orlando, como o Wet'n Wild, é a chance de encontrar animais selvagens. Há os incríveis golfinhos-de-commerson, tamanduás gigantes, papagaios coloridos e peixes exóticos. O parque também conta com mais de 100 espécies de árvores e 250 variedades de plantas.

Mergulho no hábitat dos golfinhos-de-commerson, no Aquatica

COMO EXPLORAR O PARQUE

Chegue cedo, pois o parque costuma lotar às 10h30 e não recebe mais visitantes no começo da tarde. Os ingressos são mais baratos que na maioria dos parques aquáticos da Flórida: US$ 44,95 mais impostos, para um dia, e US$ 99,95 mais impostos, combinado com o SeaWorld. Crianças de três a nove anos pagam menos e as de menos de três anos entram de graça.

Logo na entrada fica o Dolphin Plunge, atração principal do parque, que oferece ao visitante um primeiro encontro com os lindos golfinhos-de-commerson pretos e brancos.

Há cabanas para alugar, com acomodação para até sete pessoas e luxos especiais. Mas são caras: US$ 224,99 por dia na alta temporada. Elas devem ser reservadas com antecedência, pois costumam já estar lotadas quando o parque abre.

O Banana Beach Cookout é a melhor opção para comer no parque. O passe all-day permite visitas ilimitadas ao bufê. Também oferece refeições avulsas. Os preços são baseados em porções para adultos ou crianças.

ATRAÇÕES

O Aquatica oferece uma enorme variedade de brinquedos, tobogãs, encontros com animais e praias para todas as idades.

Dolphin Plunge

Um revigorante mergulho de 76m através de tubos transparentes no incrível hábitat dos golfinhos-de-commerson. Para participar desta deliciosa aventura é preciso ter mais de 1,20m de altura. Os outros podem ir ao Dolphin Lookout e assistir os visitantes mergulhando com os golfinhos nadando ao fundo.

Taumata Racer

Crianças maiores e adolescentes adoram o Taumata Racer, o maior brinquedo emocionante do parque. Oito pessoas competem em tapetes nesta experiência de alta velocidade, que inclui um tobogã de 91m e um redemoinho que acelera os competidores até a linha de chegada.

Hooroo Run

Prepare-se para sentir-se flutuando ao descer as três quedas deste brinquedo de 76m. Pode-se descer em grupos de até quatro por vez. É preciso ter pelo menos 1,07m de altura.

Tassie Twister

Segure-se firme enquanto é levado por túneis e um redemoinho até ser despejado no Loggerhead Lane. Então sente-se e relaxe no lazy river, que passa pelos hábitats de pássaros e peixes do parque, além de ver os golfinhos-de-commerson debaixo d'água.

Walkabout Waters

Crianças pequenas adoram o Walkabout Waters, um playground aquático interativo com tobogãs, canhões de água e túneis. Restrições de altura variam para cada tobogã, mas há muitas atividades para crianças de todas as idades.

PREPARE-SE

Orange Co. 5800 Water Play Way. ***Tel*** *(407) 351-1280, 1-888-800-5447.* *I-Trolley, ônibus do SeaWorld e Discovery Cove.* *9h-22h diariam (ligar antes: os horários variam de acordo com a temporada e o clima).*

www.aquaticabyseaworld.com

PRINCIPAIS ATRAÇÕES

① DOLPHIN PLUNGE

② TAUMATA RACER

③ HOOROO RUN

④ TASSIE TWISTER

⑤ WALKABOUT WATERS

Discovery Cove® 3

Situada do outro lado da rua onde fica seu irmão maior, o SeaWorld®, a Discovery Cove® é um instigante paraíso tropical, com praias, recifes e lagoas. Embora o preço do ingresso seja alto, o parque oferece experiências excepcionais, cujo destaque é a oportunidade de nadar com golfinhos-nariz-de-garrafa. Mas se você se privar dessa experiência com os golfinhos, o preço da visita cairá quase pela metade. Por uma taxa extra é possível participar do "Trainer For a Day", que permite ver os bastidores do parque. Diferente de outros parques temáticos da Flórida, a Discovery Cove® tem capacidade para apenas mil visitantes por dia, o que resulta em ótimo serviço e menos aglomeração, mas é preciso reservar bem antes.

COMO EXPLORAR O PARQUE

Reserve um dia todo para a grande gama de atrações do parque. O preço chega a exorbitantes US$ 279, mais taxas, por pessoa (US$ 189 sem o mergulho com os golfinhos), sem descontos para crianças. Inclui equipamento para snorkel, uso de instalações de praia, café da manhã, almoço e lanches e admissão ilimitada ao SeaWorld® ou aos Busch Gardens®, por catorze dias consecutivos.

Os visitantes são recepcionados por um guia pessoal, recebem cartão de identificação com foto e são levados para conhecer o parque. É permitido fotografar, menos na Dolphin Lagoon. Evite usar bijuterias, que distraem os animais. Visitantes com deficiência são bem-vindos, e há cadeiras de rodas especiais disponíveis. Só é permitido usar o filtro solar especial "inofensivo aos peixes" do parque (incluso no preço).

ATRAÇÕES

Discovery Cove® tem cinco lindos hábitats que oferecem experiências divertidas e interativas com uma variedade de pássaros exóticos e vida marinha.

Grand Reef

Aqui, o visitante nada e faz snorkel com peixes exóticos e raias gigantes e explora grutas, recifes e restos artificiais de um navio naufragado. Uma divisória transparente separa você dos grandes tubarões e das barracudas. Mesmo assim, terá a ilusão emocionante de nadar ao lado dessas criaturas ameaçadoras.

Aviary

Este aviário de voo livre se eleva acima do restante de Discovery Cove®, abrigando mais de 250 aves tropicais. O santuário de aves pequenas está repleto de tentilhões, beija-flores e sanhaços, que você pode alimentar na mão.

Lagoas azuis cercadas por vegetação tropical em Discovery Cove®

PREPARE-SE

Orange Co. 6000 Discovery Cove Way. ***Tel*** *(877) 434-7268* *8, 42 de Orlando* *9h-17h30 diariam.* **www**.discoverycove.com

Ray Lagoon

Essas águas tropicais meio escondidas estão cheias de raias-do-sul e raias-de-nariz-de--vaca. Algumas delas são bem grandes, mas são criaturas inofensivas e delicadas. Os visitantes podem nadar e fazer snorkel ao lado delas e até tocá-las, enquanto elas passam deslizando.

Wind-Away River

Num percurso que serpenteia por quase toda a Discovery Cove®, as paradas mais concorridas são as cascatas, onde o visitante pode se refrescar do quente sol da Flórida. O rio também tem uma caverna subaquática, especialmente projetada, que as famílias podem explorar, assim como uma janela sob a água para observar Tropical Reef.

Dolphin Lagoon

A atração mais famosa da Discovery Cove oferece ao visitante a oportunidade de nadar com golfinhos nariz-de--garrafa. A atividade começa com um programa de orientação de quinze minutos que inclui um filme sobre os golfinhos que ensina aos visitantes as maneiras de se comunicar com os animais, por meio de sinais com as mãos. Em seguida os inesquecíveis 30 minutos brincando com esses amáveis animais, sob o olhar atento dos treinadores.

PRINCIPAIS ATRAÇÕES

1. DOLPHIN LAGOON
2. GRAND REEF
3. RAY LAGOON
4. THE AVIARY
5. WIND-AWAY RIVER

Universal Orlando® 4

Antigo parque só de cinema, que concorria com outras atrações locais, a Universal Orlando® foi transformada num resort amplo, com dois parques temáticos – o Universal Studios Florida® e o Islands of Adventure®; um complexo de 12ha, a Universal CityWalk®; e três resorts *(p. 140-1)*. Juntas, essas três opções são um excelente motivo para passar algum tempo fora da Disney. Localizado nas saídas 75A e 74B da I-4, o estacionamento da Universal leva os visitantes pela CityWalk, numa série de esteiras rolantes, até um cruzamento onde escolhem entre os dois parques.

PREPARE-SE

Orange Co. 1000 Universal Studios Plaza, saídas 75A ou 75B na I-4. *(407) 363-8000.* *21, 37, 40 de Orlando.* *Horário mínimo de abertura 9h-18h diariam; ampliação da abertura à noite no verão e nos feriados. CityWalk: 11h-2h diariam.* **www**.universalorlando.com; **www**.citywalkorlando.com

COMO EXPLORAR OS PARQUES

Os períodos mais movimentados do ano na Universal Orlando® são os mesmos do Walt Disney World® *(p. 76)*, e os fins de semana são mais concorridos do que durante a semana.

Na alta estação, os parques ficam abertos até tarde e, com esforço, dois dias inteiros são suficientes para ver ambos. Mas na baixa estação fecham mais cedo, e você vai precisar de três ou quatro dias para cobrir todas as atrações.

Quem ficar mais tempo pode optar por algum dos pacotes de vários dias da Universal, como o 2 Parks/2 Days, 2-Park Unlimited, ou 3-Park Unlimited, que oferecem ingressos econômicos para os parques e a CityWalk, além de descontos especiais em hotéis, restaurantes e lojas. Às vezes, as filas na Universal são mais longas do que no Walt Disney World®, e talvez seja preciso esperar bastante para os melhores brinquedos. Um modo de evitar as filas é a aquisição do passe Universal Express Plus, que permite ao visitante participar de passeios e atrações sem fila.

Logo da Universal Orlando® Resort

E mais: os hóspedes dos hotéis da Universal Orlando® podem usar a chave do quarto como passe Universal Express em todos os brinquedos (sem limites) e também como cartão de crédito no parque, debitando alimentos, produtos comprados e outros gastos para seu quarto. Num dia movimentado, os visitantes talvez queiram se beneficiar do VIP Tour, passeio de cinco horas, com guia. Esse passeio, que acomoda até doze pessoas por vez, fornece ingresso prioritário para pelo menos oito atrações, acesso a instalações da produção, descontos e uma caminhada pelos bastidores. No final do passeio, os visitantes podem utilizar o passe Universal Express para acessar as atrações.

É provável que a maioria dos brinquedos seja muito forte para crianças menores e, é claro, algumas exigem altura mínima –a exceção é ET Adventure. As atrações para os pequenos estão na Woody Woodpecker's Kid Zone, com A Day in the Park with Barney e Animal Actors on Location.

Universal Orlando® tem arranjos especiais para famílias com crianças e para pessoas com deficiência. O aluguel de cadeiras de rodas e carrinhos é feito perto da entrada dos dois parques. Todos os locais de compra e para jantar e boa parte das atrações têm acomodações para cadeiras de rodas. O centro Family Service também fornece primeiros socorros e diversas toaletes com recursos para amamentação e troca de fraldas.

O mundo fericamente iluminado das Islands of Adventure, da Universal®

Como Explorar Universal Studios Florida®

Tudo nesse parque temático de cinema contribui para que o visitante seja envolvido pelo mundo mágico dos filmes. Erguido com a consultoria criativa de Steven Spielberg, foi inaugurado em 1990 e conta com brinquedos moderníssimos, shows e atrações, todos baseados em filmes e programas de TV de sucesso. Até as ruas, as lojas e os restaurantes lembram cenários de Hollywood, e as reproduções em tamanho real de partes de Nova York e de São Francisco são bem realistas. O parque se divide em seis seções: Production Central, New York, Hollywood, Woody Woodpecker's Kid Zone, World Expo e San Francisco/Amity.

A apavorante subida inicial na Hollywood Rip Ride Rockit®

FILMAGEM AO VIVO

Apesar de não haver garantias de que você verá alguma filmagem ao vivo no dia de sua visita a Universal Studios Florida, existe uma pequena possibilidade de que as câmeras estejam rodando na área de trás do parque. No entanto há uma boa chance (principalmente de setembro a dezembro) de você estar na plateia da gravação de um programa de TV. Os interessados também podem ligar antes e descobrir que programas estarão em filmagem durante sua visita. Os ingressos para os programas são distribuídos para quem chegar primeiro, no dia da gravação, e estão disponíveis no Studio Audience Center, perto dos Guest Services. Vá até lá assim que entrar no parque, para pegar alguns.

FRONT LOT

A entrada do Universal Studios Park é conhecida como Front Lot porque foi criada para se parecer com a frente de um estúdio de cinema de Hollywood da década de 1940. Mas o quadro de aviso com o cronograma de filmagens, perto das catracas, com os detalhes da filmagem dos shows, é real. Dentro do parque, a Plaza of the Stars, cercada de palmeiras, dispõe de muitas lojas *(p. 93)*, mas não demore muito aqui quando chegar. Você deve se dirigir imediatamente para as principais atrações antes que as filas aumentem.

PRODUCTION CENTRAL

Embora essa seja a parte menos bonita do parque, aqui estão dois dos brinquedos mais populares da Universal.

Hollywood Rip Ride Rockit® é uma montanha-russa que começa com uma subida reta e depois faz diversos mergulhos e giros a velocidades de até 105km/h. Com altura de dezessete andares, é a mais alta em Orlando. A volta inclui seis momentos de tirar o fôlego e o primeiro loop não invertido do mundo. Antes de embarcar, as pessoas escolhem uma trilha sonora própria em uma lista de 30 canções de vários artistas. No final da aventura, pode-se editar e comprar um vídeo musical que mostra sua experiência individual.

Logo do brinquedo Shrek 4-D™

Shrek 4-D™, uma das atrações mais populares, é um brinquedo divertido, com um filme em 3-D de treze minutos, no qual Shrek e seus amigos vão resgatar a princesa Fiona, que foi raptada. Os efeitos de simulação de movimento e os óculos especiais "OgreVision" fazem você ver, ouvir e quase sentir a ação de onde está sentado. Com as vozes de Eddie Murphy, Mike Myers, John Lithgow e Cameron Diaz, o brinquedo é uma continuação do filme *Shrek* e faz uma ponte para os próximos da série: *Shrek 2*, *Shrek 3* e muito mais.

Plateia eletrizada pelos incríveis efeitos especiais de Shrek 4-D™.

Visitantes passando pelas forças de um tornado em Twister... Ride It Out®

NEW YORK

A reprodução que a Universal fez da Big Apple é bem realista e capta os menores detalhes com perfeição. A área contém mais de 60 fachadas em tamanho natural, algumas das quais copiam prédios de verdade de Nova York e outras são réplicas dos que surgiram só no cinema. Macy's, conhecida loja de departamentos, pode ser vista aqui, assim como o Louie's Italian Restaurant, que serviu para locação de um tiroteio no filme *O poderoso chefão*. As estruturas de fachada só de aparência da New York Public Library e do Guggenheim Museum criam a ilusão de profundidade e distância. As frentes desgastadas de lojas, armazéns e até as ruas manchadas e com pedras quebradas receberam tratamento com um processo chamado *distressing*, que as faz parecer antigas.

New York também conta com o brinquedo de realidade virtual **Revenge of the Mummy® – The Ride**. Essa atração substituiu o popular brinquedo King Kong, mas ainda restam vestígios da presença do gorila: procure dois hieróglifos de macacos perto da estátua de Anúbis. Baseado no enorme sucesso do filme *A múmia* e em sua sequência, *O retorno da múmia*, o brinquedo combina efeitos especiais muito avançados, como robótica da era espacial e engenharia de alta velocidade para montanhas-russas, para levar o visitante numa terrível viagem pelo mundo misterioso do Egito antigo. Conforme vão sendo levados por tumbas egípcias, galerias e colunas que desmoronam, os participantes têm de enfrentar guerreiros-esqueleto e uma gigantesca figura animada da Mummy.

Outro brinquedo de New York é **Twister... Ride It Out®**, baseado no filme *Twister*. Instalado dentro de um enorme complexo, a atração mergulha o visitante na ferocidade da natureza, quando ele fica a apenas 6m do tornado simulado graficamente, sentindo a poderosa força dos elementos, em que carros, caminhões e até uma vaca giram no ar pela força violenta de um funil de ventos, com uma altura de cinco andares. O excesso de ruídos, porém, pode assustar crianças pequenas.

Em seguida os visitantes podem ir à Delancey Street para assistir a **The Blues Brothers**, show ao vivo, com 20 minutos de música, no qual Jake e Elwood apresentam seus maiores sucessos. Reviva momentos do filme estrelado por John Belushi, Dan Aykroyd, Carrie Fisher e Cab Calloway, quando os irmãos organizam um show para tentar salvar sua antiga escola.

Enormes e apavorantes guerreiros-esqueleto em Revenge of the Mummy – The Ride

Hollywood Boulevard, belo exemplo dos maravilhosos cenários recriados

PRINCIPAIS ATRAÇÕES

① REVENGE OF THE MUMMY® – THE RIDE

② MEN IN BLACK™ – ALIEN ATTACK™

③ TWISTER...RIDE IT OUT®

④ JAWS®

⑤ THE SIMPSONS RIDE™

⑥ SHREK 4-D™

⑦ TERMINATOR 2®: 3-D

⑧ DISASTER

⑨ HOLLYWOOD RIP RIDE ROCKIT

⑩ ET ADVENTURE®

HOLLYWOOD

Dois dos cenários mais interessantes do Universal Studios são Hollywood Boulevard e Rodeo Drive. Mesmo ignorando a topografia real, o cenário dessas ruas homenageia a Hollywood da década de 1920 até a de 1950. A famosa boate Mocambo, o luxuoso Beverly Wilshire Hotel, o salão de beleza de Max Factor e o palácio do cinema, o Pantages Theater, são apenas alguns exemplos das maravilhosas recriações que ladeiam essas ruas.

Com formato de chapéu, o restaurante Brown Derby foi um local da moda, onde os cineastas costumavam se reunir; a versão da Universal é uma divertida loja de chapéus. A Schwab's Pharmacy, onde garotas tomavam refrigerantes na esperança de serem descobertas, volta à vida como uma sorveteria de antigamente. A reconhecível Hollywood Walk of Fame, com o nome dos astros incrustado na calçada, como no verdadeiro Hollywood Boulevard, também foi reproduzida fielmente.

A maior atração em Hollywood é **Terminator 2®: 3D**. Projetado com a ajuda de James Cameron, diretor dos filmes *O exterminador do futuro*, esse brinquedo emocionante usa a mais avançada tecnologia de filmes em 3D e robótica, com truques de explosivos e telas gigantes, para transportar a plateia para uma batalha com ciborgues do futuro. A ação rápida em 3D apresenta o astro dos filmes originais, Arnold Schwarzenegger, e outros membros do elenco. Uma sequência típica mostra uma Harley-Davidson "Fat Boy" pulando da tela para o palco. Atenção: as crianças pequenas podem achar o brinquedo assustador.

Lucy – A Tribute é o reconhecimento do talento de Lucille Ball, a rainha da comédia e uma das estrelas de TV mais prestigiadas do mundo. O museu mostra clipes, roteiros, figurinos, itens e outras lembranças do sucesso de TV *I Love Lucy*. O cenário do programa foi meticulosamente copiado, e o local também apresenta um jogo interativo para testar o que os fãs conhecem de Lucy. Há uma loja onde se pode comprar lembranças.

Outra mostra fascinante de Hollywood é o **Universal Horror Make-Up Show**. A atração oferece uma visão de bastidores sobre como os filmes usam a maquiagem para criar monstros apavorantes e efeitos de arrepiar. Estão expostos itens de filme, como a cabeça de cera de *O exorcista*, a câmara onde o homem se funde a uma mosca em *A mosca*, e diversas máscaras. Além disso, profissionais treinados fazem demonstrações de produtos usados para parecer sangue e substâncias viscosas. Esse show de horrores também tem seu lado divertido, e é apresentado em um cenário que lembra um teatro. A Universal classifica o show como PG 13, e alguns clipes de filmes de terror são exibidos, logo, não se recomenda esta atração para todos.

Plateia "atacada" por robô gigante, em Terminator 2®: 3D

ET e amigos em seu colorido planeta natal, em ET Adventure®

WOODY WOODPECKER'S KID ZONE

Como o nome diz, essa área se destina às crianças pequenas e aos pré-escolares. Brinquedos, shows e atrações oferecem muita diversão com um mínimo de sustos.

Baseado no filme de 1982, de Steven Spielberg, **ET Adventure**® é um brinquedo encantador e sossegado. Os participantes sobem em bicicletas voadoras e embarcam numa missão para salvar o planeta natal do ET. Voando acima da silhueta da cidade e entrando no espaço, eles passam por policiais e agentes do FBI e chegam a um mundo estranho, habitado por alienígenas.

Obrigatório para quem ama os animais, o show **Animal Actors on Location**™ exibe um talentoso grupo de cachorros, gatos, chimpanzés, pássaros e outros animais, que apresentam truques e cenas cômicas – algumas baseadas em programas de TV e filmes. Os animais nos papéis dos astros caninos Beethoven e Lassie revelam como são treinados. A participação da plateia e a palhaçada dos animais fazem a diversão do show.

A Day in the Park with Barney™ só atrai crianças pequenas. Um show musical, num parque mágico, apresenta o adorável T-Rex Barney, protagonista de *Barney & Friends,* programa de TV para pré-escolares. O grande dinossauro roxo e Baby Bop e BJ, seus amigos que adoram brincar, cantam, dançam e se divertem com as crianças.

Inspirado nos desenhos animados *An American Tail* e *An American Tail: Fievel Goes West*, **Fievel's Playland**® apresenta um playground visto pelos olhos de um camundongo. Objetos enormes, como chapéu de caubói, botas, óculos, latas e uma xícara foram feitos para servir de túneis escorregadores. Há uma teia de aranha de 9m para escalar e um escorregador aquático curvilíneo de 61m.

Outras atrações são **Woody Woodpecker's Nuthouse Coaster**® – uma montanha-russa suave para crianças – e **Curious George Goes to Town** – um playground colorido, com muita água para as crianças, além de uma área em que se pode brincar com centenas de bolas de espuma.

WORLD EXPO

Inspirada nos Jogos Olímpicos de Los Angeles, de 1984, e na Expo '86, de Vancouver, a World Expo tem duas grandes atrações. **Men in Black**™ **– Alien Attack**™, baseado nos filmes *Homens de preto,* é um brinquedo que vicia, no qual os visitantes se juntam ao agente J (papel de Will Smith) num simulador para combater

Participantes contra-atacam monstros no brinquedo Men in Black™ – Alien Attack™

alienígenas que escaparam da nave que se chocou com a Terra. Este videogame interativo está cheio de giros de 360 graus e tiros de armas e de projéteis infravermelhos, acompanhados de muito barulho. Cada pessoa tem uma arma de laser e ganha pontos ao acertar determinados alienígenas. A pontuação reflete a capacidade da equipe para destruí-los.

The Simpson's Ride™ é uma aventura estrelando a família de desenhos animados preferida do mundo. A atração começa por uma caminhada pela língua de 9,7m do palhaço Krusty, de onde os visitantes são levados ao parque de diversões Krustyland para uma gigantesca experiência cinemática. As crianças vão explorar o lado desconhecido de Springfield, acompanhados das personagens do desenho.

SAN FRANCISCO/ AMITY

Boa parte desta área se baseia em São Francisco, principalmente no bairro Fisherman's Wharf. A lanchonete Chez Alcatraz parece uma cabine de passagem para passeios à Ilha de Alcatraz. A principal atração é o incrível brinquedo com efeitos especiais **Disaster! A Major Motion Picture Ride Starring... You!**, que simula um filme de catástrofe estrelando... você! Os visitantes são convidados a ajudar um estúdio que está supostamente indo à falência. Para tanto, devem atuar como figurantes em cenas especiais, além de tomar parte na produção de um filme chamado *Mutha Nature*. Esta atração conta com a mais avançada tecnologia de realidade virtual, além da participação especial do ator Dwayne Johnson, "The Rock", que já atuou em grandes filmes como *O retorno da múmia*. A grande sequência final do filme conta ainda com um simulador de terremotos.

Visitantes em uma viagem ao mundo dos filmes de catástrofe no Disaster!

Amiti, a outra metade deste canto do Universal Studios, tem o mesmo nome da ilha fictícia da Nova Inglaterra onde se passa o filme *Tubarão*. O brinquedo **Jaws**® tem início como um passeio tranquilo pela baía, mas logo aparece a barbatana mortal. Então, um grande tubarão-branco, mecânico, com 9,7m de comprimento, surge com violência, a uma velocidade de fazer medo, e dá um bote no barco.

Placa de Beetlejuice

Uma atração muito popular é a Fear Factor Live, a primeira em parques temáticos baseada num *reality show* da televisão. O recrutamento do elenco, 75 minutos antes do show, testa a coragem e a força dos participantes em várias acrobacias. **Beetlejuice's Graveyard Revue**™ é um concerto de rock ao vivo, com Beetlejuice, Drácula e Frankenstein, que acabam, literalmente, com músicas de sucesso.

ENCONTRO COM ASTROS

Atores com belo figurino podem ser vistos pelas ruas do Universal Studios, personificando Jake e Elwood do *The Blues Brothers*, Shrek, Scooby Doo, Dora the Explorer, os Simpsons, assim como lendas da telona como Marilyn Monroe. Os visitantes podem comer com os astros no Character Breakfast, no parque, uma hora antes do horário programado para abrir. As estrelas conversam, posam para fotos e dão autógrafos. O espaço é limitado, logo, reserve com antecedência.

ONDE COMER, BEBER E COMPRAR

A comida nos parques temáticos da Universal Orlando costuma ser boa, e há muitas opções. Aconselha-se fazer reservas para o Lombard's Seafood Grille, especializado em peixes, e o International Food and Film Festival, que oferece culinária asiática, italiana e norte-americana. O Mel's Drive-In é o local perfeito para os que procuram fast-food e milk-shakes; a decoração estilo anos 1950 parece ter saído do filme de 1973, "Loucuras de Verão".

A maioria das lojas do parque fica aberta depois do horário de fechamento e oferece muitos suvenires temáticos. The Universal Studios Store, no Front Lot, vende de tudo, desde cópias de Oscars até pegadores de panela com o logo da Universal, e você pode adquirir fotos autografadas, mas muito caras, de seu artista preferido, na loja On Location. Boa parte das atrações da Universal Orlando costuma contar com a própria loja.

NOW
Hard Rock Hotel
OPEN
OPEN

UNIVERSAL STUDIOS
FLORIDA
NOW
Hard Rock
Hotel
OPEN

Como Explorar as Islands of Adventure®

Logo de Islands of Adventure®

Islands of Adventure®, um dos parques temáticos de tecnologia mais avançada do mundo, apresenta alguns dos brinquedos de água e montanhas-russas mais emocionantes da Flórida. Espalhado por uma área quase tão grande quanto o Universal Studios Florida®, o parque é formado por cinco zonas temáticas: Marvel Super Hero Island, Toon Lagoon, Jurassic Park, The Lost Continent e Seuss Landing, instaladas em volta de uma lagoa central. Cada Island exibe um esquema criativo que serve de introdução a personagens famosas de histórias em quadrinhos, desenhos animados e filmes. É preciso reservar um dia para cobrir todas as atrações.

PRINCIPAIS ATRAÇÕES

① **AMAZING ADVENTURES OF SPIDER-MAN®**

② **INCREDIBLE HULK COASTER®**

③ **DRAGON CHALLENGE™**

④ **POPEYE & BLUTO'S BILGE-RAT BARGES®**

⑤ **JURASSIC PARK RIVER ADVENTURE®**

A incrível Hulk Coaster®

MARVEL SUPER HERO ISLAND®

Super-heróis e vilões das personagens da Marvel Comics inspiraram as quatro principais atrações dessa Island.

Uma das melhores montanhas-russas da Flórida, a **Incredible Hulk Coaster®** é um gigante verde que acelera de zero a 64 km/h em dois segundos. Os passageiros são levados a 33,5m no ar, virados de cabeça para baixo, e mandados para baixo, numa queda de 32m. Com sete viradas, uma queda, e uma passada por baixo de uma ponte, esse brinquedo estimulante é de tirar o fôlego.

Tecnologia avançada de filmes em 3D, efeitos especiais espetaculares e movimentação simulada fazem de **Amazing Adventures of Spider-Man®** um dos brinquedos mais concorridos do parque. Os visitantes se veem em meio a uma luta entre o Spiderman, o Homem-Aranha, e os bandidos, quando o super-herói salta de edifícios altos, salvando as pessoas dos vilões. Uma arrepiante queda livre simulada de 122m é o destaque desse brinquedo emocionante. **Doctor Doom's Fearfall®** lança o visitante no ar e o mergulha numa queda de 46m. O brinquedo permite uma ampla visão do parque. **Storm Force Accelatron®** é uma versão mais perturbadora do que o brinquedo Mad Tea Party *(p. 39)* da Disney.

TOON LAGOON®

Famosa personagem de desenho animado ganha vida no cenário colorido dessa Island. A Comic Strip Lane, na entrada, é ladeada por imagens de tamanho humano de figuras como Betty Boop, Olive Oyl e Beetle Bailey.

Baseado nos desenhos Rocky e Bullwinkle, **Dudley Do-Right's Ripsaw Falls®** é um passeio através de canais no qual o visitante se diverte e fica molhado. Prepare-se para mergulhar numa queda de 4,5m, numa lagoa funda.

Popeye & Bluto's Bilge-Rat Barges® consiste num rafting em que os visitantes ajudam Popeye a salvar Olívia de Brutus e recebem esguichadas de água disparadas de praias e playgrounds próximos.

As crianças adoram **Me Ship, The Olive**, uma área interativa em três níveis para brincar com sinos, órgãos, escadas, túneis e apitos. Os canais de água molham os participantes.

JURASSIC PARK®

Você se sente num cenário tropical, cheio de florestas, assim que entra nessa Island, onde as atrações se baseiam nos filmes *Jurassic Park*. A **Jurassic Park River Adventure®** é um passeio

Efeitos especiais fantásticos em Amazing Adventures of Spider-Man®

◁ Afluência de turistas na entrada do Universal Studios Florida®

Visitantes sob ataque na Jurassic Park River Adventure®

sossegado pelo rio, até encontrar um ameaçador T-Rex. E a única rota de fuga é uma queda de 26m para uma lagoa.

O **Jurassic Park Discovery Center®**, atividade interativa, tem réplicas realistas de dinossauros na área de Beasaurus, que permite ao visitante ver e ouvir coisas que os dinossauros faziam, e diversos jogos e brincadeiras com perguntas. Também há uma demonstração virtual de um ovo de raptor eclodindo no laboratório.

As demais atrações consistem em **Pteranodon Flyers®**, um voo lento sobre o Jurassic Park e o **Camp Jurassic®**, um playground para crianças, com cavernas e fósseis enterrados, minas de âmbar e redes para dinossauros.

THE WIZARDING WORLD OF HARRY POTTER™

Aberta em 2010, esta atração temática leva os visitantes à Hogwarts, Hogsmeade Village e outras localidades presentes nos livros e filmes de Harry Potter. Passeios, atrações, lojas e restaurantes levam a marca registrada do bruxo. **Dragon Challenge™** – parte de Harry Potter and the Forbidden Journey™ – tem as montanhas-russas paralelas Fire e Ice, que "competem" para ver qual termina a volta primeiro. Os "tripulantes" quase se esbarram quando os dragões fazem várias inversões e guinadas bruscas. Há uma outra fila mais longa para quem quer se sentar no carro dianteiro das duas.

THE LOST CONTINENT®

Entre em um mundo mágico povoado por seres fabulosos, adivinhos misteriosos e uma fonte falante.

Empolgante, **The Eighth Voyage of Sinbad® Stunt Show** é um show com acrobacias, labaredas e explosões, mostrando a jornada de Sinbad em busca de um tesouro.

Mas o melhor show é **Poseidon's Fury®**, batalha entre o Rei dos Mares e o Rei dos Deuses. Os visitantes passam por um túnel cercado de redemoinhos, enquanto ondas fortes quebram e os deuses jogam bolas de fogo um no outro.

SEUSS LANDING™

Baseado nos populares livros infantis de Dr. Seuss, essa Island atrai principalmente os pequenos e os fãs dos livros.

Quem não conhece Dr. Seuss pode achar **The Cat in the Hat™** um brinquedo desconcertante e caótico. Um sofá que gira e rodopia leva você numa viagem com um gato travesso e personagens como Thing 1 e Thing 2. Algumas crianças se assustam quando o gato se agarra nas curvas.

Crianças pequenas adoram brincar no **One Fish, Two Fish, Red Fish, Blue Fish™**, que gira em volta de um peixe de controle remoto, que tenta evitar os esguichos de água.

Caro-Seuss-El™ é um carrossel que tem como cavalos as adoráveis personagens do dr. Seuss, Dog-alopes, Aqua-MopTops, peixes-bois e aves-elefantes, entre outros.

If I Ran The Zoo, outro playground interativo, é o lugar ideal para a criançada gastar energia. A **High in The Sky Seuss Trolley Train Ride™** sobrevoa a Seuss Landing.

Passageiros quase se tocam ao brincar no Dragon Challenge™

Como Explorar a Universal CityWalk®

Logo da CityWalk da Universal

Portal para o que a Universal Orlando oferece, a CityWalk é um complexo de 12ha, com diversões, jantares e compras, permite ao visitante prolongar sua experiência depois que os parques fecharem (a maioria dos locais abre das 11h às 2h). Restaurantes, lojas, concertos, boates e um cinema constituem uma série de opções para a noite. As margens da lagoa que percorre a CityWalk são perfeitas para um passeio depois do jantar. Enquanto a admissão ao complexo é gratuita, a maioria dos clubes cobra uma taxa. Mas os visitantes podem visitar determinados clubes pelo preço de um com o Universal's CityWalk Party Pass.

RESTAURANTES

CityWalk oferece uma ótima variedade da culinária internacional para você escolher. O **Emeril's® Restaurant Orlando** *(p. 153)*, do premiado chef Emeril Lagasse, serve iguarias caras, inspiradas na cozinha *creole* de New Orleans. Quem prefere a excelente comida caribenha, cajun e da Flórida deve ir ao **Jimmy Buffett's® Margaritaville®** *(p. 153)*, que também oferece entretenimento ao vivo toda noite.

Prove a saborosa comida hispânica de 21 nações no **Latin Quarter™** ouvindo salsa. No familiar **Pastamore Ristorante**, você pode comer uma ótima comida italiana, com pratos como berinjela grelhada e frango à parmegiana e panini.

Mais de mil peças que lembram o rock são vistas no famoso **Hard Rock Café® Orlando** *(p. 150)*, que serve ótima comida americana a preços razoáveis.

No **Bubba Gump Shrimp Co.**, o camarão é servido de várias maneiras, como Forest Gump gostaria que fosse. O pessoal do restaurante faz algumas perguntas sobre o filme.

O **Nascar Sports Grille®**, restaurante sancionado oficialmente pela Nascar, apresenta recordações de corridas com um cardápio de bifes, churrascos, camarão, chili e saladas. Considerado o melhor restaurante temático de Orlando, o **NBA City** fornece uma ampla área com telas, na qual os fãs de basquetebol podem assistir a jogos enquanto saboreiam hambúrgueres, bifes, massas e sanduíches.

DIVERSÃO

Música ao vivo, concertos e animadas pistas de dança enchem os clubes de CityWalk de energia e espírito festivo.

Bob Marley – A Tribute to Freedom é uma réplica da casa do famoso músico jamaicano. Toda noite, os destaques são as bandas de reggae locais e nacionais.

Seja a atração principal no clube de karaokê **CityWalk's Rising Star**. Cante suas músicas preferidas com acompanhamento de uma banda e vocais de apoio.

Algumas das maiores bandas tocam na sala de concertos **Hard Rock Live!® Orlando**. Ligue antes para saber quem tocará durante sua estada.

Um dos clubes de dança mais concorridos da CityWalk é **the groove**. O ambiente animado fornece uma mistura de hip-hop, rock e dance music.

Cópia do famoso bar de New Orleans, o **Pat O'Brien's®** é um lugar concorrido, conhecido por seus drinques especiais, como o Hurricane, e seus "duelos" de piano.

Escolha um filme em um dos vinte cinemas do moderno **Universal Cineplex**. Além disso, palcos e outras áreas ao ar livre apresentam espetáculos de rua.

O **Red Coconut Club** é um superclube do CityWalk. São dois andares modernos com lounge e um bar que serve coquetéis exóticos e aperitivos.

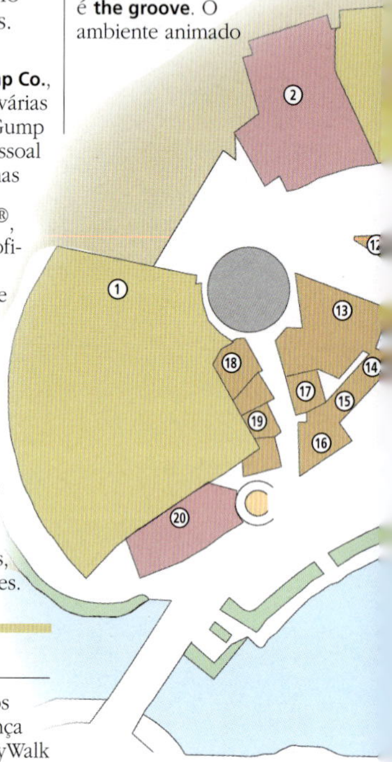

O Hard Rock Café® no CityWalk®

Concerto de música ao vivo no Hard Rock Live!® Orlando

LEGENDA

- Restaurantes
- Diversões
- Lojas

No **Sharp Aquos Theatre** o Blue Man Group apresenta seus shows, conhecidos no mundo inteiro.

LOJAS

A área central dispõe de diversas lojas com ampla escolha de produtos *(p. 161)*. Há lojas como a **Hart & Huntington**, que é um estúdio de tatuagem bastante atípico, e **The Endangered Species Store**®, cujos produtos agradam a quem tem consciência ecológica. A **Fresh Produce**® vende roupas de cores vivas, ao passo que produtos de praia e acessórios são oferecidos na **Quiet Flight**® **Surf Shop**. Quem procura suvenires vai gostar da **Universal Studios Store**®, com ampla variedade de produtos do parque. Os fãs de esporte podem selecionar roupas, sapatos, joias e acessórios de Tommy Bahama, LaCoste e Lilly Pulitzer, na **Island Clothing Store**, enquanto relógios, itens de couro e óculos de sol podem ser adquiridos na **Fossil**®. Charutos e acessórios de qualidade estão disponíveis na tabacaria **Cigarz at CityWalk**. Se tiver desejo por doces vá até a **Katie's Candy Company**, que oferece uma ampla seleção de marcas conhecidas (com mais de cem em estoque) além de doces recém-saídos da panela e outros feitos sob encomenda.

PRINCIPAIS ATRAÇÕES

1. HARD ROCK LIVE!® ORLANDO
2. BOB MARLEY – A TRIBUTE TO FREEDOM
3. THE GROOVE
4. LATIN QUARTER™
5. JIMMY BUFFETT'S®; MARGARITAVILLE®

ATRAÇÕES DA CITYWALK

Bob Marley – A Tribute to Freedom ③
Bubba Gump Shrimp Co. ②
Cigarz at CityWalk ⑱
CityWalk's Rising Star ⑨
Emeril's® Restaurant Orlando ⑧
The Endangered Species Store ⑫
Fossil® ⑭
Fresh Produce® ⑮
Hard Rock Café® Orlando ㉒
Hard Rock Live!® Orlando ㉓
Hart & Hartington ⑰
The Island Clothing Store ⑯
Jimmy Buffett's®; Margaritaville® ⑦
Katie's Candy Company ⑲
Latin Quarter™ ⑥
NASCAR Sports Grille® ⑳
NBACity ㉔
Pastamoré Ristoranté ⑪
Pat O'Brien's® ④
Quiet Flight® Surf Shop ⑬
Red Coconut Club ②
the groove ⑤
Sharp Aquos Theatre ㉑
Universal Cineplex ①
Universal Studios Store® ⑩

Loja de artigos esportivos bem sortida no NBA City

Wet 'n Wild® ⑤

Logo do Wet 'n Wild®

Inaugurado em 1977, o Wet'n Wild é uma das grandes atrações da Flórida Central. Seus brinquedos são de arrepiar, como os que atingem alta velocidade, para um ou muitos passageiros, em tobogãs, balsas ou tubos, que despencam por escorregadores, corredeiras ou tubos. Há atividades para crianças pequenas, com versões em miniatura das atrações mais concorridas para adultos, no Kids' Park. Muitas atividades para a família e o clima de festa na praia aumentam o encanto do Wet'n Wild. Várias lojinhas oferecem fast-food, e os visitantes também podem trazer seus cestos de piquenique.

Wakezone
De joelhos em uma prancha e segurando um cabo, deslize por 0,8km no lago, no qual também se pode praticar wakeskate.

The Black Hole™: The Next Generation
Divirta-se com luzes pulsantes e efeitos dinâmicos enquanto sua boia de dois lugares desce pelo túnel.

The Flyer
Tobogãs de quatro lugares despencam de 12m de altura, depois de passar por 137m de curvas e retas, num brinquedo aquático extremamente divertido.

Surf Lagoon é uma piscina de 1.580m², que tem ondas de 1,2m de altura e uma cascata.

Mach 5
O passageiro navega pela calha de água num tapete de espuma. Nas curvas fechadas, siga o fluxo da água o mais alto que puder. Pode-se escolher entre três calhas diferentes quanto às voltas e curvas.

DICAS

- *O piso dos brinquedos e dos caminhos fica muito quente. Use calçado que não escorregue.*
- *Os brinquedos de alta velocidade podem deixar você sem roupa. As mulheres devem evitar os biquínis ou usar uma camiseta.*
- *Os brinquedos exigem uma altura mínima de 91cm para as crianças andarem sozinhas.*
- *Leve protetor solar.*

Brain Wash™
Este imenso tubo de seis andares tem uma queda vertical em um funil de 16m. Os visitantes ficam rodeados por luzes e sons enquanto fazem esta emocionante viagem, que termina com uma série de giros em velocidade e um mergulho refrescante.

PREPARE-SE

6200 International Dr, Universal Blvd, fora da I-4 na Exit 74A, a menos de 3km de Universal Orlando e SeaWorld. ***Tel*** *(800) 992-9453, (407) 351-1800.* *21, 38 de Downtown Orlando.* *10h-17h diariam. Melhor ligar, pois o horário muda conforme as estações do ano e condições climáticas.* *(grátis para crianças com menos de 3 anos; à tarde, descontos).* **www**.wetnwildorlando.com

Bomb Bay
Mergulho quase vertical de seis andares, de uma cápsula semelhante a uma bomba, este é um dos brinquedos mais sensacionais de Wet'n Wild. Der Stuka é uma versão menos apavorante.

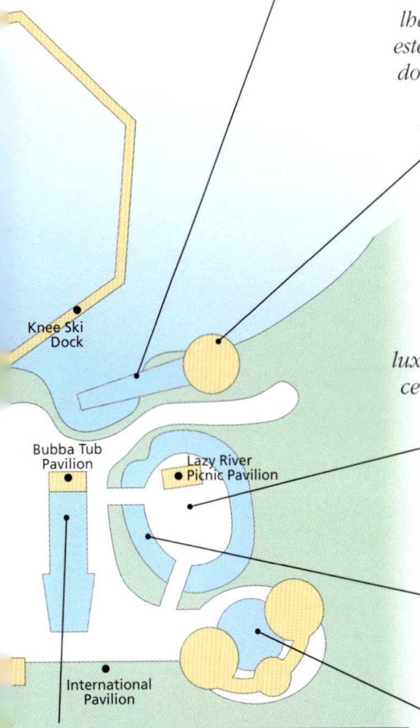

Cabanas
Relaxe em uma luxuosa cabana com cenário tropical, em uma ilha cercada pelo Lazy River.

Lazy River®, neste canal circular, com 1,6km de comprimento, você nada ou flutua suavemente, passando por palmeiras, um pomar de laranjeiras e cascatas, numa linda recriação da velha Flórida.

Bubba Tub®
Uma balsa para cinco pessoas é ótima para divertir a família, descendo por um escorregador de seis andares, com três quedas grandes.

The Storm
Mergulho com névoa, trovões e, à noite, raios, seguido pela queda numa enorme concha aberta. A água espirra durante a queda em giros num tanque mais baixo.

ORLANDO E FLÓRIDA CENTRAL

As emoções encontradas nos diversos parques temáticos atraem os visitantes a Orlando, mas a cidade e a região adjacente têm muito mais a oferecer ao turista, desde lindas praias – refúgios intactos e sossegados, com pontos animados – até florestas magníficas e lagos serenos, passando por atrações espaciais, como Cape Canaveral, e muita variedade de atividades culturais.

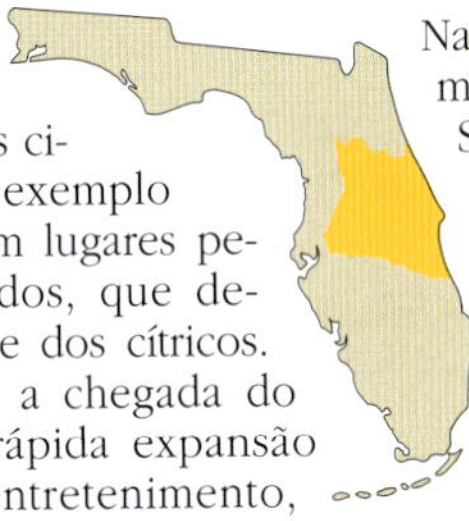

Até a primeira metade do século XX, Orlando e as cidades vizinhas, a exemplo de Kissimmee, eram lugares pequenos e sossegados, que dependiam do gado e dos cítricos. Tudo mudou com a chegada do Disney World. A rápida expansão da indústria do entretenimento, que criou diversos lugares para a diversão, transformou Orlando numa das áreas de crescimento mais acelerado do país.

Porém, ainda existem prazeres mais calmos em Orlando, em seus museus e nos subúrbios cheios de verde. Longe de Orlando, a paisagem fica mais bucólica, com imensos cultivos agrícolas, que ladeiam as rodovias. Ao norte, as charmosas cidades de Sanford e Mount Dora oferecem uma visão da Flórida Central há algumas décadas. A oeste do rio St. Johns fica boa parte da Ocala National Forest e, mais a oeste, a maior fonte artesiana do mundo: Silver Springs. Ao longo do litoral do Atlântico, amplas praias de areia branca beiram o concorrido resort de Daytona Beach, que se tornou sinônimo de corrida automobilística, desde que os partidários de Henry Ford e Louis Chevrolet começaram as corridas com carros na praia, nas férias de inverno. Mais ao sul, Cocoa Beach é outra praia animada, famosa pelo surfe. No meio, junto à Space Coast, ilhas do largo rio Indian exibem 116km de lindas praias, e há duas enormes reservas naturais, com muitos pássaros. Em meio a tudo isso, instalado numa vastidão de pântanos preservados e em surpreendente harmonia com a natureza, fica o Kennedy Space Center, de onde são lançados foguetes para fora da atmosfera terrestre.

Praia movimentada ao norte de Main Street Pier, em Daytona Beach

◁ **Silver Glen Springs, na Ocala National Forest**

Como Explorar Orlando e a Flórida Central

A razão principal pela qual milhares de visitantes vêm à Flórida Central se resume nos parques temáticos, mas a região dispõe de muitas outras opções de divertimento. Há diversos locais de entretenimento, e a própria Orlando possui 35 museus que abrigam uma rica mostra de arte. Suas muitas lojas e butiques satisfazem os compradores mais exigentes. Na Flórida Central existem desde praias vazias até a apinhada Daytona Beach e a meca barulhenta do surfe: Cocoa Beach. Mais para o interior, a Ocala National Forest oferece dezenas de trilhas para caminhada, barcos e pescarias. A prática de snorkel e mergulho também é realizada nas fontes cristalinas. O Kennedy Space Center, na Space Coast, compete com a emoção das atrações de Orlando.

Placa para a cidade de Sanford

LEGENDA

- Rodovias
- Estradas principais
- Estradas secundárias
- Estradas menores
- Ferrovia

PRINCIPAIS ATRAÇÕES

- Blue Spring State Park 4
- Canaveral National Seashore 23
- Cassadaga Spiritualist Camp 5
- Cocoa 20
- Cocoa Beach 19
- Daytona Beach 7
- DeLeon Springs State Park 6
- Dinosaur World 15
- Fantasy of Flight 13
- Florida Southern College 14
- Gatorland 10
- Historic Bok Sanctuary 17
- Kennedy Space Center 25
- Kissimmee 11
- LEGOLAND® 16
- Merritt Island National Wildlife Refuge 24
- Mount Dora 3
- Ocala National Forest 8
- Orlando 1
- Sanford 2
- Silver Springs 9
- US Astronaut Hall of Fame 22
- Valiant Air Command Warbird Museum 21
- Yeehaw Junction 18
- A World of Orchids 12

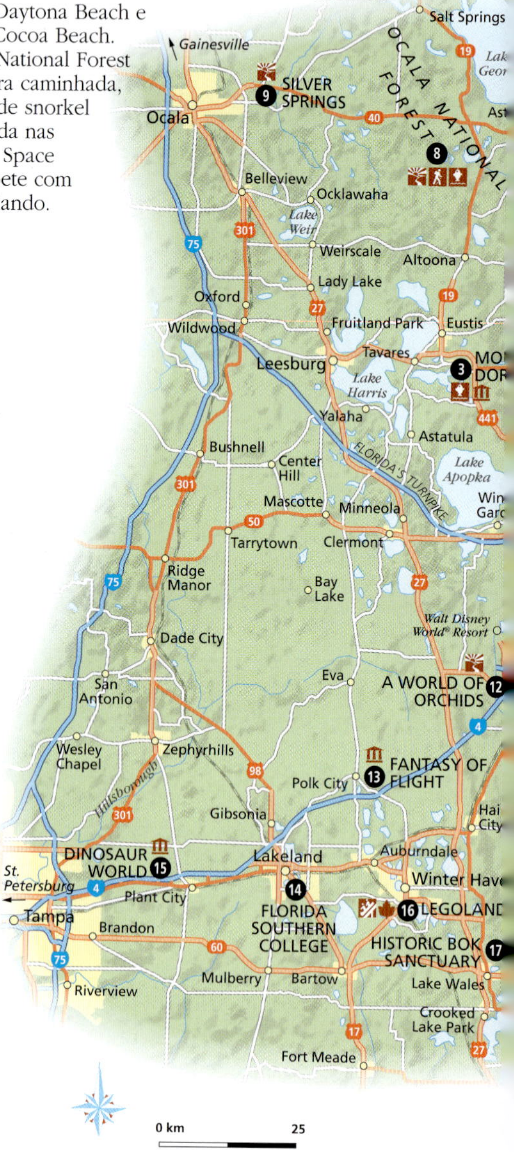

VEJA TAMBÉM

- ***Onde Ficar*** pp. 141-5
- ***Onde Comer*** pp. 151-5

Juniper Springs, na Ocala National Forest

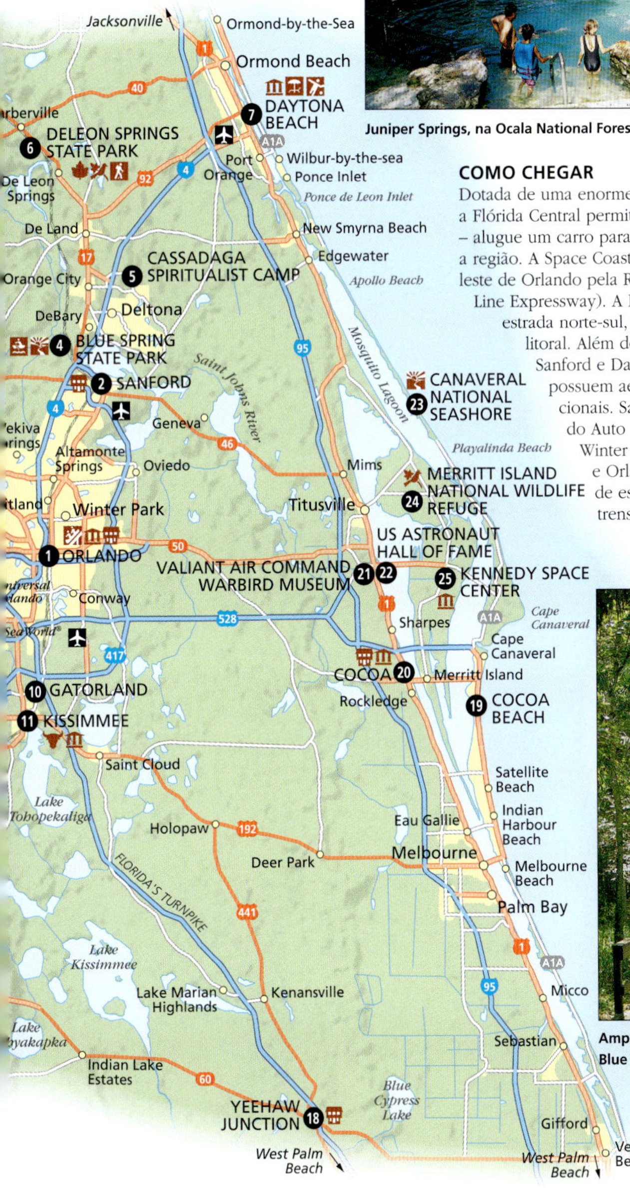

COMO CHEGAR

Dotada de uma enorme malha rodoviária, a Flórida Central permite locomoção rápida – alugue um carro para explorar melhor a região. A Space Coast fica a uma hora a leste de Orlando pela Route 528 (Beach Line Expressway). A I-95 é a principal estrada norte-sul, ao longo do litoral. Além de Orlando, apenas Sanford e Daytona Beach possuem aeroportos internacionais. Sanford – terminal do Auto Train *(p. 196)* –, Winter Park, Kissimmee e Orlando dispõem de estações dos trens Amtrak.

Ampla passarela no Blue Spring State Park

Orlando ❶

Orlando não passava de uma cidadezinha provinciana até a década de 1950. Mas sua sina mudou com a proximidade de Cape Canaveral e dos parques temáticos. Os altos prédios envidraçados de Downtown Orlando marcam uma região muito movimentada, que se destaca pelo florescimento das artes e da cultura. À noite, a Orange Avenue, artéria principal de Orlando, vibra com as boates animadas. Outra rua barulhenta é a International Drive, com muitas atrações, diversas oportunidades de compras e restaurantes excelentes. Winter Park, uma cidade elegante ao norte de Orlando, exibe uma porção de atrações culturais, de museus de arte a passeios panorâmicos de barco; os municípios Eatonville e Maitland apresentam atrações tranquilas, contrapondo-se às emoções dos parques temáticos.

PREPARE-SE

Orange Co. *180.000. Aeroporto Internacional de Orlando, 1 Airport Blvd, 14km a SE de Downtown. Amtrak Station, 1400 Sligh Blvd. Greyhound Lines, 555 N John Parkway. 8723 International Dr, Suíte 101, (800) 551-0181*

Charles Hosmer Morse Museum of American Art, *em Winter Park, apresenta um belo acervo de cristais do famoso designer Louis Comfort Tiffany* (p. 112).

Zora Neale Hurston National Museum of Fine Arts, *em Eatonville, exibe obras de artistas afro-americanos contemporâneos. Seu nome homenageia a escritora negra Zora Neale Hurston, que cresceu em Eatonville* (p. 113).

Ripley's Believe It or Not! Orlando Odditorium, *com as fantásticas excentricidades que Robert Ripley foi coletando em suas viagens pelo mundo, é uma grande atração em International Drive* (p. 111).

Lake Eola Park, *refúgio tranquilo em Downtown Orlando, tem uma fonte ornamental disposta no centro de um lago pitoresco* (p. 108).

Como Explorar Downtown Orlando

Primeiro distrito histórico da cidade, Downtown Orlando abrange oito quarteirões e mais de 80 edificações construídas entre 1880 e 1940 que oferecem ao visitante uma perspectiva do passado da cidade. Atualmente essas edificações abrigam escritórios, restaurantes, galerias de moda e butiques. Lake Eola Park, a joia da coroa de Downtown Orlando, separa o núcleo histórico de Thornton Park, centro do novo urbanismo de Orlando, com muitas lojas ecléticas. A área mais ampla do centro, principalmente o refúgio natural e cultural de Loch Haven Park, para o norte, apresenta diversos museus e centros de arte performática exclusivos e de alta qualidade.

Orlando Science Center

777 E Princeton St, Loch Haven Park. **Tel** *(407) 514-2000.* *10h-17h dom-sex; 10h-22h sáb.* **www**.osc.org

Ao abrir, em 1960, era conhecido como Central Florida Museum e passou a ter o nome atual em 1984. Com uma área de 19.200m², o prédio atual foi inaugurado em fevereiro de 1997.

O objetivo do centro consiste em fornecer um ambiente estimulante para o aprendizado experimental da ciência, por meio da apresentação de uma enorme variedade de mostras modernas e empolgantes, destinadas a iniciar crianças de todas as idades nas maravilhas da ciência.

Os quatro andares do centro são divididos em áreas temáticas ligadas a assuntos que vão da mecânica à matemática e da saúde e do preparo físico aos raios laser. A Body Zone, por exemplo, permite que o visitante explore os detalhes de funcionamento do corpo humano. Entre outras atrações fascinantes estão a mostra DinoDigs, com muitos fósseis de dinossauros, bastante procurada pelas crianças, e a ShowBiz Science, que revela alguns dos efeitos e truques usados no cinema.

O gigantesco Dr. Phillips CineDome envolve o visitante com imagens incríveis e filmes, numa série de itens como tesouros egípcios e vida marinha. Há também um planetário com shows ao vivo.

Orlando Museum of Art

2416 N Mills Ave, Loch Haven Park. **Tel** *(407) 896-4231.* *10h-16h ter-sex, 12h-16h sáb e dom.* *feriados.* **www**.omart.org

Um dos melhores museus de arte do sul dos EUA, o Orlando Museum of Art possui um ótimo acervo permanente que dispõe de artefatos pré-colombianos, estatuetas de Nazca, no Peru, arte africana e quadros americanos dos séculos XIX e XX. Tudo isso é suplementado por exposições temporárias de importantes museus metropolitanos e mostras menores, de importância regional ou local. Música, comida e as obras de artistas locais são oferecidas numa animada reunião na noite da primeira quinta-feira de cada mês.

Moderna fachada do Orlando Science Center

Escultura no Mennello Museum of American Folk Art

Orlando Shakespeare Theater

812 E Rollins St, Loch Haven Park. **Tel** *(407) 447-1700.* **www**.orlandoshakes.org

Ocupando uma área de 4.645 m², o elegante Shakespeare Center oferece o Margeson Theater com 324 lugares, e outros três teatros menores. O belíssimo complexo oferece uma variada programação de produções shakespearianas, peças originais, e experiências educacionais inovadoras no decorrer do ano. É aqui que acontece o Playfest, um festival de 10 dias, na primavera, que exibe novas peças, leituras e convidados especiais.

Mennello Museum of American Folk Art

900 E Princeton St, Loch Haven Park. **Tel** *(407) 246-4278.* *10h30-16h30 ter-sáb, 12h-16h30 dom.* *feriados* **www**.mennellomuseum.com

Esse museu pequeno contém um acervo incomum de quadros de Earl Cunningham (1893-1977), artista popular da Flórida e dono de loja de curiosidades, além de mostras temporárias das obras de outros artistas populares. Curiosas esculturas estão espalhadas por todos os lugares.

Ponte sobre riacho pedregoso, em Harry P. Leu Gardens

Harry P. Leu Gardens

1920 N Forest Ave. ***Tel*** *(407) 246-2620.* *9h-17h diariam.* *25 dez.*
www.leugardens.org

Harry P. Leu Gardens oferece 20ha para passear num lindo e sereno ambiente verde. Itens como o maior roseiral da Flórida são convencionais, ao passo que em todo o parque há árvores espetaculares, como carvalhos, bordos e ciprestes--carecas, enfeitados com barba-de-velho. No inverno, procure as camélias floridas. Outras atrações são as hortas de ervas e um jardim com plantas que atraem borboletas. O visitante também pode passear na Leu House, do início do século XX, e em seus jardins, que o empresário local Harry P. Leu doou para a cidade de Orlando em 1961.

Ivanhoe Row

N Orange Ave.
Shops *10h-17h seg-sáb.*

Estendendo-se da Colonial Drive até Lake Ivanhoe, essa fileira de lojas de antiguidades apresenta uma mescla de itens antigos e não convencionais. Há finas roupas de cama, vestuário, joias e itens para colecionadores, além de móveis de época, que vão do vitoriano ao Art Déco.

A Wildlife Gallery vende pinturas e esculturas de animais, enquanto a Art's Premium Cigars tem charutos e utensílios para fumantes. Os preços são altos, mas você pode encontrar alguns tesouros incomuns.

Thornton Park

A L do Lake Eola.

Perto do centro comercial, o Thornton Park oferece uma combinação de cafés da moda, butiques de marca, restaurantes chiques, como o HUE Restaurant, que serve excelente comida, e lindos *bed and breakfasts*. Com mais atividade depois das 18h, é uma área procurada por moradores para relaxar após o trabalho. Um dos locais mais animados daqui é o Dexter's of Thornton Park *(p. 152)*, com banquinhos de vinil, terraços, arte contemporânea e comida gourmet. Outras atrações interessantes por aqui incluem exposições temporárias de arte, um bar e a joalheria Marie-France, uma grande tentação para mulheres elegantes.

Placa de Ivanhoe Row

Lake Eola Park

A N de Rosalind Ave e L de Washington St. ***Tel*** *(407) 246-2827.* *5h-anoitecer diariam.*

O Lake Eola Park é o mais visitado de Orlando. Ocupando mais de 17ha, é circundado por um caminho de 1,4km, só para pedestres. Esse parque charmoso, no coração da cidade, tem canteiros floridos e oferece linda vista da silhueta do centro. Atravesse o lago numa gôndola elétrica ou num pedalinho de cisne para duas pessoas ou alimente os cisnes de verdade enquanto eles flutuam pelas águas rasas do lago.

No parque são realizados diversos eventos anuais e sazonais, como o show de fogos do Dia da Independência (4 de julho). Peças e concertos ocorrem no Walt Disney Amphitheater, uma concha acústica com excelente som. O restaurante Terrace in the Park serve ótima comida.

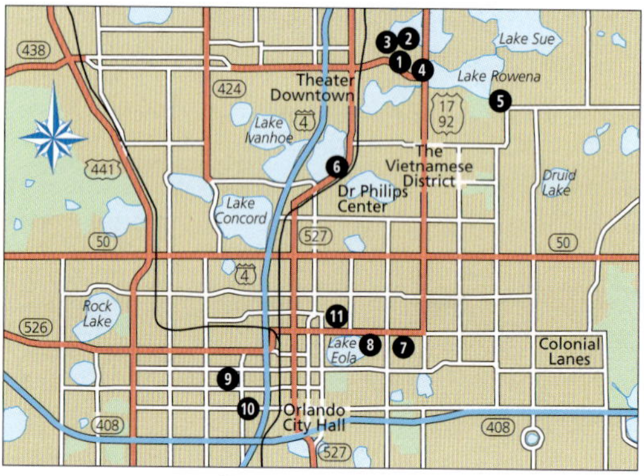

PRINCIPAIS ATRAÇÕES

- Harry P. Leu Gardens ⑤
- Ivanhoe Row ⑥
- Lake Eola Park ⑧
- Mad Cow Theatre ⑨
- Mennello Museum of American Folk Art ④
- Orange County Regional History Center ⑨
- Orlando Museum of Art ②
- Orlando Science Center ①
- Orlando Shakespeare Theater ③
- SAK Comedy Lab ⑪
- Thornton Park ⑦
- Wells' Built Museum of African-American History ⑩

LEGENDA

- Rodovia interestadual
- Rodovia principal
- Rodovia
- Ferrovia

0 km 1

Cena de *Les Liaisons Dangereuses*, no Mad Cow Theatre

Mad Cow Theatre

54 W Church St. ***Tel*** *(407) 297-8788.*

www.madcowtheatre.com

Fundado em 1997 como projeto de um grupo de atores e alguns diretores, num antigo estúdio em Maitland, esse grupo teatral criou a reputação de encenar produções notáveis, apresentadas em cenários diferentes durante muitos anos. Em 2011, o grupo adquiriu sua sede atual na histórica Church Street.

Atraindo atores, designers e diretores talentosos, o Mad Cow Theatre apresenta uma série de obras clássicas, musicais e peças originais e produz o *Orlando Cabaret*, sempre em julho. Entre as produções, foram montadas obras de autores como Chekhov, T. S. Eliot e até Neil Simon. O grupo também organiza shows educativos e workshops.

Orange County Regional History Center

65 a L de Central Blvd.
Tel *(407) 836-8500, (800) 965-2030.*
10h-17h seg-sáb, 12h-17h dom.

www.thehistorycenter.org

Instalado no antigo County Courthouse, o Orange County Regional History Center abrange 0,8ha de terra em Heritage Square, o antigo centro da cidade. Tem quatro andares com áreas interativas e de exposição para visitantes de todas as idades, oferecendo uma visão da história e do meio ambiente da Flórida Central. Tudo, desde a vida animal e os primeiros indígenas da área, até Walt Disney e o programa espacial, é contemplado aqui. Entre os destaques estão réplicas de um acampamento seminole e a casa de um pioneiro Cracker na Flórida. O museu tem uma exposição interessante sobre o treinamento de aviadores, desde os pilotos da Segunda Guerra Mundial aos astronautas da Nasa. O centro também oferece diferentes programas educativos e viagens de campo para escolas, além de organizar reuniões, como concertos, com regularidade.

Wells' Built Museum of African American History & Culture

511 a O de South St. ***Tel*** *(407) 245-7535.* *9h-17h seg-sex.*

www.pastinc.org

O Wells' Built Hotel foi construído em 1912, pelo primeiro médico afro-americano de Orlando, o doutor William Monroe Wells, como alojamento para artistas do Chitlin' Circuit, uma rede de locais pelo sul dos EUA, onde os afro-americanos ficavam e tocavam música. Muitos dos famosos artistas negros da época, como Billie Holiday, Ray Charles, Benny Carter e Duke Ellington, se hospedaram aqui em diversas oportunidades. Em 1999 o prédio foi transformado em museu.

A instituição contém artefatos, fotografias e mostras relacionados às comunidades afro-americanas de Orlando, concentrando-se nos primeiros moradores que obtiveram posições de destaque em suas profissões e na comunidade. Há uma exibição de fotos do Chitlin' Circuit.

SAK Comedy Lab

29 S Orange Ave. ***Tel*** *(407) 648-0001.* www.sak.com

Um dos melhores lugares para assistir comédias ao vivo em Orlando, o SAK Comedy Lab encena dois shows hilariantes por noite. O mais tardio é meio picante, mas o material obsceno é simplesmente desprezado, e a comédia de muita improvisação é uma ótima opção para as famílias que procuram diversão. Muito concorridos são os shows em sequência, como o *Duel of Fools*. Os 200 lugares do teatro estão distribuídos em volta do palco, o que permite a todos na plateia ter uma boa visão. Entre os comediantes que já se apresentaram aqui está Wayne Brady – um dos astros do programa de TV *Whose Line Is it Anyway?*

Interior do Wells' Built Museum of African American History & Culture

Como Explorar a International Drive

A espalhafatosa e resplandecente International Drive, mais conhecida como I-Drive, é uma faixa de 5km, com diversas atrações, entre as quais estão cinco importantes parques temáticos *(pp. 78-101)*. Diversos locais de diversão ficam abertos de dia e à noite, numa atividade frenética até tarde. A I-Drive é ladeada por hotéis e restaurantes para todos os bolsos e shopping centers e lojas onde os turistas podem comprar lembranças e até conseguir uma pechincha numa loja de descontos. Aqui também se localiza o excelente Official Visitor Information Center de Orlando, que tem cupons de desconto em atrações, hotéis e restaurantes da cidade. O modo mais conveniente de dar uma espiada em tudo é tomar o I-Ride Trolley *(p. 197)*.

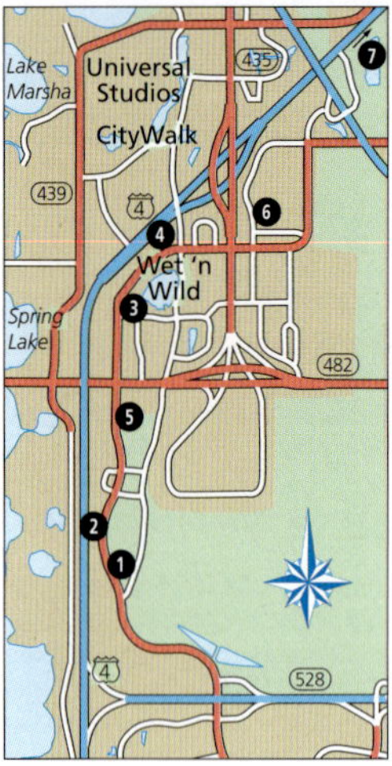

PRINCIPAIS ATRAÇÕES

- Air Florida Helicopters ②
- Holy Land Experience ⑦
- iFly Orlando ④
- Magical Midway Park ③
- Ripley's Believe It Or Not®! Orlando Odditorium ⑤
- Fun Spot Action Park ⑥
- WonderWorks ①

LEGENDA

- Rodovia interestadual
- Rodovia principal
- Rodovia

0 km 2

WonderWorks

Pointe Orlando, 9067 International Dr. ***Tel*** *(407) 351-8800.*
9h-24h diariam.
www.wonderworksonline.com

Uma das construções mais surpreendentes da I-Drive, WonderWorks parece uma edificação de três andares que caiu de cabeça para baixo, por cima de um armazém de tijolos à vista da década de 1930. Esse centro de diversões interativas se orgulha das diversas mostras participativas (algumas com realidade virtual) e demonstrações para toda a família. O visitante pode sentir ventos com a força de um furacão e um terremoto ou até jogar basquetebol com a simulação de um adversário muito alto. Entre outras atrações estão a WonderCoaster, na qual o visitante pode elaborar e brincar na própria montanha-russa simulada.

Fachada de cabeça para baixo de WonderWorks

Air Florida Helicopters

8990 International Dr.
Tel *(407) 354-1400.*
10h-17h30 diariam.
www.airfloridahelicopters.com

Com os Air Florida Helicopters tem-se a vista aérea de Sea World, Discovery Cove e outros parques temáticos. Eles operam uma frota de Robinson R44, que oferece visibilidade panorâmica para todos os passageiros. O piloto faz a narração do passeio (há nove deles para escolher). O percurso também pode atender a solicitações pessoais. O preço dos voos começa em US$20, com um mínimo de dois passageiros. O mais caro leva os turistas num voo sobre as mansões de celebridades e ao Lake Apopka, onde é possível avistar aligatores, águias-pescadoras e águias-carecas.

Entrada do Fun Spot Action Park

Fun Spot Action Park

5551 Del Verde Way. ***Tel*** *(407) 363-3867.* *10h-23h diariam.* *para brinquedos e jogos (idade mínima para dirigir kart: 10 anos).*
www.fun-spot.com

Este parque de diversões e arcada de jogos eletrônicos agrada a todo mundo, em especial àqueles que ainda tem um espírito de criança em si.

O parque tem quatro pistas de kart, com desafiadoras curvas em S, em desnível, em declive de 30 graus, além de pontes, vários níveis de viadutos e muito mais.

O parque também tem barcos bate-bate e os tradicionais carros de batida; uma roda-gigante de 30m, cem jogos eletrônicos divididos em dois andares (a maior arcada da Flórida) e uma área para crianças com balanços, trenzinho, xícaras girantes, um carrossel e ursinhos voadores. Há uma lanchonete e um café.

iFly Orlando

6805 Visitors Circle. ***Tel*** *(407) 903-1150.* *11h30-21h dom-qui, 11h30-22h sex e sáb.*
www.iflyorlando.com

Elevar-se como um pássaro numa coluna de ar a 80km/h. Isto é o iFly Orlando's: um túnel vertical de ar, inaugurado em 1998. Desde então, mais de 100 mil visitantes se divertiram fazendo *skydiving* sem ter de carregar um paraquedas nem pular de um avião. A sessão de uma hora inclui aula de treinamento e dois saltos de um minuto, que são suficientes para exaurir o novato. Crianças de 3 anos podem voar, embora haja restrições quanto ao peso.

É impossível o visitante que não deseje saltar em vez de apenas observar os participantes flutuando, girando e morrendo de rir.

Ripley's Believe It Or Not®! Orlando Odditorium

8201 International Drive. ***Tel*** *(407) 363-4418.* *9h30-24h diariam.*
www.ripleysorlando.com

Numa mostra do bizarro e do extraordinário, a cadeia mundial das atrações Ripley's exibe as excentricidades descobertas por Robert Ripley (1893-1949) durante suas viagens. Instalada num prédio que parece afundar, a filial de Orlando é uma das melhores das 30 Ripley's, com dezesseis galerias de coisas incomuns. Alguns destaques: um Rolls-Royce Silver Ghost, de 1907 (com partes de movimento motorizado), que foi feito com mais de 35 litros de cola e 1.016.711 palitos de fósforo; uma versão da *Mona Lisa* feita de torrada; e um homem holográfico de 485kg. As réplicas de excentricidades humanas e animais em exposição podem repugnar algumas pessoas. Há uma loja com itens para aqueles visitantes que queiram levar para casa alguma lembrança incomum.

Holy Land Experience: reconstrução da Jerusalém bíblica

Magical Midway Park

7001 International Drive. ***Tel*** *(407) 370-5353.* *14h-22h seg-sex, 10h-24h sáb e dom.*
www.magicalmidway.com

Magical Midway Park é um parque de diversões com duas pistas de kart elevadas, uma pista de corridas, brinquedos emocionantes e uma coleção de brinquedos clássicos de parquinhos. Promete muita emoção, seja sacudindo pelas pistas em zigue-zague, ou em altas velocidades. Também há uma arcada de jogos eletrônicos de última geração, onde é possível jogar hockey no ar, andar em motos Harley-Davidson, participar da corrida Daytona USA ou simplesmente jogar argolas.

Outra atração é o StarFlyer, em que um balanço atinge alturas de mais de 70m, a uma velocidade de 87km/h. É o único deste tipo nos EUA.

Os barcos e carrinhos de bate-bate são diversão garantida para toda a família.

A sede do Ripley's Believe It or Not!® Odditorium parece afundar

Holy Land Experience

4655 Vineland Rd. ***Tel*** *(407) 872-2272.* *10h-17h seg-sáb.* *Ação de Graças, 25 dez.*
www.holylandexperience.com

Este museu de história bíblica ocupa 6ha e recria em detalhes a cidade de Jerusalém e sua importância religiosa, entre os anos de 1450 a.C. e 66 d.C. Guias com roupas de época encenam histórias do Antigo e do Novo Testamentos e apresentações high tech dão vida a Jerusalém nesse parque temático religioso. Entre os destaques há reconstruções do túmulo de Jesus e das cavernas de calcário, onde foram descobertos os Pergaminhos do Mar Morto. Há também mostras de Bíblias raras e manuscritos bíblicos. Embora o museu não negue que seja uma instituição voltada para Cristo, visitantes de todas as crenças podem aproveitar essa viagem muito evocativa pelo tempo. Uma cafeteria ao estilo do Oriente Médio serve "Goliath burgers".

Como Explorar Winter Park, Eatonville e Maitland

Cidade mais chique da Grande Orlando, Winter Park surgiu na década de 1880, quando ricaços do Norte que foram para o Sul começaram a construir caros refúgios de inverno ao longo das praias. Lojas excelentes e cafeterias elegantes oferecem diversas oportunidades para caminhar e olhar vitrines. Aqui há muitos museus curiosos. Perto de Eatonville, primeiro distrito ocupado por afro-americanos nos EUA, existe um museu interessante sobre a cultura negra, enquanto Maitland, mais ao norte, possui belas casas e jardins e dispõe de um excelente centro de artes.

PRINCIPAIS ATRAÇÕES

Albin Polasek Museum & Sculpture Gardens ④
Audubon Center for Birds of Prey ⑦
Central Park ②
Charles Hosmer Morse Museum of American Art ①
Cornell Fine Arts Museum ③
Holocaust Memorial Resource & Education Center of Central Florida ⑨
Maitland Art Center ⑧
Winter Park Scenic Boat Tour ⑤
Zora Neale Hurston National Museum of Fine Arts ⑥

0 km 2

LEGENDA
— Rodovia interestadual
— Rodovia principal
= Rodovia

🏛 Charles Hosmer Morse Museum of American Art
445 N Park Ave. **Tel** *(407) 645-5311.* ☐ *9h30-16h ter-sáb, 13h-16h dom.* ⬤ *feriados.* 🎟 *(set-mai: 16h-20h, sex grátis)* 📷 ♿
www.morsemuseum.org
As imponentes paredes sem janelas desse museu abrigam, ironicamente, um notável acervo de belíssimos vitrais e de objetos elaborados pelo designer americano Louis Comfort Tiffany (1848-1933).
Entre outros destaques estão louças americanas e uma coleção representativa de pinturas, desenhos, artes decorativas, joias e móveis americanos e europeus do fim do século XIX e início do século XX.

❁ Central Park
Downtown Winter Park. **Tel** *(407) 599-3334.* ☐ *diariam.* ♿
Situado ao longo da Park Avenue, rua principal de Winter Park, esse parque é uma bela área sombreada, na qual se realizam diversos eventos no decorrer do ano. Carvalhos altos, lindas fontes e um belíssimo roseiral oferecem um cenário panorâmico para concertos da Orlando Philharmonic, nas noites de domingo. Há também concertos de jazz, o Winter Park Sidewalk Art Festival, em março; projeção de filmes clássicos; festividades natalinas em dezembro e atividades escolares. Muitos levam mantas e até cadeiras para assistir aos concertos. O escultor Albin Polasek projetou a bonita fonte chamada Emily. Há bancos espalhados por toda a área e o estacionamento é gratuito nas duas áreas adjacentes ao parque.

🏛 Cornell Fine Arts Museum
1000 Holt Ave.
☐ *10h-17h ter-sáb, 13h-17h dom.* **Tel** *(407) 646-2526.*
www.rollins.edu/cfam
Localizado no campus da Rollins College, este museu pequeno, mas elegante, abriga o acervo artístico mais antigo da Flórida. A coleção variada e importante conta com pinturas, esculturas e artes decorativas europeias e americanas, do Renascimento até o século XX, com obras de artistas como Cosimo Roselli, Henry Moore, William Merritt Chase e Louis Sonntag.

🏛 Albin Polasek Museum & Sculpture Gardens
633 Osceola Ave, Winter Park.
Tel *(407) 647-6294.* ☐ *10h-16h ter-sáb, 13h-16h dom.* ⬤ *feriados, jul e ago.* 📷 ♿ www.polasek.org
Na lista do National Register of Historic Places, a casa do escultor Albin Polasek (1879-1965), tcheco naturalizado americano, está muito bem conservada e é cercada por 1ha de um terreno tranquilo. A casa e seu lindo jardim exibem obras que abrangem

Albin Polasek Museum & Sculpture Gardens

Winter Park Scenic Boat Tour, pelos canais de Winter Park

toda a carreira do artista, especializado na técnica figurativa europeia. As quatro galerias da casa mostram também obras de alguns outros artistas.

Winter Park Scenic Boat Tour

Extrem. leste de Morse Blvd, Lake Osceola. ***Tel*** *(407) 644-4056.* *partida de hora em hora das 10h às 16h diariam.* *feriados.* **www**.scenicboattours.com

Passe uma hora agradável nos lindos lagos de Winter Park, sob hibiscos e bambus, nesse passeio de barco com narrativa. Em funcionamento desde 1938, essa jornada que mistura natureza à história local aponta marcos como a Rollins College e mansões à beira d'água, com imensos gramados, assim como brejos com ciprestes, onde os amantes da natureza observam aves como garças e águias--pescadoras.

Zora Neale Hurston National Museum of Fine Arts

227 E Kennedy Blvd, Eatonville. ***Tel*** *(407) 647-3307.* *9h-16h seg-sex, 11h-13h sáb.* *feriados.* **www**.zoranealehurstonmuseum.org

Uma das glórias de Harlem Renaissance, nas décadas de 1920 e 1930, a escritora, antropóloga e folclorista Zora Neale Hurston nascida em 1891, cresceu em Eatonville. Muitos de seus textos famosos (a exemplo do romance de 1937, *Their Eyes Were Watching God*) refletiam a vida nesta cidade. Este museu modesto mantém viva a lembrança dela, oferecendo mapas para uma exploração, sem guia, dos marcos literários que restaram de seu bairro. Há exposições voltadas para Hurston e a Eatonville daqueles dias. O museu também faz mostras temporárias de uma série de obras de artistas afro-americanos contemporâneos.

Ave de rapina do Audubon Center

Audubon Center for Birds of Prey

1101 Audubon Way, Maitland. ***Tel*** *(407) 644-0190.* *10h-16h ter-dom.* *feriados.* *(pedem-se donativos).* **www**.fl.audubon.org

Um dos maiores centros de reabilitação de aves do sudeste americano, esta reserva, criada pela Florida Audubon Society, é um ótimo lugar para ver de perto águias, corujas, falcões, abutres e outras aves de rapina. O centro recebe por ano cerca de 700 aves e liberta quase 40% delas. O visitante não tem permissão para assistir ao processo de reabilitação. Aquelas aves que não conseguem sobreviver quando soltas na natureza são mantidas aqui, levando uma vida mimada à beira d'água, enquanto ajudam visitantes a conhecer aspectos da vida selvagem e da preservação. Passeios com guia são feitos em grupos, e há um amplo programa de voluntariado.

Decoração inspirada nos astecas, no Maitland Art Center

Maitland Art Center

231 W Packwood Ave, 9,6km ao norte de Downtown Orlando. ***Tel*** *(407) 539-2181.* *11h-16h ter-dom.* *feriados.* *(pedem-se donativos).* **www**.maitlandartcenter.org

Fundado na década de 1930 pelo pintor André Smith, foi, no início, uma colônia de artistas, com estúdios e aposentos de moradia. Atualmente é um museu de arte e centro de ensino, dirigido pela Maitland Historical Society. Os estúdios ainda são utilizados no trabalho de artistas e há exposições de artes e artesanato contemporâneo americano, além de aulas de artes dadas por artistas profissionais.

Instaladas no meio de pátios e jardins, as construções são interessantes, com murais e esculturas que usam muitos temas maias e astecas.

Holocaust Memorial Resource & Education Center of Central Florida

851 N Maitland Ave, Maitland. ***Tel*** *(407) 628-0555.* *9h-16h seg-qui, 9h-13h sex, 13h-16h dom.* *feriados e dias judaicos.* **www**.holocaustedu.org

Fundado com o propósito de prevenir a opressão de minorias no futuro, pelo aprendizado com o Holocausto, este museu pequeno possui uma exposição permanente de doze segmentos, cada um com um tema importante do Holocausto. A instituição apresenta mostras multimídia sobre a história do que ocorreu, além de fotografias e artefatos.

Aqui existe uma grande biblioteca sobre o assunto, com mais de 5 mil volumes e 500 videoteipes, alguns dos quais contêm relatos orais dos sobreviventes. A biblioteca também guarda uma seleção de livros juvenis sobre esse evento trágico.

Cartão-postal de Sanford, que mostra o Lake Monroe

Sanford ❷

Seminole Co. 45.000.
400 E 1st St, (407) 322-2212.
www.sanfordchamber.com

Situada ao norte de Orlando e das praias ao sul de Lake Monroe, Sanford foi fundada na década de 1870 por Henry S. Sanford perto de Fort Mellon, posto do Exército americano erguido durante as Guerras Seminoles *(p. 14)*. Depois a construção de uma estação de trem aumentou o progresso de Sanford, e a cidade se tornou um importante porto interior, graças aos vapores comerciais, que também trouxeram os primeiros turistas para a cidade.

A recuperação do centro de Sanford data da década de 1880, um marco na era dos vapores. Muitas das belas e antigas construções de tijolos à vista (uma raridade na Flórida) abrigam lojas de antiguidades, e a área pode ser facilmente explorada a pé em duas horas. O visitante atual chega principalmente de Auto Train *(p. 196)*, em vez de vir pelo rio, mas podem ser feitos cruzeiros de recreio.

Placa de Sanford

Mount Dora ❸

Lake Co. 11.000.
341 Alexander St, (352) 383-2165. **www**.mountdora.com

Estabelecida entre os pomares de cítricos de Lake County, essa cidadezinha é um dos assentamentos vitorianos mais bonitos que restaram no estado. Seu nome vem de sua elevação (56m) e do pequeno lago à beira do qual se instalou. Originalmente, Mount Dora era conhecida como Royellou, que juntava os nomes de Roy, Ella e Louis, filhos do primeiro agente do correio. As ruas arborizadas de Mount Dora foram traçadas no costão acima das margens do lago. O visitante pode fazer um passeio que abrange 5km, disponível a partir da Câmara de Comércio local. Trata-se de um percurso com paisagens por áreas sossegadas do fim do século XIX, com casas de madeira, e pelo centro histórico restaurado, que possui um conjunto de lojas e antiquários. Na On Donnelly Street encontra-se a grandiosa **Donnelly House**, agora Masonic Hall. Notável exemplo da arquitetura da era dos vapores, a construção possui pináculos e uma cúpula. Aqui perto, o pequeno **Mount Dora History Museum**, instalado na antiga prisão, apresenta exposições históricas locais. Existem esportes aquáticos e pescarias para fazer em Lake Dora.

Mount Dora History Museum
450 Royellou Lane. ***Tel*** *(352) 383-0006.* *13h-17h qui-dom.* *1º jan, Ação de Graças, 25 dez.* *(restrito)*

Decoração "bolo de noiva" na Donnelly House, em Mount Dora

Blue Spring State Park ❹

Volusia Co. 2100 W French Ave, Orange City. ***Tel*** *(386) 775-3663.*
8h-anoitecer diariam.
www.floridastateparks.org/bluespring

Uma das maiores fontes artesianas do país, Blue Spring verte cerca de 450 milhões de litros de água por dia. A água tem temperatura constante de 24° C, tornando-se um refúgio de inverno para os manatis. De novembro a março, quando esses mamíferos fogem das águas mais frias do St. Johns River, pode-se vê-los das calçadas elevadas do parque. É possível mergulhar com snorkel ou oxigênio nas águas turquesa da fonte e andar de canoa no St. Johns. A **Thursby House**, em cima de um dos antigos montes de conchas do parque, foi construída no fim do século XIX.

Arredores
Cerca de 3km ao norte fica o **Hontoon Island State Park**. Chega-se à ilha por um ferry-boat grátis para passageiros, saindo de Hontoon Landing. A ilha tem uma torre de ob-

Crianças brincando na frente da Thursby House, no Blue Spring State Park

servação de 24m de altura, áreas de camping e piquenique e uma trilha natural. Pode-se alugar barcos a remo e canoas para pescar. Os habitantes originais do parque eram índios timucuas. Em 1955 aqui foi encontrado um raro totem de madeira em forma de coruja.

Hontoon Island State Park
2309 River Ridge Rd, DeLand.
Tel (386) 736-5309.
8h-anoitecer diariam.
www.floridastateparks.org/hontoonisland

Cassadaga Spiritualist Camp ❺

1325 Stevens St, Cassadaga.
Tel (386) 228-3171. *10h-18h seg-sáb, 11h30-18h dom.*
www.cassadaga.org

Fundado por um grupo de espiritualistas em 1894, a fim de estudar filosofia, ciência e religião do mais profundo espiritualismo, o Cassadaga Spiritualist Camp é uma das mais antigas comunidades religiosas em atividade nos EUA. Em 1991 o centro foi consagrado como Historic District pelo National Registry of Historic Places.

Ocupando 24ha, a comunidade abriga profissionais diplomados e práticos no campo da cura, da clarividência, médiuns e sensitivos, que oferecem sessões de cura para quem sofre de males do corpo e do espírito. O visitante pode marcar uma sessão com qualquer conselheiro espiritual por uma taxa específica. O local tem acomodações. O centro também organiza atividades e aulas sobre diversos aspectos do espiritualismo.

O Cassadaga Spiritualist Bookstore and Information Center dispõe de uma vasta coleção de textos, CDs e fitas espirituais, além de artigos para presente, como cristais, bijuterias e artefatos étnicos.

DeLeon Springs State Park ❻

601 Ponce DeLeon Blvd. DeLeon Springs. *Tel (386) 985-4212.* *8h-anoitecer diariam.* www.floridastateparks.org/deleonsprings

Acreditava-se que eram desse parque estadual as lendárias fontes da juventude. Atualmente elas oferecem um cenário primitivo para muitas formas de diversão ao ar livre.

Nadar é uma das atividades mais populares, e as fontes são represadas para criar uma ótima área de banho, onde a água fica em agradáveis 22° C. Muitas trilhas para caminhadas levam o visitante por lindas áreas de bosques densos, e há locais para piqueniques e pavilhões. É permitido pescar, andar de barco, de caiaque e de canoa (caiaques e canoas podem ser alugados no parque ou pode-se fazer um passeio ecológico guiado de barco). No restaurante **Old Spanish Sugar Mill** os clientes podem fazer as próprias panquecas.

Ao lado do parque fica **Lake Woodruff National Wildlife Refuge**, uma área de preservação que cuida de pássaros e outros animais ameaçados de extinção. Vá de canoa explorar os lagos e brejos desse refúgio.

Lake Woodruff National Wildlife Refuge
2045 Mud Lake Rd, DeLeon Springs. *Tel (386) 985-4673.*
de dia, diariam.

O Old Spanish Sugar Mill em meio à vegetação e aos lagos do DeLeon Springs State Park

Daytona Beach 7

Volusia Co. 64.000.
126 E Orange Ave, (386) 255-0415. www.daytonabeach.com

Daytona 500: na Daytona International Speedway, sempre em fevereiro

A animada Daytona Beach se considera a "praia mais famosa do mundo". Possui 37km de extensão e é uma das poucas na Flórida que permitem a entrada de carros – reminiscência dos dias em que as corridas eram realizadas nas praias. As primeiras corridas cronometradas ocorreram em 1903, ao norte de Daytona Beach, nas areias de Ormond Beach, considerada "local de origem da velocidade". Daytona ainda é a meca dos fãs do automobilismo. **Daytona International Speedway** atrai multidões, principalmente durante as semanas das corridas de carros, em fevereiro, e das de motocicletas, em março e outubro. Oito fins de semana com importantes corridas ocorrem anualmente na pista, que comporta mais de 110 mil espectadores. Aqui são realizadas corridas da National Association for Stock Car Auto Racing (Nascar), e a Daytona 500 é a mais famosa, e de carros esportivos, motocicletas e karts. Entre os eventos estão as maratonas de bicicleta beneficentes, clássicos ralis de carros, eventos de superbike e testes para a produção de carros. É possível dar uma volta de "tram" pela pista, em dias em que não há corridas. Os ingressos para a Daytona 500 costumam ser vendidos um ano antes, mas os visitantes podem reviver a experiência em Daytona USA, uma concorrida atração no centro para o visitante. Um dos destaques é um filme com tomadas de câmera dentro do carro e os bastidores de uma corrida.

Carro de corrida na Daytona International Speedway

A praia, com muitos hotéis, é sempre agitada. Pode-se praticar jet ski e windsurfe, andar de buggy e passear de gôndola perto do Ocean Pier. Há também relaxantes passeios de barco.

Ao atravessar o Halifax River, saindo da praia, chega-se ao centro de Daytona, conhecido como Mainland. Restaurada, a área abriga o **Halifax Historical Society Museum**. Instalado num banco de 1910, o museu exibe pilares e murais caprichosos. A mostra da história local tem uma maquete da calçada de madeira como era em 1938.

O **Jackie Robinson Ballpark and Museum**, cujo nome homenageia uma lenda do beisebol, é a sede do time Daytona Cubs.

A oeste do centro, o excelente acervo do **Museum of Arts & Sciences** abrange desde a pré-história da Flórida até peças artísticas de 1640 a 1920. Há uma notável coleção de arte cubana e africana. O **Gamble Place**, de 1907, gerenciado pelo mesmo museu, é um pavilhão de caça com mobiliário da época. As excursões para o pavilhão exigem reserva e também incluem Snow White House, construída em 1938, como cópia perfeita da que aparece no clássico da Disney, de 1937.

Carros passam pelas areias compactas de Daytona Beach

Daytona International Speedway
1801 W International Speedway Blvd. **Tel** 866-761-7223. *diariam.* *25 dez.*
www.daytonainternationalspeedway.com

Halifax Historical Society Museum
252 S Beach St. **Tel** (386) 255-6976. *10h30-16h30 ter-sex, 10h-16h sáb.* *feriados.*
www.halifaxhistorical.org

Jackie Robinson Ballpark and Museum
105 E Orange Ave. **Tel** (386) 257-3172. www.daytonacubs.com

Museum of Arts & Sciences
1040 Museum Blvd.
Tel (386) 255-0285. *9h-17h ter-sáb, 11h-17h dom.* *Ação de Graças, 24 e 25 dez.*
www.moas.org

Praias da Costa Leste

As praias amplas e ensolaradas da costa atlântica da Flórida Central, com águas mornas e uma temperatura ambiente diária que atinge a média de 23° C, atraem milhares de visitantes.

Os 116km da Space Coast apresentam lindas praias, algumas ao lado de reservas naturais. A maioria fica em bancos de areia e vão desde as praias de areia branca, primitivas, como Canaveral National Seashore e Indian River, até os resorts turbulentos como Cocoa Beach. Ao norte da Space Coast ficam Ormond Beach e a procurada Daytona Beach, ambas associadas ao automobilismo.

A maioria das praias da Costa Leste é familiar, com áreas de descanso e piquenique, e também oferece diversos esportes aquáticos.

Farol da barra de Ponce de Leon

Ormond Beach ① Esse balneário oferece o charme de cidade pequena, com atividades aquáticas nos diversos rios e lagos, além do mar.

Daytona Beach ② O automobilismo, clubes noturnos famosos e muitos esportes aquáticos a tornaram a praia mais movimentada da Flórida.

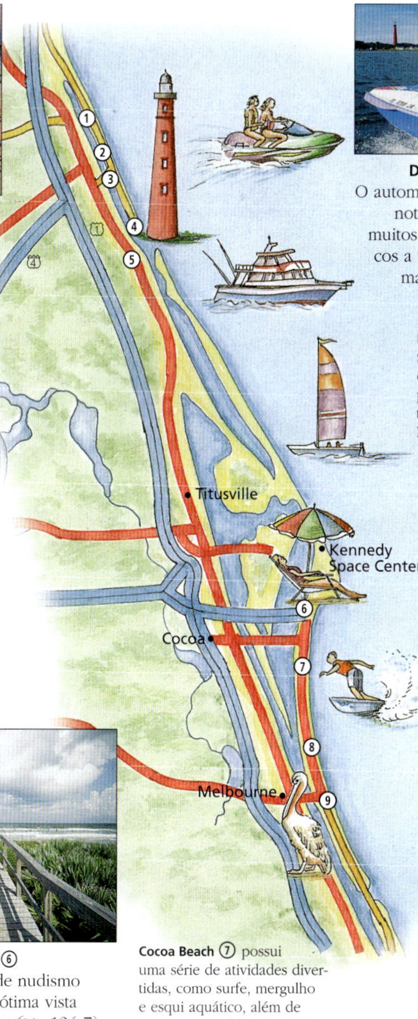

Daytona Beach Shores ③ é um concorrido destino para famílias, mais tranquilo do que Daytona Beach.

Ponce Inlet ④ é uma praia sem veículos, com muitas trilhas naturais. Possui uma plataforma de observação e oferece passeios ao farol.

Indian River Beaches ⑧ oferece praias desertas e acesso ao Merritt Island National Wildlife Refuge.

New Smyrna Beach ⑤ dispõe de uma faixa de areia tranquila e poucas ondas. Destacam-se as trilhas naturais e as lojas interessantes.

Melbourne Beach ⑨ é um lugar calmo com muitos parques.

Playalinda em Canaveral ⑥ Uma das poucas praias de nudismo da Flórida, oferece uma ótima vista do Kennedy Space Center *(pp. 124-7)*.

Cocoa Beach ⑦ possui uma série de atividades divertidas, como surfe, mergulho e esqui aquático, além de restaurantes e lojas *(p. 122)*.

Ocala National Forest ❽

Lake Co/Marion Co. *3199 NE Co. Rd, (352) 236-0288.* *8h-anoitecer diariam.* *para áreas de camping e natação.* **aluguel de canoa em Juniper Springs** ***Tel*** *(352) 625-2808.* **www**.ocalacc.com/visitor-center/forestry.asp

Situada entre a cidade de Ocala e o St. Johns River, esta é a maior floresta de pinheiros do mundo, com área de 148.000ha cortada por rios que se enchem na primavera e dezenas de trilhas. Um dos últimos refúgios do urso-preto da Flórida, ameaçado de extinção, também abriga diversos animais comuns, como lontras e veados. Muitas aves – como corujas-listradas, águias-carecas e águias-pescadoras, perus selvagens (não originárias daqui) – e diversas espécies de aves pernaltas que frequentam os charcos podem ser vistas.

As numerosas trilhas pela floresta variam de extensão, de passarelas de madeira e caminhos curtos com menos de 1,6km até a faixa de 106km da National Scenic Trail, que corta o estado. A pesca de percas é concorrida nos lagos espalhados pela floresta, e há poços para nadar, áreas de piquenique e camping, em locais de recreação como Salt Springs, Fore Lake e Alexander Springs.

Há canoas para alugar. A corrida de canoas de 11km, que desce Juniper Creek, saindo da **Juniper Springs Recreation Area**, é uma das melhores do estado. Faça reserva, pois se trata de um destino muito procurado por turistas. A Salt Springs Trail dispõe de um ótimo ponto de observação de pássaros, e os patos se reúnem em Lake Dorr.

Você consegue guias e informações no principal centro de visitantes, na extremidade ocidental da floresta ou em centros menores, em Salt Springs e Lake Dorr, ambos na Route 19.

Cruzeiro pela floresta, uma das muitas atrações de Silver Springs

Silver Springs ❾

Marion Co. 5656 E Silver Springs Blvd. ***Tel*** *(352) 236-2121.* *10h-17h diariam.* *limitado.* **www**.silversprings.com

Desde 1878, passeios de barco com fundo de vidro, em Silver Springs, revelam as maravilhas da natureza na maior fonte artesiana do mundo. Atualmente, a mais antiga atração turística da Flórida oferece não só passeios nesse tipo de barco como também safáris de jipe e cruzeiros pela floresta, numa viagem pelo passado da Flórida. Os primeiros filmes de Tarzan, com Johnny Weissmuller, foram rodados aqui.

Outra atração concorrida é o Alligator & Crocodile Encounter, em Cypress Island. Esse terreno de 2ha contém treze das 23 espécies de aligatores e crocodilos. Perto, Wild Waters é um parque aquático animado, dedicado às famílias.

Arredores

O **Silver River State Park**, 3km a sudeste, garante lindo passeio por uma floresta de madeira rija, uma área pantanosa e um poço cristalino, numa curva do rio, para nadar.

AS NASCENTES BORBULHANTES DA FLÓRIDA

Grande parte das 320 nascentes conhecidas da Flórida está na metade superior do estado. Na maioria, são fontes formadas por águas pressionadas por fendas profundas que vêm dos aquíferos subterrâneos (depósitos rochosos de água). As que jorram mais de 3m³ por segundo são conhecidas como nascentes de primeira grandeza.

Filtrada pela rocha, a água é puríssima e, muitas vezes, contém alto nível de sais e minerais. Tais propriedades mais a beleza das fontes atraem visitantes para divertimento ou para fins medicinais.

Juniper Springs, na Ocala National Forest, adaptada para natação na década de 1930

Aligátor de boca aberta marca a entrada de Gatorland

Silver River State Park
1425 NE 58th Ave, Ocala. ***Tel*** *(352) 236-7148.* *8h-anoitecer diariam.* **www**.floridastateparks.org/silverriver

Gatorland ⑩

Orange Co. 14501 S Orange Blossom Trail, Orlando. *(800) 393-5297.* *Orlando.* *Orlando.* *9h-18h diariam.* **www**.gatorland.com

Espalhado por 44ha, este parque abriu na década de 1950, como uma enorme fazenda, e tem licença especial para criar aligatores para carne e couro. Os locais de reprodução, berçários e criatórios abrigam milhares de aligatores, cujo tamanho vai de filhotes que cabem na palma da mão a gigantes de 4m. Eles podem ser observados de uma passarela de madeira e de uma torre quando se aquecem na parte rasa do pântano.

O espetáculo inclui luta livre de aligatores e o Gator Jumparoo, em que aligatores pulam da água para agarrar pedaços de frango na mão de treinadores. O parque também oferece demonstrações de manipulação de cobras venenosas.

Uma das mais populares atrações do Gatorland é o parque aquático Gator Gully Splash Park. Entre outros destaques estão um aviário, um charco com reprodução de pássaros e um zoo com animais domésticos.

À venda em Gatorland

Kissimmee ⑪

Osceola Co. *41.000.* *1925 E Irlo Bronson Memorial Hwy, (407) 847-5000.* **www**.floridakiss.com **Old Town** 5770 W Irlo Bronson Memorial Hwy. ***Tel*** *(407) 396-4888.* **www**.old-town.com

O nome da cidade significa "lugar no céu" no idioma calusa. Nela, o gado pastava pelas ruas no início da década de 1900. Agora os únicos animais que os visitantes encontram são os dos rodeios semestrais do Silver Spurs Rodeo, que acontecem desde 1944 *(p. 179)* e que agora ficam na espetacular arena climatizada Silver Spurs Arena, que acomodar 8.300 espectadores sentados.

A maioria dos visitantes que vão ao Walt Disney World® para em Kissimmee, atraída pelos hotéis baratos da rodovia US 192. Para quem quiser ficar, o calçadão **Old Town**, reformado, tem construções do começo do século XX e algumas lojas excêntricas, que oferecem textos esotéricos, tatuagens, linho irlandês, velas e muito mais. Há também uma casa de diversão assombrada e um galpão que vende equipamentos antigos.

Uma das lojas excêntricas na Old Town de Kissimmee

O **Flying Tigers Warbird Restoration Museum**, ao lado do aeroporto municipal, oferece aos visitantes a oportunidade inesquecível de voar em um avião T-6 Navy Trainer, original da Segunda Guerra Mundial, ou num clássico helicóptero MASH. Com opções de voos acrobáticos ou passeios para observar a vista, pode-se assumir os controles e aprender a pilotar essas aeronaves históricas com a ajuda de instrutores.

Silver Spurs Rodeo/ Silver Spurs Arena
1875 Silver Spurs Lane. ***Tel*** *(407) 677-6336.* *ligue para eventos.* **www**.silverspursrodeo.com

Warbird Adventures
Tel *(407) 870-7366.* *9h-17h diariam.* **www**.warbirdadventures.com

A World of Orchids ⑫

Orange Co. 2501 Old Lake Wilson Rd, Kissimmee. ***Tel*** *(407) 396-1887.* *9h30-16h30 seg-sáb.* *dom e feriados.* **www**.aworldoforchids.com

Variedades de belas orquídeas florescem durante o ano todo no ambiente com riachos e cascatas dessa enorme estufa, com quase 280m². Aqui também são exibidas diversas espécies de plantas tropicais, a exemplo de palmeiras e bambus, assim como pássaros exóticos e pequenos animais, como esquilos asiáticos e camaleões. Espécies raras de peixes coloridos ficam expostas em lindos aquários. O visitante pode dar caminhadas, fazer passeios com guia e parar numa loja de presentes para adquirir algumas dessas plantas espetaculares. Reserve pelo menos uma hora para esse belíssimo local.

Fantasy of Flight ⓭

Polk Co. 1400 Broadway Blvd SE, Polk City. *(863) 984-3500.* *Winter Haven.* *Winter Haven.* *10h-17h diariam.* *Ação de Graças, 25 dez.* **www**.fantasyofflight.com

Este centro aeronáutico tem uma vantagem sobre atrações semelhantes na Flórida: é o único que oferece a perfeita sensação de voar. A seção Flightertown permite que o visitante brinque num simulador de voo de um caça da Segunda Guerra Mundial, num combate aéreo sobre o Pacífico. Antes do voo, você recebe instruções. Já na cabine, a torre de controle orienta sobre a decolagem, o pouso e a presença de naves inimigas.

Entre outras atrações há uma série de atividades participativas, que levam você a uma fortaleza voadora B-17 da Segunda Guerra, durante uma missão de bombardeio, e até as trincheiras da Primeira Guerra, em meio a um tiroteio. Um hangar guarda um belo acervo de aviões clássicos, como se fossem novos, a exemplo do primeiro avião de carreira usado nos EUA, o Ford Tri-Motor de 1929, que apareceu no filme *Indiana Jones e o templo da perdição*, e o Roadair 1, um misto de avião e carro, que voou apenas uma vez, em 1959.

Florida Southern College ⓮

Polk Co. 111 Lake Hollingsworth Dr, Lakeland. ***Tel*** *(863) 680-4111.* *Lakeland.* *Lakeland.* *diariam.* *1º jan, 4 jul, Ação de Graças, 25 dez.* **Visitor Center** *10h-16h seg-sex, 10h-14h sáb.*

Situada na pitoresca cidade de Lakeland, a Florida Southern College possui o maior conjunto de edificações projetadas pelo arquiteto americano Frank Lloyd Wright. Surpreendentemente, o diretor de faculdade convenceu Wright a projetar o campus apenas como oportunidade de expressar suas ideias, prometendo remunerá-lo quando houvesse dinheiro. As obras começaram em 1938, com aquilo que Wright, já famoso como idealizador da arquitetura orgânica, chamava de "produto do sol". Seu propósito de mesclar as edificações com seu entorno natural foi conseguido com o uso de vidro para trazer a luz de fora para os interiores. O plano original era para dezoito prédios, mas apenas sete foram terminados até a morte do arquiteto, em 1959. Cinco foram acabados ou adicionados posteriormente.

O interior claro e espaçoso da Annie Pfeiffer Chapel

A **Annie Pfeiffer Chapel** é uma ótima expressão de suas ideias. Vitrais quebram a monotonia dos blocos do prédio e a construção é coroada por uma torre espetacular, no lugar do tradicional campanário. Wright chamou essa torre de "caixa de joias".

Como um conjunto, o campus possui a luminosidade e a sensação de arejamento que Wright buscava. Os prédios são interligados por esplanadas – calçadas cobertas, que se alongam por 2km –, nas quais luz, sombra e variações de altura levam a atenção de um prédio para outro.

Você pode andar pelo campus a qualquer hora, mas o interior só pode ser acessado durante a semana. O centro para visitantes no **Thad Buckner Building** possui exemplares de desenhos e móveis feitos por Wright.

FLORIDA SOUTHERN COLLEGE

- Annie Pfeiffer Chapel ⑥
- Benjamin Fine Building ②
- Emile Watson Building ①
- J. Edgar Wall Waterdome ③
- Lucius Pond Ordway Building ⑨
- Polk County Science Buildings ⑧
- Raulerson Building ④
- Thad Buckner Building ⑤
- William Danforth Chapel ⑦

LEGENDA

- Esplanadas
- P Estacionamento
- i Informações

0 m 100

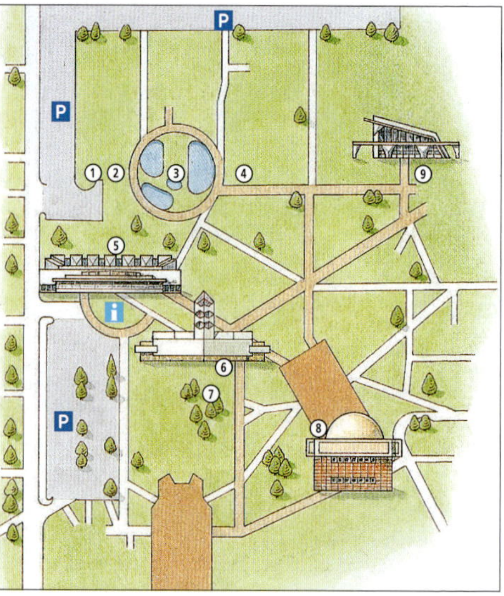

Dinosaur World ⓯

Hillsboro Co. 5145 Harvey Tew Rd, Plant City. **Tel** *(813) 717-9865.* *9h-18h diariam.* **www**.dinosaurworld.com

Tyrannosaurus rex e cerca de outros 150 dinossauros em tamanho natural se elevam sobre a vegetação, no cenário verdejante desse museu ao ar livre. Feitos de isopor e metal, esses modelos de criaturas pré-históricas, de aparência realista e cientificamente precisos, estão dispostos em ordem cronológica pelo parque.

Um museu expõe fósseis e outros objetos relacionados aos dinossauros. Entre os destaques há um filme sobre o mundo dos dinossauros e uma mostra que explica o elaborado processo empregado pelo parque a fim de criar seus dinossauros. Dinosaur World oferece atividades interativas para crianças: numa escavação, elas podem usar pazinhas ou cavar com as mãos na areia e descobrir preciosidades relacionadas aos dinossauros; em Boneyard, procuram ossos de dinossauros. Existem áreas para piquenique e uma loja de presentes com produtos caros, mas divertidos.

LEGOLAND® ⓰

One LEGOLAND Way, Winter Haven. **Tel** *(877) 350-LEGO.* *Winter Haven.* *10h-17h diariam.* **http**://florida-legoland.com

Um dos parques temáticos interativos da Flórida, a LEGOLAND® fica a 45 minutos de carro a sudoeste dos outros parques do gênero e do centro de Tampa. Voltado para famílias com crianças entre 2 e 12 anos, oferece brinquedos, atrações interativas, filmes em 4-D, shows, compras e restaurantes em meio a um paisagismo atraente.

No meio do parque, a **Miniland USA** tem áreas temáticas, incluindo Washington, D.C., Nova York, Las Vegas e Daytona, assim como a própria Flórida e o Kennedy Space Center. A **Castle Hill** transporta os visitantes à época medieval, sendo povoada por cavaleiros, donzelas e dragões. Crianças

Milhões de peças da Lego formam a LEGOLAND® Miniland USA

pequenas se esbaldam na **DUPLO® Village**, onde podem pilotar um avião, dirigir um carro e explorar um povoado inteiro sob medida para seu tamanho. Crianças maiores podem dirigir veículos LEGO TECHNIC® em tamanho natural por um trilho de montanha-russa na **LEGO TECHNIC Test Track**. **AQUAZONE® Wave Riders** é um carrossel aquático no qual as pessoas têm de se esquivar de jatos de água enquanto driblam as ondas.

Historic Bok Sanctuary ⓱

Polk Co. 1151 Tower Blvd, Lake Wales. **Tel** *(863) 676-1408.* *Lake Wales.* *Winter Haven.* *8h-17h diariam.* **www**.boksanctuary.org

Edward W. Bok saiu da Holanda e chegou aos EUA em 1870, com 6 anos. Aqui se tornou editor importante. Um

A Singing Tower, de mármore rosa, nos Bok Tower Gardens

pouco antes de sua morte, em 1930, ele presenteou 52ha de belos jardins e bosques ao povo americano "pelo sucesso que ele lhe havia conferido".

Situados no ponto mais alto da península da Flórida (91m acima do nível do mar), os jardins se estendem ao redor da **Singing Tower**, que se eleva por cima da copa das árvores e abriga a sepultura de Bok em sua base. O visitante não tem permissão para subir na torre; mas procure assistir ao concerto de carrilhão, ao vivo, que ocorre diariamente às 15h e dura 45 minutos.

Yeehaw Junction ⓲

Osceola Co. Desert Inn, 5570 S Kenansville Rd, Yeehaw Junction. **Tel** *(407) 436-1054.* *diariam.* **www**.desertinnrestaurant.com

No entroncamento da US 60 com a Florida Turnpike, a cidade recebeu o estranho nome de Yeehaw Junction há dois séculos. É famosa por seu motel e restaurante **Desert Inn**, que abastecia de água madeireiros e caubóis que conduziam gado do centro do estado para reservas e fazendas na costa. Agora parte dos National Registry of Historical Places, suas construções de madeira da década de 1880 oferecem um retrato fascinante da história do Cracker Country. O restaurante serve hambúrgueres de aligator e tartaruga e também há uma grande área aberta para festivais (quase sempre de música *bluegrass*) e churrascos.

A grandiosa Porcher House, na extremidade do bairro histórico de Cocoa

Cocoa Beach 19

Brevard Co. *400 Fortenberry Rd, Merritt Island.* **Tel** *(321) 459-2200.* *14.000.* *Merritt Island.* **www**.cocoabeachchamber.com

Esta é uma das praias mais concorridas da Space Coast. Conhecida como capital do surfe da Costa Leste, a movimentada Cocoa Beach é o local de festivais de surfe durante os fins de semana da Páscoa e do Dia do Trabalho. Motéis, cadeias de restaurantes e boates marcam a rua principal. A atração mais conhecida é **Ron Jon Surf Shop**, loja que lembra um palácio, com luzes de néon e que tem grande variedade de camisetas e pranchas de surfe *(p. 163)*. Dê uma volta por Banana River Lagoon, que beira Cocoa Beach, para ver espécies marinhas e pássaros. Ou vá pescar no embarcadouro de Ramp Road Park, um dos melhores locais de pesca do estado.

Ron Jon Surf Shop
4151 N Atlantic Ave. **Tel** *(321) 799-8820.* *24 horas diariam.* **www**.ronjons.com

Cocoa 20

Brevard Co. *20.000.* *400 Fortenberry Rd, Merritt Island, (321) 459- 2200.*

A mais atraente das comunidades em expansão na Space Coast continental, a vibrante cidade de Cocoa fica perto de Indian River. Seu bairro histórico tem edificações da década de 1880, réplicas de lampiões de gás e calçadas de tijolos.

Na Delannoy Avenue, na ponta oriental da cidade, fica a casa de um importante citricultor, a **Porcher House**, construída em 1916, com calcário "coquina". Outro lugar imperdível é o **Brevard Museum of History & Science**, com trilhas naturais que representam ecossistemas diferentes: *sandhill* de pínus, pântanos de água doce e bosque de madeiras de lei.

Brevard Museum of History & Science
2201 Michigan Ave. **Tel** *(321) 632-1830.* *10h-16h seg-sáb, 12h-16h dom.* **www**.brevardmuseum.com

Valiant Air Command Warbird Museum 21

Brevard Co. 6600 Tico Rd, Titusville. **Tel** *(321) 268-1941.* *Titusville.* *10h-18h diariam.* *1º jan, Ação de Graças, 25 dez.* **www**.vacwarbirds.org

O museu tem um hangar que exibe impressionante acervo de aeronaves militares da Segunda Guerra Mundial e posteriores, todas em condições de voar. O orgulho da coleção é um Douglas C-47 chamado Tico Belle, que se tornou o transporte oficial da família real dinamarquesa, no fim da guerra. Todo ano, em março, ocorre um show aéreo.

Tico Belle, peça valiosa do Warbird Air Museum

US Astronaut Hall of Fame® 22

Brevard Co. Interseção da Rte 405 e da US 1. **Tel** *(321) 269-6101.* *Titusville.* *9h-18h30 diariam.* *25 dez.* **www**.kennedyspacecenter.com/visitKSC/attractions/fame.asp

Elaborado para homenagear os astronautas do país, apresenta um acervo fascinante de lembranças pessoais e outros artefatos. O centro também oferece experiências interativas

A Ron Jon Surf Shop, em Cocoa Beach, tem de tudo para o surfista e para os que adoram praia

na forma de um brinquedo que simula um ônibus espacial. Situado no mesmo local, o Camp Kennedy Space Center fornece alguns cursos criados para crianças interessadas em conhecimentos espaciais.

Canaveral National Seashore ㉓

Brevard Co. Rte A1A, 32km N de Titusville ou Rte 402, 16km L de Titusville. **Tel** *(321) 267-1110.* *Titusville.* *Praias 6h-20h abr-out, 6h-18h nov-mar.* *nos lançamentos.* **www**.nps.gov/cana

A Canaveral National Seashore ocupa uma área de 23.000ha, localizada num banco de areia, e apresenta uma fantástica variedade de fauna em uma série de hábitats, como pântanos, estuários de água salgada, bosques de madeira de lei e de pinheiros. As aves criam um visual de grande impacto.

O parque abrange a maior praia quase deserta da Flórida, uma faixa magnífica de 39km cheia de dunas. Alcança-se a Apollo Beach, na extremidade norte, pela Route A1A, e a Playalinda Beach, pelo sul, pela Route 402. É bom avisar que esse é um lugar concorrido de nudismo.

Atrás de Apollo Beach fica Turtle Mound, um depósito de conchas de ostra, com 12m de altura, feito pelos índios timucuas.

Aligátor ao natural

Merritt Island National Wildlife Refuge ㉔

Brevard Co. Route 406, 6,5km L de Titusville. **Tel** *(321) 861-0667.* *amanhecer-anoitecer diariam.* *nos lançamentos.* **www**.fws.gov/merrittisland

Há uma incrível variedade de vida selvagem e marinha nesta reserva natural anexa à Canaveral National Seashore.

AVES DA SPACE COAST

Os melhores momentos para observar as muitas e belíssimas aves da Space Coast é de manhã cedo ou um pouco antes de anoitecer. Principalmente entre novembro e março, pântanos e lagoas fervilham com patos e pernaltas em migração, quando quase 100 mil deles chegam dos climas frios do norte.

Grou-do-canadá

Pelicano-marrom

Andorinha-do-mar

Colhereiro-preto

O Merritt Island National Wildlife Refuge ocupa 56.656ha e constitui um abrigo litorâneo para diversas espécies de animais e pássaros em extinção ou ameaçadas, como manatis e tartarugas marinhas. Cobras-orientais-índigo, aligatores-americanos, lontras, falcões, andorinhas-do-mar, pica-paus, corujas e muito mais. O refúgio também oferece proteção a milhares de espécies de plantas típicas dos ecossistemas e hábitats da Flórida. A melhor maneira de explorar a vida selvagem local é seguir de carro pela Black Point Wildlife Drive, de 11km, num passeio que você faz sozinho por pântanos de água doce e salgada. Um ótimo folheto, disponível no início da trilha, perto do entroncamento das Routes 402 e 406, explica questões como o controle da população de mosquitos é feito pelos diques (embora seja recomendável levar repelente de insetos no verão). Na metade do caminho, você pode esticar as pernas pelos 8km da Cruickshank Trail, que começa aqui perto e tem uma torre de observação.

A leste da Route 402, na direção de Playalinda Beach, o Merritt Island Visitor Information Center oferece mostras educativas e um curta-metragem sobre a reserva. Mais ao leste (1,6km), as trilhas Oak Hammock e Palm Hammock têm passarelas de madeira que cruzam o brejo, para a observação de pássaros e fotografias.

Boa parte do refúgio fica dentro do Kennedy Space Center *(pp. 124-7)* e é interditada ao público.

Vista de Black Point Drive, no Merritt Island National Wildlife Refuge

Kennedy Space Center ㉕

Logo da NASA

Situado em Merritt Island Wildlife Refuge, a apenas uma hora de carro de Orlando, o Kennedy Space Center é o único lugar no Hemisfério Ocidental de onde se lançam pessoas ao espaço. Foi aqui, com o lançamento da *Apollo 11*, em julho de 1969, que se realizou o sonho do presidente Kennedy de colocar o homem na Lua. O centro é a sede da National Aeronautics and Space Administration (Nasa), cujos ônibus espaciais *(pp. 22-3)* decolavam daqui, até a última missão em 2011. O Shuttle Launch Experience é um incrível simulador que reproduz com autenticidade um voo à órbita da Terra.

★ Apollo/Saturn V Center
Um foguete Saturn V, do tipo usado nas missões Apollo, é o grande destaque. Há também a imitação de uma sala de controle, onde o visitante vive um lançamento simulado (p. 127).

Almoço com Astronauta
Este evento é uma oportunidade única de encontrar um astronauta veterano da NASA, ouvir suas histórias do espaço e pegar seu autógrafo durante um agradável almoço, estilo bufê.

★ Rocket Garden
Pode-se caminhar em meio a um grupo de foguetes. Cada um representa um período diferente da história dos voos espaciais.

PONTOS ALTOS

- ★ Apollo/Saturn V Center
- ★ Rocket Garden
- ★ KSC Bus Tours
- ★ IMAX® Theater

VISITOR COMPLEX

A cada ano, mais de 1,5 milhão de pessoas de todo o mundo vivem uma experiência espacial ao visitar a base do programa de exploração do espaço da America. Construído em 1967, o Visitor Complex continua sendo uma atração popular.

★ KSC Bus Tours
A excursão de ônibus passa pelas plataformas de lançamento, pelo prédio de montagem de veículos e pela "trilha de esteiras", por onde o ônibus é lentamente manobrado para se posicionar.

PREPARE-SE

Brevard Co. Off Rte 405, 6 milhas (9,5km) L de Titusville. *Titusville.* ***Tel** (321) 449-4444. Previsão de lançamentos: (321) 867-4636. 9h-18h diariam. 25 dez. O centro fecha ocasionalmente por exigências operacionais. Ligue antes para verificar. todas as mostras são acessíveis; há cadeiras de roda e carrinhos disponíveis na Information Central.* **www**.ksc.nasa.gov; **www**.kennedyspacecenter.com

★ IMAX® Theater
O Imax® Theater exibe filmes sobre a exploração do espaço. As tomadas feitas em missões do ônibus, com vistas da Terra (p. 126)*, são impressionantes.*

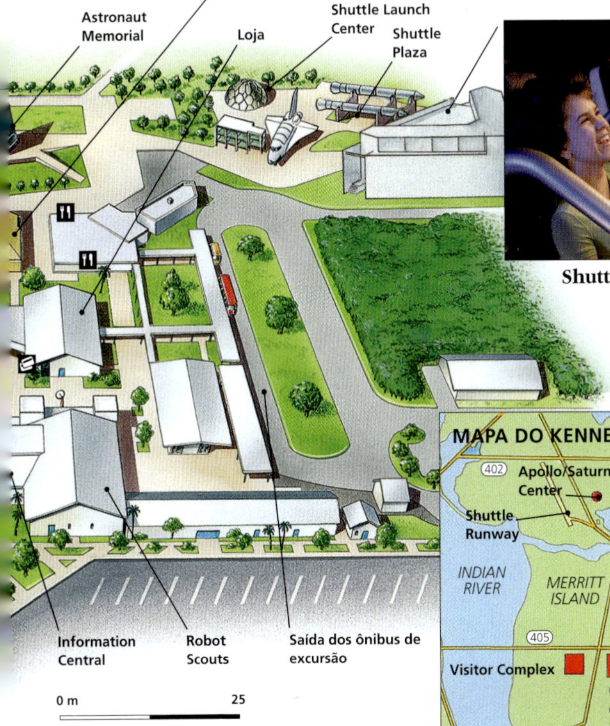

Shuttle Launch Experience
Segure-se e aproveite esta simulação realista de um lançamento de espaçonave.

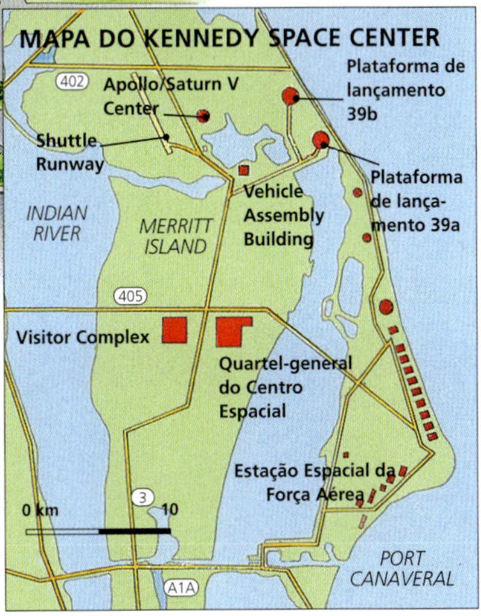

LEGENDA

- Estacionamento
- ATM (caixa eletrônico)
- Restaurante

Como Explorar o Kennedy Space Center

Construído em 1967 para os astronautas e suas famílias verem a movimentação no centro de operações, o atual Visitor Complex recebe mais de 1,5 milhão de turistas por ano. As instalações, com 340km², oferecem ao visitante um dia inteiro de experiências espaciais, entre as quais estão ótimos filmes da Imax® no Visitor Complex, shows ao vivo, encontro com astronautas e o Apollo/Saturn V Center, o ponto alto da excursão de ônibus, com narração e vídeo. A viagem respeita o ritmo do turista e permite que ele explore cada um dos pontos importantes. O ingresso único dá direito à excursão do KSC, com filmes espaciais, e a todas as mostras.

As crianças adoram o Robot Scouts no Imax® Theater

VISITOR COMPLEX

O local a que todos vão em primeiro lugar é o **Imax® Theater**, onde dois cinemas Imax® geminados projetam filmes incríveis em telas com a altura de um prédio de cinco andares. Para algumas pessoas, esse é o auge da visita.

O grande destaque é *Hubble 3-D*, narrado por Leonardo DiCaprio. Filmes raros da Nasa, imagens geradas por computador e experiências ao vivo da superfície lunar dão realismo à atração. Outro filme no Imax® Theater é *Space Station 3D,* que mostra astronautas da Europa e dos EUA numa estação espacial. Ele exibe as visões que só os astronautas veem.

A **Nasa Art Gallery**, dentro do Imax® Theater, exibe mais de 200 obras de arte de artistas famosos, como Andy Warhol, Robert Rauschenberg e Annie Leibovitz.

É provável que as crianças prefiram ver os últimos robôs para a exploração de outros planetas e conhecer suas aventuras interplanetárias em **Robot Scouts**. O famoso show **Astronaut Encounter** acontece no Astronaut Encounter Theater, com 300 lugares, no Visitor Complex.
Este show oferece ao visitante a rara oportunidade de encontrar um verdadeiro astronauta da Nasa. A exibição é diária, e dura meia hora. Nela, um astronauta conta as histórias de sua missão espacial e abre espaço para uma sessão de perguntas e respostas. O **Lunch with an Astronaut** dá ao visitante a chance de conhecer, durante um almoço, um membro veterano do corpo de astronautas da Nasa.

Na Shuttle Plaza, os visitantes podem entrar em uma réplica do ônibus espacial **Explorer** e examiná-la. (O ônibus desativado *Atlantis* ficará à mostra em breve.) Ao lado, o **Mission Status Center** tem boletins ao vivo ao longo do dia com detalhes da última missão dos ônibus espaciais. Aqui perto, um "Space Mirror" reflete a luz do Sol sobre os nomes inscritos no **Astronaut Memorial**, que homenageia dezesseis astronautas, desde as missões do *Apollo 1* até do ônibus espacial *Columbia*, em que todos morreram a serviço da exploração do espaço. O novo **Space Shuttle Launch Experience** dá ao visitante a oportunidade de experimentar a realidade de um lançamento.

***Explorer*: réplica do ônibus espacial em tamanho real**

CRONOLOGIA DA EXPLORAÇÃO ESPACIAL

1958 Lançamento do primeiro satélite americano, *Explorer 1* (31 jan)

1962 John Glenn orbita a Terra na espaçonave *Mercury*

John Glenn

1968 *Apollo 8* orbita a Lua (24 dez)

1975 A nave americana *Apollo* e a russa *Soyuz* atracam em órbita (17 jul)

1977 O ônibus espacial *Enterprise* é testado num Boeing 747 (18 fev)

1981 *Columbia:* primeiro ônibus no espaço (12 abr)

1960 — **1970** — **1980**

1961 Em 5 de maio, Alan Shepherd se torna o primeiro americano no espaço. Kennedy promete pouso na Lua

1966 *Gemini 8* faz primeira atracação espacial (16 mar)

1965 Edward White é o primeiro americano a andar no espaço (3 jun)

1969 Neil Armstrong e Buzz Aldrin *(Apollo 11)* andam na Lua (24 jul)

Buzz Aldrin

1983 Primeira mulher americana vai para o espaço no ônibus espacial *Challenger* (18 jun)

1984 Kathryn Sullivan é a primeira mulher americana a andar no espaço (11 out)

KSC EXHIBITS & BUS TOURS

O portão de entrada, no formato de uma International Space Station, acolhe o turista no Visitor Complex. Dentro, há uma fascinante exposição que mostra ao visitante uma história abrangente das missões importantes que forneceram as bases para o programa espacial. A rotunda de vidro leva a **Early Space Exploration**, que apresenta figuras-chave dos primeiros tempos dos estudos sobre foguetes. Na **Mercury Mission Control Room**, o visitante examina em uma plataforma de observação os verdadeiros componentes e consoles dos quais foram monitoradas as primeiras oito missões tripuladas. Os destaques da área ficam com a filmagem de entrevistas com alguns funcionários. Ao lado, há mostras de partes autênticas das espaçonaves *Mercury* e *Gemini*, permitindo que o visitante reviva parte das emoções das primeiras explorações do espaço.

Exposição de foguetes na Cape Canaveral Air Station

O Vehicle Assembly Building domina a paisagem plana

Os ônibus da excursão KSC saem a toda hora do Visitor Complex e oferecem um passeio excepcional pelas instalações do centro. A excursão abrange duas instalações importantes: o LC 39 Observation Gantry e o Apollo/Saturn V Center. O passeio leva os participantes a áreas seguras, onde os guias explicam o funcionamento de cada instalação. Os visitantes podem demorar o quanto quiserem para explorar cada local.

Existem mais dois passeios interessantes que o turista pode fazer no centro: o **Cape Canaveral: Then & Now Tour**, que é uma visão histórica das plataformas de lançamento das missões *Mercury*, *Gemini* e *Apollo*; e o **Discover KSC** que oferece uma visão interna de todo o programa dos ônibus espaciais. Esse último inclui o International Space Station Center, em que os visitantes podem caminhar e espiar as instalações em que cada componente do ônibus é reunido para o lançamento.

SPACE CENTER TOUR

Cada passeio sem guia pode levar de duas a três horas para explorar completamente as duas instalações do KSC Tour. O visitante tem uma vista aérea espetacular das gigantescas plataformas de lançamento de uma torre de observação de 18m, na primeira parada, no **LC 39 Observation Gantry**. De volta ao térreo, um filme e exposições contam a história do lançamento e do pouso do ônibus espacial da Nasa.

Em homenagem ao primeiro pouso na Lua em 1969, o espaçoso **Apollo/Saturn V Center** apresenta um foguete Saturn V de 110m. Os visitantes podem assistir ao histórico lançamento da *Apollo 8*, a primeira missão tripulada à Lua, no Firing Room Theater, e ver a sequência da missão em um filme no Lunar Theater, o qual tem cenas do pouso na Lua e do módulo de comando da *Apollo 14*. Aqui também se encontra o único lugar do mundo onde se come ao lado de uma autêntica rocha lunar: o Moon Rock Café.

1988 *Discovery*, primeiro ônibus lançado após o desastre da *Challenger* (29 set)

1990 Lançamento do telescópio Hubble (24 abr)

2001 Dennis Tito paga US$ 20 milhões por uma semana a bordo da Estação Espacial Internacional

1996 *Mars Pathfinder* coleta dados em Marte

2003 Ônibus espacial *Columbia* explode ao reentrar na atmosfera da Terra (1º fev)

Columbia

1990 | **2000** | **2010**

1986 A *Challenger* explode, matando a tripulação (28 jan)

1995 A *Atlantis* atraca na estação espacial russa *Mir* (29 jun)

Emblema da Atlantis-Mir (Jun 1995)

2005 *Discovery*, a primeira missão depois do acidente da *Columbia*, volta com segurança após reparos na plataforma espacial

2011 Fim do programa: últimos voos da *Atlantis* e da *Endeavor*

A iluminada noite de Universal CityWalk® ▷

OSSIL
Parking

INDICAÇÕES AO TURISTA

ONDE FICAR

Com uma grande variedade de acomodações e mais de 115 mil quartos de hotel na região, Orlando oferece lugares para todos os gostos e bolsos. O visitante pode escolher entre *bed and breakfasts*, motéis que saem da rotina, resorts com banheira de hidromassagem e campos de golfe de tamanho oficial, suítes luxuosíssimas, construções em formato de guitarra gigante e até quartos com vista para manadas de zebras e animais selvagens. Os entusiastas pela vida ao ar livre, que gostam de dormir a céu aberto, podem acessar diversos campings e parques de trailer. Se você estiver planejando uma viagem longa ou em grupo grande, há diversos condomínios para alugar. A listagem das páginas 138-45 recomenda muitos lugares na Flórida Central, que representam o melhor de cada tipo, em todas as faixas de preço, do razoável ao extravagante.

Logo do Hard Rock Hotel

Mas os preços costumam flutuar conforme a estação e a localização. O site do Orlando/Orange County Convention & Visitors Bureau oferece informações muito detalhadas sobre quartos e sua disponibilidade.

Opulência no interior do famoso Peabody Hotel, em International Drive

HOTÉIS E RESORTS

A maioria dos grandes hotéis e resorts da área é modernizada e reformada regularmente. Já os hotéis menores costumam ser mais velhos e bem estabelecidos. As cadeias de hotéis, que predominam e são muito procuradas, têm a vantagem de ser previsíveis, embora os preços variem conforme a localização. Todas estão representadas, desde os hotéis de luxo Radisson e Marriot até os médios Holiday Inn, chegando aos econômicos Days Inn.

Os resorts consistem em complexos hoteleiros, em geral situados perto de água e cercados por campos imaculadamente mantidos. O preço é alto, mas eles oferecem diversas comodidades, como piscinas e salões de ginástica, lojas e grande variedade de restaurantes sofisticados para escolher. Com salas de jogos bem equipadas e programas especiais para crianças, esses resorts podem ser uma boa opção para famílias. O golfe é uma atração importante na Flórida Central, e diversos resorts dispõem de campos com dimensões oficiais e instrutores para aulas particulares. São muito procurados os resorts temáticos, projetados em torno de uma era ou de uma atividade específica, como esportes ou filmes da década de 1950.

Disney's Palm Course, golfe para amadores e profissionais

Os hotéis tradicionais também foram projetados para divertir, a exemplo do Sheraton Safari, com seu tema africano; o Red Horse Inn, decorado no estilo do sudoeste; e o Doubletree Castle, com pináculos altos e música renascentista.

Em Orlando, os grandes hotéis só não têm a área dos resorts, mas impressionam por outros aspectos. Por exemplo: o Peabody Hotel oferece um clube atlético completo, com piscina de dimensões olímpicas, quadras de tênis e dois excelentes restaurantes para gourmets.

A EXPERIÊNCIA DOS PARQUES TEMÁTICOS

No momento em que os parques temáticos da Disney criaram resorts em seus terrenos, abriram um mundo de possibilidades para as férias *(pp. 133 e 134-5)*. Com diversos hotéis ao lado de um parque temático ou de uma área de compras da Disney, o objetivo é manter as atrações sempre à mostra

Os hotéis aqui mencionados estão listados nas pp.138-45

Fachada luminosa do Hard Rock Hotel, em Universal Studios

para o visitante que procura diversão. Pacotes especiais costumam incluir entrada para os parques e transporte. Muitos ônibus e táxis aquáticos interligam os parques e os hotéis, mas são exclusivos para os hóspedes.

No caso de os pais compararem os parques temáticos com atrações para crianças, verão que a Disney também dispõe de cinco campos de golfe de dezoito buracos para campeonato, além de quadras de treino de bola para Atlanta Braves, Orlando Rays e Tampa Bay Buccaneers. Atividades recreativas – como surfe no famoso parque temático de Typhoon Lagoon, golfe, tênis, natação, *para-sailing* e equitação – estão incluídas no preço e ficam perto dos hotéis. A Universal Orlando está mais voltada para crianças mais velhas e adultos do que a Disney. Isso se reflete nas principais atrações dos dois parques temáticos e nos "temas" dos três hotéis da Universal *(pp. 133 e 135)*. Os brinquedos do Jurassic Park, The Amazing Adventures of Spider-Man®, Back to the Future... The Ride e Terminator 2®: 3D não se destinam ao público com idade para o Mickey Mouse. O chamariz dos Hard Rock Hotel, Portofino Bay e Loews Royal Pacific Resort também se concentra nos adultos. Porém, os hotéis oferecem restaurantes para famílias, programação infantil, jogos, brinquedos e salas temáticas infantis. A Universal CityWalk®, situada entre dois parques, é um lugar divertido e empolgante.

HOTÉIS COM SPA

A Disney dita as tendências dos spas em Orlando e dispõe de três refúgios de alta classe em sua propriedade: o Saratoga Springs Resort & Spa, o Grand Floridian Resort & Spa, com 900 quartos, numa área de 16ha, e o Buena Vista Palace Resort & Spa, de 836m² *(p. 139)*. Embora todos sejam muito caros se comparados aos hotéis tradicionais, fica difícil encontrar em outro lugar os confortos oferecidos aqui. O Grand Floridian, em particular,

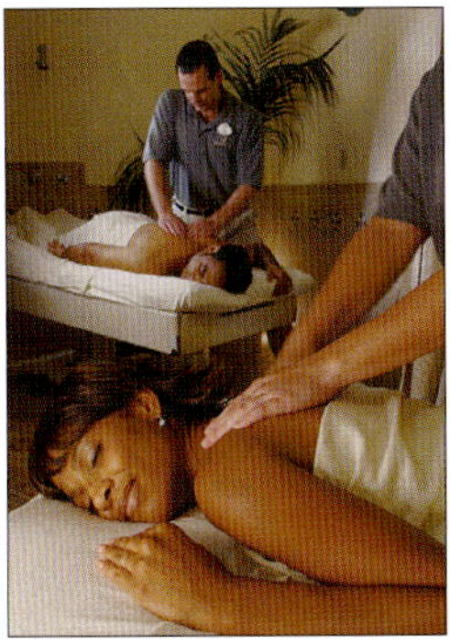

Massagem relaxante no Grand Floridian Resort & Spa

apresenta salões de beleza, tratamento de pele, massagem e hidroterapia, com uma praia de areias brancas para relaxar. As instalações de Westgate Lakes, logo na saída do portão principal da Disney, no Lago Buena Vista, resumem o que os spas locais têm a oferecer: atendimento personalizado, tratamento de pele, massagem, banho-turco e sauna, hidromassagem e salão de beleza completo. O Relâche Spa, no Gaylord Palms Resort, oferece ao hóspede o uso de equipamento cardiovascular, corte de cabelo, manicure, enfaixamento corporal e sauna. O famoso Mandara Spa, da Indonésia, abriu há pouco tempo um centro no Portofino Bay Hotel da Universal *(p. 141)*.

O luxuoso Grand Floridian Resort & Spa, em Walt Disney World® Resort

O Hyatt Regency Hotel, no Aeroporto Internacional de Orlando *(p. 145)*

LOCAIS PARA FICAR LONGE DAS MULTIDÕES

Hotéis em Downtown Orlando e nos subúrbios podem oferecer ótimas acomodações a preços mais baixos *(pp. 141-5)*. Convenientemente localizado dentro do Aeroporto Internacional de Orlando, o Hyatt Regency é uma boa escolha para turistas cansados de viajar, e fica a apenas 26km da Disney. O visitante que usar o Aeroporto Internacional Orlando-Sanford pode escolher diversos hotéis de três ou quatro estrelas, em Sanford e Lake Mary. Nesses hotéis você fica longe das multidões e, ao mesmo tempo, pode acessar os parques com facilidade. O atraente Park Plaza Hotel, no caro Winter Park, tem suítes com jardim e sacadas enfeitadas com primaveras. O Westin Grand Bohemian Hotel, Art Déco, em Downtown Orlando, tem 247 quartos e um restaurante ganhador do AAA Four Diamond Award. Quartos mais baratos podem ser encontrados no La Quinta Inn.

BED AND BREAKFASTS

Dirija-se para o norte ou leste de Orlando e encontrará B&Bs aconchegantes e econômicos. Aqui existem a antiga hospitalidade e casas com móveis antigos. Thurston House, em Maitland, é uma casa de fazenda vitoriana restaurada com pomar e belos jardins de flores. The Courtyard, no lago Lucerne, é um grupo de quatro edificações históricas erguidas entre 1883 e 1945, um oásis no coração de Downtown Orlando. É muito popular entre casais em lua de mel. O Adora Inn, no rústico Mount Dora, se descreve como um B&B-butique *(p. 145)*. Todos os B&Bs têm opções de curta ou longa permanência, e os hóspedes costumam comer juntos numa atmosfera informal. Em geral, a decoração e o toque pessoal dos hospedeiros compensam a ausência de comodidades de um hotel tradicional.

Logotipo do La Quinta Inn *(p.144)*

APARTAMENTOS

Alugar um apartamento é uma conhecida alternativa aos hotéis e resorts, ainda mais no caso de permanência longa ou grupos grandes. Costuma haver apartamentos de um ou dois quartos perto dos parques temáticos; os imóveis maiores ficam mais afastados. Apartamentos, casas pequenas e grandes, alugados por semana, podem custar a mesma coisa ou menos do que um quarto de hotel de faixa média.

No entanto, casas com cozinha, piscina e vários quartos são bem convenientes e oferecem uma boa relação custo-benefício. Como segurança, a maioria exige adiantamentos e cobra taxas de limpeza. Há também a exigência de estada mínima. Se quiser cancelar sua reserva, convém avisar os proprietários bem antes, pois as taxas de cancelamento, na maioria dos condomínios, são muito altas.

Casa de aluguel em condomínio de Orlando, em meio a jardins verdejantes

Os hotéis aqui mencionados estão listados nas pp. 141-5

Elegante sala de jantar de uma casa em Orlando

COMO RESERVAR

A reserva de quartos nos resorts da Disney e da Universal pode ser feita quando são comprados os ingressos para os parques, por telefone ou pela Internet. Quanto mais próxima estiver a alta estação, mais difícil é a reserva do quarto que você deseja, mas raramente os hotéis ou resorts lotam. Em geral, os corretores pela Internet, como **Priceline** e **Travelocity**, podem segurar quartos, mas muitos hotéis mantêm quartos para suas reservas por telefone ou pelo site. Se for atrasar o check-in, avise o hotel. Muitos pacotes de vários dias também estão disponíveis nos parques temáticos e nos agentes de viagem.

PREÇOS E TEMPORADAS

As diárias dependem da estação e da localização. Os períodos mais movimentados e caros vão de novembro a abril (festas de fim de ano) e de junho a agosto (férias de verão). A maioria dos hotéis, mesmo os caros, costuma negociar uma taxa mais baixa, se isso for pedido, pois não oferecem. Peça as taxas especiais para idosos, estudantes, viajantes constantes de avião ou clientes empresariais. Muitos resorts e hotéis comuns oferecem pacotes que incluem ingressos em parques e serviços de transporte grátis. Às vezes, os hotéis Disney oferecem quartos melhores sem cobrança de extras, na baixa estação, se isso for solicitado.

TAXAS EXTRAS

Em geral, as diárias não incluem impostos de vendas nem a taxa de resort. Isso aumenta a conta em 11,5% em Orlando e 13% em Kissimmee. O custo de um telefonema feito no quarto do hotel pode ser exorbitante. Alguns hotéis oferecem ligações locais grátis dos quartos, mas a maioria adiciona uma sobretaxa para chamadas locais ou ligações para prefixos gratuitos. Alguns hotéis também cobram o acesso a Internet. E muitos hotéis cobram pelo estacionamento com manobrista.

CRIANÇAS

Grande parte dos hotéis oferece berços, camas de armar e outras acomodações para crianças. Os resorts de parques temáticos oferecem serviços de babá, salões de brinquedos, atividades divertidas e opções para refeições em família. Entre as excursões guiadas especiais para crianças está o passeio Hidden Mickey, em que os pequenos procuram freneticamente o camundongo escondido.

Suítes de luxo para crianças são populares em muitos hotéis em *resorts*.

AGENDA

HOTÉIS DE PARQUES TEMÁTICOS

Walt Disney World® Resorts
http://disneyworld.disney.go.com/wdw/resorts/resortoverview

Downtown Disney Hotels
www.downtowndisneyhotels.com

Universal Orlando® Resorts
www.UniversalOrlando.com

CORRETORES/AGENTES

Expedia
www.expedia.com

Hotels.com
www.hotels.com

Orlando Hotels
www.orlandohotels.com

Travelocity
www.travelocity.com

Hotwire.com
www.hotwire.com

Priceline
www.priceline.com

BED AND BREAKFASTS

AAA Auto Club South
www.aaasouth.com

Florida Bed & Breakfasts Inns
www.florida-inns.com

Bed & Breakfasts Online
www.bbonline.com/fl/orlando.html

ALUGUEL DE QUARTOS E APARTAMENTOS

Villas of the World
www.villasoftheworld.com

Homeaway
www. homeaway.com

Florida Homes & Condos
www.disneycondo.com

Nos Parques Temáticos

Na década de 1960, quando Walt Disney começou a comprar terras sem cultivo na Flórida, ele deu início a uma indústria bilionária que mudaria para sempre a sonolenta cidade de Orlando, ainda ligada à citricultura. Agora as áreas interna e externa dos parques temáticos possuem milhares de quartos de hotéis, motéis e resorts (e muitos mais estão sendo construídos) para o interminável fluxo de turistas que chegam anualmente a Disney World, Universal Orlando e SeaWorld. Estas páginas falam das acomodações nos parques temáticos e nas proximidades.

Visitante no escorregador no Port Orleans Resort *(p. 139)*

Cópia gigante de Woody no All Star Movies Resort *(p. 139)*

WALT DISNEY WORLD® RESORT

A Disney possui o maior conjunto de resorts em Orlando, com preços que agradam a todos os gostos e bolsos *(pp. 133* e *138-40)*.

A inauguração do Walt Disney World's Pop Century Resort, em 2003 (com 2.880 quartos), foi a maior na história da Disney. Ele juntou uma série de 23 resorts de propriedade dos parques. Dedicado às modas e aos modismos americanos, o Pop Century apresenta ícones e relíquias desde a década de 1950 até a de 1990, como imensos Rubik's Cube e Sony Walkman, além de pinos de boliche e ioiôs gigantes. All-Star Resorts, que misturam cinema, esportes e música em seus temas, são os mais baratos de todos os alojamentos do local.

The Animal Kingdom Lodge tem a vantagem de se localizar no canto oeste do parque Animal Kingdom. A maioria de seus 1.293 quartos tem sacada voltada para três savanas e oferece lindas vistas de mais de 200 aves e animais no pasto, como girafas, zebras, íbis e avestruzes. Entre os aposentos há a Royal Suite, com teto em domo, cozinha, sala de jantar e amplos terraços. O resort também dispõe de vários dos melhores restaurantes da Disney.

Os dois hotéis maciços que formam os resorts Swan e Dolphin oferecem quase 2.270 quartos, entre os quais 191 suítes especiais com decoração do tipo italiano, egípcio, japonês e do sudoeste americano.

O Port Orleans Resort, da Disney, copia as mansões majestosas e as casas geminadas da romântica Louisiana. The Beach Club Resort transporta Nantucket Bay para Orlando, com acesso aos 10ha das instalações de Crescent Lake, onde há abrigos e barcos a remo, além do parque aquático Stormalong Bay para crianças.

HOTÉIS NO WALT DISNEY WORLD® RESORT

Downtown Disney dispõe de sete hotéis excelentes. Entre os mais próximos da maioria das atrações estão: Best Western Lake Buena Vista, a pouca distância a pé da área de compras e diversões de Downtown Disney; Hilton, que oferece Extra Magic Hour, que permite que os hóspedes entrem nos parques temáticos uma hora antes da abertura geral; Doubletree Guest Suites, com cupons de compras e ônibus gratuito para os

Quartos com vista de animais selvagens no Animal Kingdom Lodge *(p. 138)*

Os hotéis aqui mencionados estão listados nas pp.138-45

O hotel familiar Nickelodeon Family Suites, em Lake Buena Vista *(p. 145)*

parques; Holiday Inn, hotel com 323 quartos e vestíbulo de catorze andares; Hotel Royal Plaza, com quadras de tênis e spa; Wyndham Palace, com o premiado restaurante Arthur's 27 e café da manhã com personagens Disney; e Regal Sun Resort, um complexo com tema britânico que oferece transporte para os parques. Esse hotel de 626 quartos está cheio de atrações da Flórida, como refeições para crianças com personagens Disney e um imenso Aquatic Center com piscinas aquecidas em meio a um exuberante jardim, canhões de água, spa termal e vôlei de praia. Cada hotel tem pelo menos um restaurante com serviço completo.

RESORTS E HOTÉIS DE UNIVERSAL ORLANDO®

Nos terrenos da Universal, os hotéis estão localizados ao longo do perímetro dos dois parques – Islands of Adventure e Universal Studios Florida®. O Loews Royal Pacific se espelha numa ilha paradisíaca e oferece uma piscina que parece uma lagoa, com praia de areia, transporte de táxi aquático para os parques, um pátio coberto de orquídeas e cinco restaurantes, entre os quais o Emeril's, inspirado no havaiano Tchoup Chop. O Loews Portofino Bay Hotel é uma fiel reprodução de um resort litorâneo da Itália, com ruas calçadas com pedras e cafeterias ao ar livre, quadras de bocha, um spa completo e academia de ginástica. Os restaurantes do hotel oferecem culinária italiana, do fino Bice, que surgiu na cidade de Milão em 1926 e possui toda a elegância do velho mundo, à Trattoria del Porto, que serve culinária regional e pizzas à beira da piscina.

Para quem sonha em ser rock star, o Hard Rock Hotel apresenta recordações do rock em todos os quartos, um clube "exclusivo", com saguão e biblioteca de música, e um sistema de som subaquático na piscina. A Graceland Suite, em homenagem a Elvis, tem proporções gigantescas.

Os três hotéis aceitam animais de estimação e têm aposentos especiais e um cardápio para hóspedes de quatro pernas. O serviço Universal Express, disponível em todos os hotéis, permite que os hóspedes acessem todos os brinquedos do parque sem esperar nas filas.

Loews Portofino Bay Hotel *(p. 141)*, cópia de resort italiano

HOTÉIS E MOTÉIS PERTO DOS PARQUES

Grande parte dos locais de hospedagem forma anéis concêntricos em volta da Disney e da Universal, diminuindo de preço conforme se afasta da rua principal. Mas alguns dos hotéis mais econômicos estão pertíssimo do portão dos parques. Os dois hotéis Hyatt, com quartos por menos de um terço do preço do Hard Rock Hotel, ficam a menos de 1,5km da Universal. O Caribe Royale All-Suites Resort, praticamente do lado de fora dos portões da Disney e com 1.200 quartos e 120 villas, consegue ser mais barato do que muitos dos resorts da Disney.

Você encontra pechinchas perto dos parques, muitas com piscinas e restaurantes. Há centenas de hotéis na área. Sand Lake Road, a norte da Interstate 4, possui quilômetros de motéis e hotéis de todos os tipos, e muitos oferecem condução de graça para os parques e serviço de reserva de ingressos e de outras atrações. Ao sul da I-4 fica International Drive, longa faixa de lojas de rua e shopping centers, com hospedagem que vai desde motéis sem nome até resorts cinco-estrelas.

Ao norte e a leste ficam os imponentes hotéis de Downtown Orlando e cadeias de motéis menores situados na Colonial Drive.

Vida ao ar livre

Para quem gosta de vida ao ar livre e deseja dormir a céu aberto há acomodações na Flórida Central que vão de barracas em bosques a modernos campos para veículos de recreação (RV), quase luxuosos, com piscinas e sede. O visitante escolhe seu camping nos parques Kampgrounds of America (KOA), em terras estatais ou particulares, ou até nas propriedades Disney. Dependendo da estação, montar uma barraca pode ser bem barato ou custar tanto quanto um bom hotel. Os parques para RV ajudam turistas com orçamento restrito a poupar milhares de dólares. Muitos visitantes regulares reservam as mesmas áreas anos seguidos.

Campistas no Fort Wilderness Resort & Campground da Disney

CAMPING

Oferecendo os melhores confortos para acampar, o Disney World dispõe de 700 locais de camping no **Fort Wilderness Resort & Campground** *(p. 73)*, com áreas de espartanas a luxuosas. Esses locais aceitam animais de estimação e oferecem churrasqueiras, carrinhos elétricos de golfe, conexão para TV a cabo e cantorias com fogueira. Os preços vão de US$40 a US$80 por noite e as cabanas custam a partir de US$265. Outros campings também têm cabanas, com preços de US$30 a US$70, conforme a estação, nas quais dormem de quatro a oito pessoas. Muitos campings da Disney se localizam na saída da US Route 192, em Kissimmee. É possível encontrar campings por toda a Flórida Central. O **East Lake Fish Camp**, em Kissimmee, combina vida ao ar livre com muita água doce, oferecendo a melhor pesca de perca do mundo.

O **Wekiwa Springs State Park** é o mais rústico e o que mais representa a autenticidade da Flórida. Aberto durante o ano todo, fica no Wekiva River, ocupando 3.237ha de uma paisagem que permaneceu inalterada por séculos.

Passeio panorâmico de barco, em Wekiwa Springs State Park

PARQUES PARA RV

Os parques para RV são muito procurados por viajantes, especialmente os que vêm do norte. A maioria dispõe dos confortos da vida em resorts, como piscinas, academias de ginástica, sedes e cinemas, lavanderias, televisão a cabo e tomadas de eletricidade, além das maravilhas naturais da Flórida. Os preços variam de US$30 por noite até mais de US$1.000 por mês. Há lotes permanentes para quem quiser voltar todos os anos.

A apenas 8km da Disney fica o maior parque para RV da região, o **Encore RV Resort**. Situado em Clermont, compõe-se de 467 pontos com ligações para eletricidade, água e esgoto e tem duas piscinas aquecidas, academia de ginástica com banheira de hidromassagem, quadras de *shuffleboard* e de tênis, lavanderia, TV a cabo e serviços de telefonia, além de atividades sociais, como bingo e bailes.

KOA Kissimmee/Orlando é o KOA Campground mais próximo de Orlando. Fica a apenas 8km da Disney, 9,6km do SeaWorld® e 13km da Universal. Aqui estão disponíveis mesas para piquenique assim como conexão com a Internet.

O **Tropical Palms Resort**, em Kissimmee, oferece aos campistas acesso às piscinas, chalés privativos com ar-condicionado e cozinha, aluguel de equipamentos aquáticos e áreas de piquenique, e existem muitos restaurantes próximos.

Cabanas pitorescas em Orlando SW/ Fort Summit KOA Campground

AGENDA

INFORMAÇÕES DE CAMPING E RV

Florida Association of RV Parks and Campgrounds
1340 Vickers Rd, Tallahassee.
Tel *(850) 562-7151.*
www.campflorida.com

Florida Department of Environmental Protection (State Parks)
3900 Commonwealth Blvd, Tallahassee.
Tel *(850) 245-2157.*
www.dep.state.fl.us/parks

KOA Campgrounds
Tel *(800) 562-7791.*
www.koa.com

Passport America
Tel *(1-800) 681-6810.*
www.passport america.com

RV on the Go
2650 Holiday Trail, Kissimmee.
Tel *(877) 362-6736.*
www.rvonthego.com

CAMPINGS

Canoe Creek Campground
4101 Canoe Creek Rd, St. Cloud.
Tel *(407) 892-7010.*

Cypress Cove Nudist Resort & Spa
4425 S Pleasant Hills Rd, Kissimmee.
Tel *(888) 683-3140.*

East Lake Fish Camp
3705 Big Bass Rd, Kissimmee.
Tel *(407) 348-2040.*
www.cypresscoveresort.com

Elite Resorts Campground
2500 US Hwy 27 S, Clermont.
Tel *(352) 532-5932.*

Orlando SW/Fort Summit KOA
2525 Frontage Rd, Davenport.
Tel *(800) 424-1880.*

Fort Wilderness Resort & Campground
4510 N Fort Wilderness Trail,
Lake Buena Vista, Orlando.
Tel *(407) 824-2900.*

KOA Kissimmee/Orlando Campground
2644 Happy Camper Place, Kissimmee.
Tel *(407) 396-2400.*

Orange Blossom RV Resort LLC
3800 W Orange Blossom Trail, Apopka.
Tel *(407) 886-3260.*

Orange Grove Campground
2425 Old Vineland Rd, Kissimmee.
Tel *(407) 396-6655.*

Orlando Lake Whippoorwill KOA
12345 Narcoossee Rd, Orlando.
Tel *(407) 277-5075.*

Orlando Winter Garden Campground
13905 W. Colonial Dr, Winter Garden.
Tel *(407) 656-1415.*

Southport Park Campground & Marina
2001 W Southport Rd, Kissimmee.
Tel *(407) 933-5822.*

Stage Stop Campground
14400 W Colonial Dr, Winter Garden.
Tel *(407) 656-8000.*

Tropical Palms Resort
2650 Holiday Trail, Kissimmee.
Tel (407) 396-4595.

Twelve Oaks RV Resort
6300 State Route 46, W Sanford.
Tel *(800) 633-9529.*

Wekiwa Springs State Park
1800 Wekiwa Circle, Apopka.
Tel *(407) 884-2008.*

PARQUES PARA RV

Aloha RV Park
4648 S Orange Blossom Trail, Kissimmee.
Tel *(407) 933-5730.*

Encore RV Resort
9600 Hwy 192, West Clermont.
Tel *(888) 558-5777.*

Fairview Mobile Court
4462 Edgewater Dr, Orlando.
Tel *(407) 293-8581.*

Floridian RV Resort
5150 Boggy Creek Rd, St. Cloud.
Tel *(407) 892-5171.*

Great Oak RV Resort
4440 Yowell Rd, Kissimmee.
Tel *(407) 396-9092.*

Merry D RV Sanctuary
4261 Pleasant Hill Rd, Kissimmee.
Tel *(407) 870-0719.*

Orange City RV
2300 E Graves Ave, Orange City.
Tel *(800) 545-7354.*

Paradise Island RV Resort
32000 S US Hwy 27, Haines City.
Tel *(863) 439-1350.*

Ponderosa RV Park
1983 Boggy Creek Rd, Kissimmee.
Tel *(407) 847-6002.*

Sanlan RV Park
3929 US Hwy 98 S, Lakeland.
Tel *(800) 524-5044.*

Sherwood Forest RV Park
5300 W Irlo Bronson Hwy, Kissimmee.
Tel *(407) 396-7431.*

Southern Palms RV Resort
1 Avocado Lane, Eustis.
Tel *(352) 357-8882.*

Sun Resort RV Park
3000 Clarcona Rd #99, Apopka.
Tel *(407) 889-3048.*

Como Escolher um Hotel

Os hotéis neste guia foram selecionados dentro de uma ampla faixa de preços, considerando as instalações e a localização. A lista a seguir destaca alguns fatores que podem influenciar sua escolha. Os hotéis aparecem por região, começando pelo Walt Disney World Resort, em ordem alfabética e agrupados por faixa de preço.

CATEGORIAS DE PREÇO
de um apartamento duplo tipo standard, por uma noite na alta temporada, incluindo impostos e taxa de serviço.
$ até US$100
$$ US$100 - US$150
$$$ US$150 - US$200
$$$$ US$200 - US$250
$$$$$ acima de US$250

WALT DISNEY WORLD® RESORT

ANIMAL KINGDOM® Disney's All-Star Movies Resort $$
1901 W. Buena Vista Dr., 32830 ***Tel*** *(407) 939-7000* ***Fax*** *(407) 939-7111* ***Quartos*** *1920*

Personagens saídos das produções mais famosas de Walt Disney, como *Toy Story, Os 101 dálmatas* e *Fantasia*, encantam os hóspedes em todas as áreas deste hotel. Os quartos são menores do que a maioria, mas as diárias agradam quem viaja com orçamento limitado. **www.disneyworld.com**

ANIMAL KINGDOM® Disney's All-Star Music Resort $$
1801 W. Buena Vista Dr., 32830 ***Tel*** *(407) 939-6000* ***Fax*** *(407) 939-7222* ***Quartos*** *1604*

O tema predominante neste estabelecimento é a música – por exemplo, nas jukebox em que se pode entrar e na decoração, repleta de instrumentos gigantes. O som é variado: calipso, country e música clássica. Quartos simples e básicos, mas uma alternativa de hospedagem na Disney sem gastar muito. **www.disneyworld.com**

ANIMAL KINGDOM® Disney's All-Star Sports Resort $$
1701 W. Buena Vista Dr., 32830 ***Tel*** *(407) 939-5000* ***Fax*** *(407) 939-7333* ***Quartos*** *1920*

Os apreciadores de esporte vão adorar a decoração temática, que predomina tanto na parte interna quanto externa: em todos os locais, há referências a beisebol, basquete, futebol, tênis e surfe. As instalações e os quartos são básicos, mas este é um dos raros resorts da Disney com preços razoáveis. **www.disneyworld.com**

ANIMAL KINGDOM® Disney's Pop Century Resort $$
1050 Century Dr., 32830 ***Tel*** *(407) 938-4000* ***Fax*** *(407) 938-4040* ***Quartos*** *2880*

Um dos quatro resorts da Disney com preços condizentes, este estabelecimento homenageia a cultura pop e agrada adultos e crianças. Ícones fazem referência às décadas de 1950 até 1990. Como parte da decoração, elementos como um walkman gigante e margaridas em estilo flower power. **www.disneyworld.com**

ANIMAL KINGDOM® Disney's Coronado Springs Resort $$$
1000 W. Buena Vista Blvd., 32830 ***Tel*** *(407) 939-1000* ***Fax*** *(407) 939-1001* ***Quartos*** *1921*

As três "cidades" deste resort (Casitas, Ranchos e Cabanas) foram inspiradas no Sudoeste norte-americano e no México. O visitante encontra desde a colorida arquitetura típica até uma réplica de uma pirâmide maia com cinco andares, além de pátios e praças. **www.disneyworld.com**

ANIMAL KINGDOM® Disney's Animal Kingdom Lodge $$$$
2901 Osceola Pkwy., 32830 ***Tel*** *(407) 938-3000* ***Fax*** *(407) 938-4799* ***Quartos*** *1293*

Quem se hospeda aqui tem a sensação de participar de uma caçada de animais em plena África. A notável parede de vidro do lobby permite ver uma imensa savana, povoada por aves, girafas e outras espécies. Complementam o ambiente a decoração exuberante e uma ponte pênsil. **www.disneyworld.com**

DOWNTOWN DISNEY® Best Western Lake Buena Vista $
2000 Hotel Plaza Blvd., 32830 ***Tel*** *(407) 828-2424* ***Fax*** *(407) 594-5276* ***Quartos*** *318*

Este hotel da rede Best Western está instalado na linda e arborizada bulevar que acomoda diversos estabelecimentos. Os quartos têm varanda, muitos com vistas para a Disney. Nos arredores o hóspede encontra lojas, restaurantes e opções de diversão. **www.orlandofunspots.com**

DOWNTOWN DISNEY® Hilton at the Walt Disney World Resort $$
1751 Hotel Plaza Blvd., 32830 ***Tel*** *(407) 827-4000* ***Fax*** *(407) 827-3890* ***Quartos*** *814*

Apreciado tanto por famílias como por quem viaja a negócios, este resort busca inspiração na Nova Inglaterra. O tema está presente em toda a área do lobby, que inclui restaurantes e lojas. Duas piscinas, a excelente localização e a beleza do local complementam o charme. **www.hilton.com**

DOWNTOWN DISNEY® Hotel Royal Plaza $$
1905 Hotel Plaza Blvd., 32830 ***Tel*** *(407) 828-2828* ***Fax*** *(407) 827-3977* ***Quartos*** *394*

Este resort se diferencia pela magnífica área interna, pelos quartos amplos com separação entre o dormitório e a sala de estar e pela localização próxima à Disney. Um dos estabelecimentos mais antigos, oferece diárias razoáveis, além de um atendimento excepcional. **www.royalplaza.com**

Legenda dos símbolos *no final do guia*

DOWNTOWN DISNEY® Regal Sun Resort $$

1850 Hotel Plaza Blvd., 32830 ***Tel*** *(407) 828-4444* ***Fax*** *(407) 828-8192* ***Quartos*** *626*

Hotel oficial do Walt Disney World Resort®, o Grosvenor oferece preços condizentes e boa localização. O destaque do lobby é a decoração. Na parte externa, quadras de tênis e um sistema de conexão com todos os parques da Disney (três vezes na semana personagens "participam" do café da manhã). **www.regalsunresort.com**

DOWNTOWN DISNEY® Disney's Port Orleans Resort; French Quarter $$$

2201 Orleans Dr., 32830 ***Tel*** *(407) 934-5000* ***Fax*** *(407) 934-5353* ***Quartos*** *1008*

Trata-se de uma reconstrução do famoso French Quarter (Bairro Francês) da cidade de New Orleans, com suas famosas ruas cobertas de pedras e pátios que lembram jardins, em pleno clima de Mardi Gras. As crianças costumam adorar as fontes em forma de jacaré e a enorme oferta de atividades. **www.disneyworld.com**

DOWNTOWN DISNEY® Disney's Port Orleans Resort; Riverside $$$

1251 Riverside Dr., 32830 ***Tel*** *(407) 934-6000* ***Fax*** *(407) 934-5777* ***Quartos*** *2048*

Este resort em estilo sulista anterior à Guerra da Secessão divide-se em duas áreas, que acompanham um rio inspirado no Mississipi. A ala Magnolia Bend exibe elegantes construções em estilo Dixie, cercadas por jardins, enquanto na Alligator Bayou o destaque é o estilo rústico. **www.disneyworld.com**

DOWNTOWN DISNEY® Doubletree Guest Suites $$$

2305 Hotel Plaza Blvd., 32830 ***Tel*** *(407) 934-1000* ***Fax*** *(407) 934-1015* ***Quartos*** *229*

Este resort se destina às famílias e oferece teatro infantil, aviário e coloridos murais decorando o lobby. Quartos grandes, com o conforto e a comodidade de um lar. Ao chegar, os hóspedes recebem uma amostra dos famosos biscoitos de chocolate Doubletree. **www.doubletree.com**

DOWNTOWN DISNEY® Buena Vista Palace Resort & Spa $$$$

1900 Buena Vista Dr., 32830 ***Tel*** *(407) 827-2727* ***Fax*** *(407) 827-6034* ***Quartos*** *1015*

Bem perto da via que liga à Downtown Disney®, este sofisticado resort proporciona lindas vistas da queima de fogos da Disney a partir dos andares mais elevados, e também sedia um dos melhores restaurantes de Orlando. A maioria das atividades de lazer (e também a piscina) ocorre em uma pequena ilha interna. **www.buenavistapalace.com**

DOWNTOWN DISNEY® Disney's Old Key West Resort $$$$$

1510 N. Cove Rd., 32830 ***Tel*** *(407) 827-7700* ***Fax*** *(407) 827-7710* ***Quartos*** *761*

Com uma área bastante grande, esta incrível reconstrução do Velho Oeste, com palmeiras e cercas de madeira por toda parte, é um dos resorts mais apreciados da Disney. Com um ambiente descontraído e acolhedor, não faltam alternativas de lazer e de serviço. **www.disneyworld.com**

DOWNTOWN DISNEY® Disney's Saratoga Springs Resort & Spa $$$$$

1960 Broadway, 32830 ***Tel*** *(407) 827-1100* ***Fax*** *(407) 827-4444* ***Quartos*** *840*

Para quem procura luxo, este resort reúne chalés em estilo vitoriano formando uma pequena cidade. Não faltam jardins, colinas e fontes. O destaque está nas opções de lazer e descanso, como o completo spa e os programas de cuidados com a pele e o corpo. **www.disneyworld.com**

EPCOT® Disney's Caribbean Beach Resort $$$

900 Cayman Way, 32830 ***Tel*** *(407) 934-3400* ***Fax*** *(407) 934-3288* ***Quartos*** *2112*

Este agradável resort é formado por seis "cidades" diferentes, inspiradas em ilhas caribenhas. Inclui áreas de lazer e uma piscina que lembra um forte, além das piscinas de cada "vila". Uma ampla programação garante atividades constantes em um ambiente propício para o relaxamento. **www.disneyworld.com**

EPCOT® Disney's Beach Club Resort $$$$$

1800 Epcot Resorts Blvd., 32830 ***Tel*** *(407) 934-7000* ***Fax*** *(407) 934-3450* ***Quartos*** *583*

Com inspiração nas cidades praianas da Nova Inglaterra da década de 1800, este elegante resort oferece uma variada oferta de atividades. Os restaurantes são partilhados com um refinado vizinho, o Yacht Club Resort. Os móveis de vime branco contribuem para o ambiente voltado para o conforto. **www.disneyworld.com**

EPCOT® Disney's Beach Club Villas $$$$$

1800 Epcot Resorts Blvd., 32830 ***Tel*** *(407) 934-7000* ***Fax*** *(407) 934-3450* ***Quartos*** *282*

O tema marítimo deste resort está presente na colorida arquitetura do local. Tanto os restaurantes quanto a estrutura de lazer são partilhados com o Beach Club e o Yacht Club Resort. Os quartos espaçosos, com a conveniência de contar com uma equipada cozinha, fazem daqui uma ótima opção para famílias e grupos. **www.disneyworld.com**

EPCOT® Disney's Yacht Club Resort $$$$$

1700 Epcot Resorts Blvd., 32830 ***Tel*** *(407) 934-7000* ***Fax*** *(407) 934-3450* ***Quartos*** *630*

Bem perto do Epcot®, este resort sofisticado e decorado para lembrar um iate clube de Cape Cod, oferece grande diversidade de lazer partilhada também pelo vizinho mais simples, o Beach Club Resort. Para completar o ambiente, uma praia de areia, restos de um navio naufragado e um farol. **www.disneyworld.com**

EPCOT® Walt Disney World Dolphin $$$$$

1500 Epcot Resorts Blvd., 32830 ***Tel*** *(407) 934-4000* ***Fax*** *(407) 934-4884* ***Quartos*** *1509*

Sede do indicado restaurante BlueZoo de Tod English, este resort é mais conhecido pelos imensos golfinhos que dominam sua fachada. O acesso por táxi aquático ao Epcot Center amplia as opções para comer. Serviços de spa completos disponíveis. **www.swandolphin.com**

EPCOT® Walt Disney World Swan $$$$$

1200 Epcot Resorts Blvd., 32830 **Tel** *(407) 934-3000* **Fax** *(407) 934-4884* **Quartos** *756*

Assim como o vizinho Dolphin, este resort é extravagante. O destaque da fachada são os enormes cisnes. Uma passarela coberta liga os dois hotéis, que também partilham de outras instalações, como as áreas de lazer, a praia de areia e a piscina. Próprio para famílias ou viajantes a negócios. **www.swandolphin.com**

MAGIC KINGDOM® Disney's Fort Wilderness Resort & Campground $$

4510 N. Fort Wilderness Tr., 32830 **Tel** *(407) 824-2900* **Fax** *(407) 824-3508* **Quartos** *784 campings, 408 chalés*

Quem está em busca de uma experiência mais "natural" vai apreciar estes chalés e área de camping distribuídos por uma área de muito verde. Não falta conforto nos chalés. Atividades de lazer variadas e raras, além do melhor da Disney: o show noturno. **www.disneyworld.com**

MAGIC KINGDOM® Disney's Contemporary Resort $$$$$

4600 N. World Drive, 32830 **Tel** *(407) 824-1000* **Fax** *(407) 824-3539* **Quartos** *1008*

Um monotrilho atravessa este resort, cuja decoração ultrachique reflete um certo estilo retrô-asiático. Fácil acesso ao Magic Kingdom por monotrilho ou a pé. Dos andares mais elevados tem-se lindas vistas do parque e da queima de fogos. **www.disneyworld.com**

MAGIC KINGDOM® Disney's Grand Floridian Resort & Spa $$$$$

4401 Grand Floridian Way, 32830 **Tel** *(407) 824-3000* **Fax** *(407) 824-3186* **Quartos** *867*

O lobby deste luxuoso resort em estilo vitoriano ocupa cinco andares, com destaque para a cúpula com vitrais. Ideal para quem quer tomar um chá com elegância. Uma banda toca sucessos da década de 1940. Os magníficos quartos dão vista para jardins muito bem cuidados. Atendimento e instalações de alto nível. **www.disneyworld.com**

MAGIC KINGDOM® Disney's Polynesian Resort $$$$$

1600 Seven Seas Dr., 32830 **Tel** *(407) 824-2000* **Fax** *(407) 824-3174* **Quartos** *847*

Exuberantes jardins tropicais e quedas d'água, com praia de areia e uma piscina que cerca um vulcão fumegante, além de passarelas iluminadas com lanternas, criam um clima de paraíso. A mobília e a decoração em todos os quartos são contemporâneas. **www.disneyworld.com**

MAGIC KINGDOM® Disney's Wilderness Lodge $$$$$

901 W. Timberline Dr., 32830 **Tel** *(407) 824-3200* **Fax** *(407) 823-3232* **Quartos** *765*

O cenário aqui lembra o grandes parques da região Noroeste, com altos pinheiros, um gêiser em atividade e uma área rochosa ao redor de uma piscina espetacular. O lobby deste hotel rústico (embora bastante caro) exibe um par de tótens. O restaurante Artist Point é um grande destaque. **www.disneyworld.com**

MAGIC KINGDOM The Villas at Disney's Wilderness Lodge $$$$$

901 W. Timberline Dr., 32830 **Tel** *(407) 824-3200* **Fax** *(407) 824-3232* **Quartos** *181*

Partilhando toda a estrutura do Wilderness Lodge, este estabelecimento oferece espaço suficiente para grupos numerosos ou para famílias, que podem escolher entre quitinetes ou cozinhas completas. Outras atrações são as vistas para a floresta e decoração rústica. Destaque para o imenso candelabro do lobby. **www.disneyworld.com**

OUTROS PARQUES TEMÁTICOS

SEAWORLD® Hilton Garden Inn Orlando SeaWorld $$

6850 Westwood Blvd., 32821 **Tel** *(407) 354-1500* **Fax** *(407) 354-1528* **Quartos** *233*

Quartos espaçosos, com conveniências como frigobar e micro-ondas, fazem daqui uma boa escolha para quem procura ambiente confortável mas sem excessos. Piscina pequena mas conveniente e um sistema de transporte para levar os hóspedes aos muitos restaurantes e lojas da International Drive. **www.hiltongardeninn.hilton.com**

SEAWORLD® Residence Inn SeaWorld International Center $$

11000 Westwood Blvd., 32821 **Tel** *(407) 313-3600* **Fax** *(407) 313-3611* **Quartos** *350*

Afastado da International Drive mas ainda perto das muitas alternativas da avenida, este amplo resort oferece acomodações com um, dois ou três quartos, todos com cozinha completa, além de acesso grátis à internet e um amplo bufê no café da manhã. Piscinas e áreas de lazer repletas de palmeiras. **www.residenceinnseaworld.com**

SEAWORLD® Renaissance Orlando Hotel at SeaWorld $$$

6677 Sea Harbor Dr., 32821 **Tel** *(407) 351-5555* **Fax** *(407) 351-9991* **Quartos** *778*

Este resort é impressionante e sofisticado. O lobby ocupa dez andares e tem cobertura de vidro e o hóspede não perde nada da beleza (inclusive as quedas d´água) que cerca o local. Quartos com decoração impecável e bastante funcionais. **www.renaissanceseaworld.com**

UNIVERSAL ORLANDO® Hard Rock Hotel $$$$$

5800 Universal Blvd., 32819 **Tel** *(407) 503-2000* **Fax** *(407) 503-2010* **Quartos** *750*

Com uma arquitetura em estilo missões, um incrível acervo de memorabilia musical e um impressionante sistema de som subaquático na imensa piscina, este é o mais badalado dos resorts de luxo da Universal. Se o destino forem os parques da Universal, vale a pena checar as conveniências de se hospedar aqui. **www.hardrockhotelorlando.com**

Categorias de preço *na p. 138* **Legenda dos símbolos** *no final do guia*

UNIVERSAL ORLANDO® Loews Portofino Bay Hotel $$$$$

5601 Universal Blvd., 32819 ***Tel*** *(888) 430-4999, (407) 503-1000* ***Fax*** *(407) 503-1,010* ***Quartos*** *650*

O charme e a peculiaridade da aldeia italiana de Portofino foram muito bem recriados neste resort exuberante. Não falta luxo na parte interna nem no exterior: cinco restaurantes, ampla oferta de opções de lazer, um spa completo e táxi aquático até os parques da Universal. **www.loewshotels.com**

UNIVERSAL ORLANDO® Loews Royal Pacific Resort at Universal $$$$$

6300 Hollywood Way, 32819 ***Tel*** *(407) 503-3000* ***Fax*** *(407) 503-3010* ***Quartos*** *1000*

Um impressionante cenário que lembra uma ilha do Pacífico, com piscina e espaço de recreação (além do restaurante Tchop Chop, que os adultos adoram), surpreende quem chega ao Royal Pacific. Vale a pena conhecer as belas instalações mesmo que a escolha não seja hospedar-se aqui. **www.loewshotels.com**

ORLANDO E FLÓRIDA CENTRAL

CAPE CANAVERAL Radisson Resort at the Port $$

8701 Astronaut Blvd.., 32920 ***Tel*** *(321) 784-0000* ***Fax*** *(321) 784-3737* ***Quartos*** *284*

Apesar de não situar-se à beira-mar, este hotel não fica longe da praia. As suítes contam com porta envidraçada, alguns com banheira com hidromassagem e todos com cozinha. Quartos standard mais básicos mas agradáveis. A piscina com ambientação tropical é simpática e a vista para o porto encanta. **www.radisson.com/capecanaveralfl**

CAPE CANAVERAL Residence Inn Port Canaveral $$$

8959 Astronaut Blvd., 32920 ***Tel*** *(321) 323-1100* ***Fax*** *(321) 323-1029* ***Quartos*** *150*

Este hotel oferece hospedagem com sabor de lar em espaçosas suítes com um, dois ou três quartos e uma cozinha bem equipada; jardins elaborados e ambiente de praia. Próximo ao Kennedy Space Center e ao melhor local para a prática de surfe na costa leste. **www.marriott.com**

CAPE CANAVERAL Ron Jon Cape Caribe Resort $$$

1000 Shorewood Dr., 32920 ***Tel*** *(321) 799-4900* ***Fax*** *(321) 784-3949* ***Quartos*** *206*

Mesmo com a proximidade de belas praias, os hóspedes não raro preferem aproveitar as ofertas do amplo parque aquático, com piscinas, fontes e quedas d'água. Outras atrações são minigolfe, quadras de tênis e de basquete, área de lazer infantil e um cinema. Há opções de acomodação para grupos de doze pessoas. **www.ronjonresort.com**

CELEBRATION Bohemian Hotel Celebration $$$

700 Bloom Street, 34747 ***Tel*** *(407) 566-6000* ***Fax*** *(407) 566-1844* ***Quartos*** *115*

Este hotel com apenas três andares e cercado de árvores lembra a Flórida da década de 1920. Dos lindos quartos o hóspede tem belas vistas para o lago artificial. Ambiente romântico, restaurante elegante e promessa de uma experiência única. Lojas e restaurantes na Market Street, perto daqui. **www.celebrationhotel.com**

COCOA BEACH Comfort Inn & Suites Hotel & Convention Center $$

3901 N. Atlantic Ave., 32931 ***Tel*** *(321) 783-2221* ***Fax*** *(321) 783-0461* ***Quartos*** *170*

Perto da praia e a curta distância de atrações disputadas como o Kennedy Space Center, este é um hotel descontraído e cordial. A ampla piscina é cercada por palmeiras e cadeiras que convidam para curtir o sol da Flórida. Oferece de quartos standard a suítes com vários ambientes. **www.cocoabeachportcanaveralhotel.com**

COCOA BEACH Holiday Inn Express & Suites $$

5575 N. Atlantic Ave., 32931 ***Tel*** *(321) 868-2525* ***Fax*** *(321) 868-3602* ***Quartos*** *60*

Ampla variedade de acomodações, entre elas suítes para famílias, crianças e também quartos standard. Um dos destaques é a piscina protegida por uma cobertura, que permite que os hóspedes nadem, relaxem e aproveitem o clima da Flórida sem se preocupar com o sol. **www.hiexpress.com**

COCOA BEACH La Quinta Inn Cocoa Beach $$

1275 N. Atlantic Ave., 32931 ***Tel*** *(321) 783-2252* ***Fax*** *(321) 323-5045* ***Quartos*** *127*

Quartos espaçosos são o grande atrativo do La Quinta. As tarifas (razoáveis) do estabelecimento incluem um frigobar, acesso à internet rápida e satisfação garantida. Há vários restaurantes nas proximidades, além de duas grandes lojas especializadas em equipamentos de surfe e de natação. **www.lq.com**

COCOA BEACH International Palms Resort $$$

1300 N. Atlantic Ave., 32931 ***Tel*** *(321) 783-2271* ***Fax*** *(321) 783-4486* ***Quartos*** *500*

Local ideal para famílias, com suítes para crianças, villas e quartos do tipo loft para até seis pessoas. Oferece extenso cardápio de atividades recreativas, espalhadas pelo terreno com paisagismo tropical, e acesso direto à praia, a uma piscina com tema de piratas e a uma área de jogos. **www.internationalpalms.com/cocoabeach**

CYPRESS GARDENS/ WINTER HAVEN Best Western Park View Hotel $$

5665 Cypress Gardens Blvd., 33884 ***Tel*** *(863) 324-5950* ***Fax*** *(863) 324-2376* ***Quartos*** *174*

As atrações do LEGOLAND® ficam bem perto daqui. Apesar de não serem exuberantes, os quartos oferecem conforto. A piscina e o campo de minigolfe são algumas das atrações, além de dois restaurantes. No lounge do hotel há espaço para dançar. **www.bestwestern.com**

DAYTONA BEACH Bahama House $$$

2001 S. Atlantic Ave., 32118 ***Tel*** *(386) 248-2001* ***Fax*** *(386) 248-0991* ***Quartos*** *95*

Em frente ao mar, este hotel inspirado nas Bahamas oferece sete opções de quartos (todos espaçosos) para escolha dos hóspedes. Na decoração, móveis de cores claras e alguns quartos com cozinha ou com banheiras tipos jacuzzi. Há programação de atividades, como exibição de filmes e sinuca. **www.daytonabahamahouse.com**

DOWNTOWN ORLANDO The Courtyard at Lake Lucerne $$

211 N. Lucerne Circle East, 32801 ***Tel*** *(407) 648-5188* ***Fax*** *(407) 246-1368* ***Quartos*** *29*

Quatro construções históricas, entre elas a mais antiga de Orlando, todas muito bem preservadas. A decoração se destaca pelas antiguidades autênticas, com exemplares dos estilos vitoriano (século XIX) e Art Déco, da década de 1940. Caminhos que cortam os jardins e um lindo pátio dão charme ao local. **www.orlandohistoricinn.com**

DOWNTOWN ORLANDO EO Inn & Urban Spa $$

227 N. Eola Dr., 32801 ***Tel*** *(407) 481-8485* ***Fax*** *(407) 481-8495* ***Quartos*** *17*

Sofisticado, chique e luxuoso, o Urban Spa oferece quartos simpáticos e também funciona como um day spa, além de sediar o animado Panera Café. Magníficas vistas para o lago Eola. Downtown Orlando vem se destacando como destino dos adultos que querem fugir do clima de família que predomina perto dos parques. **www.eoinn.com**

DOWNTOWN ORLANDO The Veranda $$

115 N. Summerlin Ave., 32801 ***Tel*** *(407) 849-0321* ***Fax*** *(407) 849-1875* ***Quartos*** *12*

Conjunto de cinco construções históricas, este bed and breakfast está instalado no apreciado Thornton Park. O local inclui também alguns dos restaurantes mais badalados de Orlando e o gracioso lago Eola. Lindos jardins e um pátio que convida para o descanso e a descontração. **www.theverandabandb.com**

DOWNTOWN ORLANDO The Grand Bohemian $$$

325 South Orange Ave., 32801 ***Tel*** *(407) 313-9000* ***Fax*** *(407) 313-9001* ***Quartos*** *250*

Situado no centro de Downtown Orlando, este hotel homenageia as artes. Com um luxo algo decadente, destaca-se por exibir obras de artistas de fama local e mundial. Bastante apreciado por quem viaja a negócios, atrai também amantes das artes em busca de um ambiente que lembre um museu. **www.grandbohemianhotel.com**

INTERNATIONAL DRIVE Clarion Inn and Suites $

9956 Hawaiian Ct., 32819 ***Tel*** *(407) 351-5100* ***Fax*** *(407) 352-7188* ***Quartos*** *223*

Ao lado do Orlando Orange County Convention Center e a curta distância de diversos restaurantes, este hotel descontraído inclui quartos standard e acomodações de um dormitório com cozinha. Boa localização: a poucos minutos do SeaWorld® e a quinze minutos de carro da Disney e da Universal. **wwwclarionorlandoidrive.com**

INTERNATIONAL DRIVE Days Inn Convention Center $

9990 International Drive, 32819 ***Tel*** *(407) 352-8700* ***Fax*** *(407) 363-3965* ***Quartos*** *220*

Defronte ao Convention Center e a poucas quadras do Seaworld®, este hotel confortável dá bom acesso a meios de transporte, com paradas de bonde na International Drive e traslados grátis para os principais parques temáticos. Há boas instalações para negócios e wi-fi grátis em todas as áreas. **www.daysinnorlando.com**

INTERNATIONAL DRIVE Econolodge Inn & Suites $

8738 International Dr., 32819 ***Tel*** *(407) 345-8195* ***Fax*** *(407) 352-8196* ***Quartos*** *672*

Com localização privilegiada na International Drive, repleta de lojas e de restaurantes, este é o maior hotel da rede Best Western e uma tentação para quem visita Orlando. Há de quartos standard a suítes, e a oferta de serviços e de estrutura é bastante variada para as diárias (razoáveis) deste estabelecimento. **www.econolodge.com**

INTERNATIONAL DRIVE Fairfield Inn & Suites International Cove $

7495 Canada Ave., 32819 ***Tel*** *(407) 351-7000* ***Fax*** *(407) 351-0052* ***Quartos*** *200*

Situado em uma rua mais tranquila nas proximidades da International Drive, o Fairfield Inn & Suites também está bem perto da agitação. Com quartos e suítes amplos, oferece café da manhã e acesso à internet wireless de alta velocidade. **www.marriott.com/mcosl**

INTERNATIONAL DRIVE Four Points by Sheraton Orlando Studio City $

5905 International Dr., 32819 ***Tel*** *(407) 351-2100* ***Fax*** *(407) 345-5249* ***Quartos*** *302*

Este hotel redondo se destaca entre os muitos outros instalados nessa disputada avenida. O estilo Art Déco está associado aos filmes de Hollywood, com referências às produções e seu ambiente de glamour por todo o ambiente. Quartos grandes e boa oferta de serviços. **www.starwoodhotels.com**

INTERNATIONAL DRIVE Holiday Inn Hotel & Suites at Universal $

5905 Kirkman Rd., 32819 ***Tel*** *(407) 351-3333* ***Fax*** *(407) 351-6404* ***Quartos*** *256*

Esta rede bastante apreciada oferece quartos e suítes confortáveis, local para comer e transporte gratuito para diversas atrações das proximidades. Entre as alternativas de lazer, uma piscina aberta, uma para crianças e sala de jogos. Ambiente acolhedor e simpático e decoração vistosa e animada. **www.hiuniversal.com**

INTERNATIONAL DRIVE La Quinta Inn $

5825 International Dr., 32819 ***Tel*** *(407) 351-4100* ***Fax*** *(407) 996-4599* ***Quartos*** *117*

A decoração interna deste hotel, com inspiração no Velho Oeste, aposta nas cores fortes, na abundância de madeiras e nas luminárias de ferro. Perto do Wet 'n Wild®, também oferece uma piscina privativa. As diárias razoáveis fazem daqui uma opção para quem está de olho no orçamento. **www.lq.com**

Categorias de preço *na p. 138* **Legenda dos símbolos** *no final do guia*

INTERNATIONAL DRIVE La Quinta Inn & Suites Convention Center $

8504 Universal Blvd., 32819 ***Tel*** *(407) 345-1365* ***Fax*** *(407) 345-5586* ***Quartos*** *184*

Situado em uma rua menos movimentada, mas perto dos muitos restaurantes e lojas da International Drive, este hotel cobra tarifas moderadas por quartos e suítes espaçosos, todos com comodidades como frigobar e micro-ondas. Decoração agradável e ambiente cordial. **www.lq.com**

INTERNATIONAL DRIVE Monumental Movieland Hotel $

6233 International Dr., 32819 ***Tel*** *(407) 351-3900* ***Fax*** *(407) 352-5597* ***Quartos*** *254*

Localizado a curta distância do Wet 'n Wild®, a alguns minutos do Universal Orlando® e perto das muitas lojas e restaurantes da área, este hotel simpático se destaca pelo ambiente confortável e quartos espaçosos. Entre os serviços, transporte para a Universal e o SeaWorld®. **www.monumentalmovielandhotel.com**

INTERNATIONAL DRIVE Quality Suites Universal South $

9350 Turkey Lake Rd., 32819 ***Tel*** *(407) 351-5050* ***Fax*** *(407) 363-7953* ***Quartos*** *214*

Alternativa menos convencional apesar de não estar longe das principais atrações da área, este hotel proporciona um ambiente tranquilo e quartos espaçosos, com divisórias de meia parede entre o dormitório e a sala de estar. Na parte externa, palmeiras e caminhos pavimentados cercam a piscina. **www.qualitysuitesuniversalsouth.com**

INTERNATIONAL DRIVE The Enclave Suites $

6165 Carrier Dr., 32819 ***Tel*** *(407) 351-1155* ***Fax*** *(407) 351-2001* ***Quartos*** *321*

Com boa localização a uma quadra da International Drive, este hotel proporciona lindas vistas a partir das varandas e do terraço. Tanto as instalações quanto a área externa (que inclui duas piscinas) são agradáveis. Quartos e suítes amplos e confortáveis, alguns especiais para crianças, e todos com cozinha. **www.enclavesuites.com**

INTERNATIONAL DRIVE Wyndham Orlando Resort $

8001 International Dr., 32819 ***Tel*** *(407) 351-2420* ***Fax*** *(407) 352-8759* ***Quartos*** *1059*

Ocupando diversos quarteirões da International Drive, este resort se destaca pelos lindos jardins (entre os mais belos da região). Com fontes, estátuas e desníveis, lembra uma fazenda do sul dos Estados Unidos. Quartos grandes e confortáveis e algumas suítes com decoração especial para hóspedes mirins. **www.wyndham.com**

INTERNATIONAL DRIVE Doubletree Hotel Orlando $$

5780 Major Blvd., 32819 ***Tel*** *(407) 351-1000* ***Fax*** *(407) 363-0106* ***Quartos*** *742*

Não há como deixar de ver este hotel, pois as duas torres douradas brilham forte sob o sol da Flórida. Entre os serviços transporte para as atrações próximas, como a Universal, Wet 'n' Wild® e o SeaWorld®, todos bem perto do hotel. Quartos espaçosos e com decoração de inspiração tropical. **www.hiltonhotel.com**

INTERNATIONAL DRIVE Holiday Inn Resort – The Castle $$

8629 International Dr., 32819 ***Tel*** *(407) 345-1511* ***Fax*** *(407) 248-8181* ***Quartos*** *216*

Inspirado em um castelo medieval saído dos contos de fada, este hotel bastante apreciado se destaca pela ambientação rica em fantasia, pelos gárgulas que decoram o lobby e pela ampla piscina. Suítes tipo standard e biscoitos de chocolate nas boas-vindas. Há lojas e restaurantes nas proximidades. **www.thecastleorlando.com**

INTERNATIONAL DRIVE Embassy Suites International Dr. South $$$

8978 International Dr., 32819 ***Tel*** *(407) 352-1400* ***Fax*** *(407) 363-1120* ***Quartos*** *244*

Detalhes elaborados de ferro enfeitam os balcões internos, enquanto uma vistosa vegetação garante o charme do pátio. Acomodações com divisão entre o dormitório, a sala de estar e uma quitinete. Café da manhã incluso na diária e serviço de jantar, apesar da proximidade de vários restaurantes. **www.embassysuites.com**

INTERNATIONAL DRIVE JW Marriott Orlando Grande Lakes $$$

4040 Central Florida Pkwy., 32837 ***Tel*** *(407) 206-2300* ***Fax*** *(407) 206-2301* ***Quartos*** *1000*

Este hotel partilha com o Ritz Carlton os maravilhosos e muito bem cuidados jardins, além de outras alternativas de lazer. É um dos estabelecimentos mais luxuosos de Orlando. Os hóspedes podem desfrutar de um programa de spa, de um ótimo restaurante e de um campo de golfe exclusivo. **www.marriott.com**

INTERNATIONAL DRIVE Peabody Orlando $$$$

9801 International Dr., 32819 ***Tel*** *(407) 352-4000* ***Fax*** *(407) 354-1424* ***Quartos*** *1.641*

Famoso por seu atendimento acima da média, este resort luxuoso e sofisticado também abriga o Napa, um dos poucos restaurantes "estrelados" de Orlando. Decoração dos quartos sutil e de bom gosto, com móveis (em especial as camas) que se destacam pelo conforto. **www.peabodyorlando.com**

KISSIMMEE Best Western Lakeside $

7769 West Irlo Bronson Memorial Hwy., 34747 ***Tel*** *(407) 396-2222* ***Fax*** *(407) 396-1399* ***Quartos*** *651*

Próximo do Walt Disney World® e de muitas atrações e restaurantes instalados na agitada US Highway 192, este resort descontraído oferece uma ampla variedade de estrutura de lazer e atividades recreativas. Inclui ainda uma loja, vários locais para comer, piscina e um campo de minigolfe. **www.bestwestern-maingate.com**

KISSIMMEE Holiday Inn Express $

3484 Polynesian Isle Blvd., 34746 ***Tel*** *(407) 997-1700* ***Fax*** *(407) 997-1701* ***Quartos*** *132*

Um pouco esquecido por não estar situado na via principal, este hotel sem requintes oferece boa estrutura: quartos confortáveis, suítes para famílias grandes e uma piscina. Acesso grátis à internet rápida e café da manhã incluso na diária. O lobby em estilo mediterrâneo agrada os hóspedes. **www.hiexpress.com**

KISSIMMEE Oak Plantation $

4090 Enchanted Oaks Cir., 34741 ***Tel*** *(407) 847-8200* ***Fax*** *(407) 847-3022* ***Quartos*** *332*

Mais parecido com um condomínio cercado de verde, este hotel oferece tranquilidade. Árvores enormes cercam os caminhos. Os hóspedes ficam instalados em acomodações completas tipo chalés, em uma agradável combinação de ambiente doméstico com uma farta estrutura de lazer. **www.oakplantationresort.com**

KISSIMMEE Radisson Resort Orlando Celebration $

2900 Parkway Blvd., 34747 ***Tel*** *(800) 606-4947* ***Fax*** *(407) 396-0097* ***Quartos*** *718*

O lindo ambiente é o "cartão de visitas" deste resort apreciado e com preços razoáveis. Piscina com quedas d'água e tobogãs e outra para os pequenos. Entre as alternativas de local para comer estão um descontraído diner em estilo da década de 1950 e um restaurante com ares mediterrâneos. **www.radisson.com/orlando-celebration**

KISSIMMEE Ramada Main Gate West $

7491 W. Irlo Bronson Memorial Hwy., 32819 ***Tel*** *(407) 396-6000* ***Fax*** *(407) 396-7393* ***Quartos*** *442*

Uma ampla piscina coberta, locais para comer e muito espaço para relaxar são alguns itens da área interna deste resort. Quartos espaçosos e confortáveis. As crianças costumam adorar as atividades e a sala de videogames, enquanto os adultos apreciam as tarifas moderadas. **www.ramadamaingatewest.com**

KISSIMMEE Seralago Hotel & Suites Main Gate East $

5678 W. Irlo Bronson Memorial Hwy., 34746 ***Tel*** *(407) 396-4488* ***Fax*** *(407) 396-8915* ***Quartos*** *614*

Simpático e adequado para famílias, este hotel tem muito a oferecer: quartos com decoração de inspiração infantil, vários restaurantes e ampla variedade de opções de lazer. Ambiente e atendimento cordiais. A Disney fica bem perto e a Gatorland está a quinze minutos de carro. **www.seralagohotel.com**

KISSIMMEE Summer Bay Resort $

25 Town Center Blvd., 34714 ***Tel*** *(863) 420-8282 (reservas: 1-888-742-1100)* ***Fax*** *(352) 241-2268* ***Quartos*** *95*

Com instalações básicas, este estabelecimento partilha das comodidades de todas as casas e chalés da rede Summer Bay. Estrutura de lazer e serviços amplos e adequados para famílias. Piscinas e áreas de recreação, quadras de tênis e de basquete e atividades programadas. **www.sumerbayresort.com**

KISSIMMEE Comfort Suites Maingate Resort West $$

7888 W. Irlo Bronson Memorial Hwy., 34746 ***Tel*** *(407) 390-9888* ***Fax*** *(407) 390-0981* ***Quartos*** *150*

Quartos amplos e com capacidade para até seis hóspedes, café da manhã incluso na diária e uma localização muito boa são os destaques daqui. O resort também oferece transporte para Universal, Wet 'n' Wild®, SeaWorld® e a Disney. O ambiente moderno é bonito e acolhedor. **www.comfortsuiteskissimmee.com**

KISSIMMEE Radisson Resort Worldgate $$

3011 Maingate La., 34747 ***Tel*** *(407) 396-1400* ***Fax*** *(407) 396-0660* ***Quartos*** *566*

Além de quartos bem decorados e muito bem cuidados, este resort de tarifas moderadas também oferece uma boa variedade de serviços. Na área da piscina o destaque são as palmeiras, que conferem ao ambiente um clima tropical. Há opções para comer no local, além de vários restaurantes nas proximidades. **www.worldgateresort.com**

KISSIMMEE Acadia Estates All Star Vacation Homes $$$$$

7822 West Irlo Bronson Memorial Hwy., 34747 ***Tel*** *(407) 997-0733* ***Fax*** *(407) 997-1370* ***Quartos*** *37 casas*

Esta região tranquila e sofisticada abriga alguns dos condomínios de residências mais seletos. O Acadia oferece casas com pátio e piscina, algumas com quatro a sete dormitórios. A bela decoração é um dos destaques, assim como o salão de jogos (em alguns casos). Há vários serviços para os hóspedes. **www.allstarvacationhomes.com**

LAKE BUENA VISTA Holiday Inn Sunspree Resort $

13351 State Rd.535, 32821 ***Tel*** *(407) 239-4500* ***Fax*** *(407) 239-7713* ***Quartos*** *507*

Este resort próprio para famílias abriga suítes especiais para crianças, com dormitórios e áreas de recreação separados. Em alguns há televisões, videogames e mobília próprios para os pequenos. Um minicinema exibe filmes infantis e a ampla grade de programação de atividades costuma agradar os pais. **www.hiresortlbv.com**

LAKE BUENA VISTA Quality Suites $

8200 Palm Pky., 32836 ***Tel*** *(407) 465-8200* ***Fax*** *(407) 465-0200* ***Quartos*** *123*

A Palm Parkway é uma via calma e cercada de árvores na qual estão situados alguns hotéis mais novos mas também descontraídos. Há restaurantes na proximidade e Downtown Disney® não está longe. Suítes espaçosas com cozinha e recepções noturnas. O local é agradável sem ser excepcional. **www.qualitysuiteslbv.com**

LAKE BUENA VISTA Sheraton Safari Hotel $

12205 Apopka-Vineland Rd., 32836 ***Tel*** *(407) 239-0444* ***Fax*** *(407) 239-1788* ***Quartos*** *489*

O ambiente inspirado nos safáris faz com que a emoção de quem se hospeda aqui não se limite aos parques temáticos. A piscina do hotel abriga um escorregador em forma de cobra e as referências ao mundo selvagem estão por toda parte. Não faltam serviços e opções de lazer para os hóspedes. **www.sheratonsafari.com**

LAKE BUENA VISTA Fairfield Inn & Suites Orlando in the Marriott Village $$

8615 Vineland Ave., 32821 ***Tel*** *(407) 938-9001* ***Fax*** *(407) 938-9002* ***Quartos*** *388*

Os três hotéis da rede Marriott estão instalados em uma espécie de minicidade, na qual não faltam serviços para os "moradores". Uma piscina é o destaque do amplo pátio central, mas o estabelecimento também oferece acesso à internet rápida. Café da manhã incluso na diária. **www.marriott.com**

Categorias de preço *na p. 138* **Legenda dos símbolos** *no final do guia*

LAKE BUENA VISTA Springhill Suites Orlando at the Marriott Village $$

8623 Vineland Ave., 32821 ***Tel*** *(407) 938-9001* ***Fax*** *(407) 938-9002* ***Quartos*** *400*

Outro hotel da rede Marriott Village, com quartos confortáveis providos de uma cozinha e de outras conveniências que garantem a comodidade da estadia. Há ainda uma piscina coletiva, um pátio e vários locais para comer, mas basta caminhar um pouco para chegar a outros restaurantes. **www.marriott.com/mcolx**

LAKE BUENA VISTA Staybridge Suites LBV $$

8751 Suiteside Dr., 32836 ***Tel*** *(407) 238-0777* ***Fax*** *(407) 238-2640* ***Quartos*** *150*

Com quartos especialmente grandes e design único, além de uma localização central e de um serviço de entrega de alimentos, esta é uma escolha muito apreciada por famílias. O pátio central conta com palmeiras que protegem a piscina e a área de exposição ao sol. Há outra unidade na International Drive. **www.sborlando.com**

LAKE BUENA VISTA Gaylord Palms Resort & Convention Center $$$

6000 West Osceola Pkwy., 34746 ***Tel*** *(407) 586-0000* ***Fax*** *(407) 586-1999* ***Quartos*** *1.406*

Recriação de St. Marco, o castelo hispânico mais antigo dos Estados Unidos, está entre as atrações deste sofisticado resort que aposta no visual. Várias referências da Flórida, como os Everglades e St. Augustine, aparecem na decoração dos luxuosos dormitórios. Serviço, estrutura e opções de lazer de alto nível. **www.gaylordhotels.com**

LAKE BUENA VISTA Hyatt Regency Grand Cypress $$$

One Grand Cypress Blvd., 32836 ***Tel*** *(407) 239-1234* ***Fax*** *(407) 239-3800* ***Quartos*** *750*

Cavernas, quedas d'água, grutas e pontes pênseis constituem os encantos da piscina deste sofisticado resort. Há grande oferta de programação para hóspedes de todas as idades, como uma praia de areia e um lindo lago, além de áreas para prática de tênis, golfe e equitação e do restaurante La Coquina. **www.grandcypress.hyatt.com**

LAKE BUENA VISTA Orlando World Center Marriott $$$

8701 World Center Dr., 32821 ***Tel*** *(407) 239-4200* ***Fax*** *(407) 238-8777* ***Quartos*** *2.000*

Grande oferta de restaurantes, um clube de golfe de primeira, uma piscina magnífica e acomodações espaçosas e com linda decoração são coroados com um atendimento excepcional. Este resort é apreciado tanto por quem viaja a trabalho quanto por famílias, o que não é muito comum. **www.marriottworldcenter.com**

LAKE BUENA VISTA Caribe Royale Orlando $$$$

8101 World Center Dr., 32821 ***Tel*** *(407) 238-8000* ***Fax*** *(407) 238-8400* ***Quartos*** *1.338*

Com uma área de mais de 18ha de grande beleza e repleta de imponentes palmeiras, este resort oferece amplas suítes e chalés com vários ambientes para a acomodação de família. A oferta de serviços, estrutura e opções de lazer é ampla e a Disney está a poucos minutos daqui. **www.thecaribeorlando.com**

LAKE BUENA VISTA Nickelodeon Family Suites by Holiday Inn $$$$

14500 Continental Gateway, 32821 ***Tel*** *(407) 387-5437* ***Fax*** *(407) 387-1490* ***Quartos*** *777*

O tema deste resort voltado para crianças e com foco na diversão é o universo da Nickelodeon. As áreas de recreação incluem parque aquático com fontes e tobogãs. As suítes oferecem dormitórios separados para as crianças, salas de estar e quitinetes. **www.nickhotel.com**

LAKE BUENA VISTA Waldorf Astoria Orlando $$$$$

14200 Bonnet Creek Resort Lane, 32821 ***Tel*** *(407) 597-5500* ***Fax*** *(407) 597-3701* ***Quartos*** *497*

Instalado em quase 202ha de terras repletas de árvores e riachos, com acesso fácil às atrações de Orlando, este luxuoso hotel fica próximo aos parques temáticos. Possui duas piscinas, cabanas privativas, um spa completo e um campo de golfe. **www.waldorfastoriaorlando.com**

MAITLAND ORLANDO Thurston House B&B $$$

851 Lake Ave., 32751 ***Tel*** *(407) 539-1911* ***Fax*** *(407) 539-0365* ***Quartos*** *4*

Construído em 1885 e reformado em 1991, esta construção rural em estilo vitoriano está instalada nas proximidades do lago Eulalia. Os quatro cômodos são algo antiquados porém elegantes, todos com camas tipo queen, área de leitura e comodidades como TV, DVD e videocassete, além de acesso à internet. **www.thurstonhouse.com**

MOUNT DORA The Lakeside Inn $$

100 N. Alexander St., 32757 ***Tel*** *(352) 383-4101* ***Fax*** *(352) 735-2642* ***Quartos*** *88*

Construído em 1863 e reformado um século depois, este resort é ideal para quem quer um período de paz e de isolamento. Os observadores de aves costumam apreciar o Lakeside, assim como os apreciadores de antiguidades. As crianças, porém, costumam achar o local bem menos interessante do que os adultos. **www.lakeside-inn.com**

MOUNT DORA Adora Inn $$$

610 North Tremain St., 32757 ***Tel*** *(352) 735-3110* ***Quartos*** *5*

No centro de Mount Dora e perto do lago, este edifício Arts & Crafts de 1916 belamente restaurado tem uma pitoresca varanda na frente, belos jardins e móveis antigos. Toques modernos, como tratamentos de spa, fina gastronomia sob pedido e wi-fi, complementam o pacote. **www.adorainn.com**

ORLANDO INTERNATIONAL AIRPORT Hyatt Regency $$$$

9300 Airport Blvd., 32827 ***Tel*** *(407) 825-1234* ***Fax*** *(407) 859-9652* ***Quartos*** *446*

A conveniência de não se afastar do aeroporto pode poupar tempo, dinheiro e desgaste para quem viaja a trabalho. Uma estrutura de alto nível impressiona os hóspedes, assim como a grande oferta de lojas e de restaurantes que hoje funcionam no aeroporto internacional de Orlando. **www.orlandoairport.hyatt.com**

ONDE COMER

Em relação à comida, a graça da Flórida está nos ricos e abundantes produtos frescos que oferece. De suculentas frutas tropicais a frutos do mar de dar água na boca, todo restaurante reflete a generosidade natural da região. Atendendo a qualquer paladar e orçamento, existem desde pequenas cafeterias até restaurantes cinco-estrelas. Uma imensa população imigrante e o fluxo constante de turistas contribuem para uma ampla variedade de escolhas. Veja a listagem das páginas 148-55. Ceias românticas à luz de velas e jantares especiais garantem que a experiência de comer é tanto diversão quanto nutrição.

Patas de caranguejo

A melhor comida mexicana no Chili's Grill & Bar, em I-Drive *(p. 153)*

TIPOS DE RESTAURANTES

Orlando é uma cidade multicultural que oferece muita variedade culinária. O grande número de residentes tailandeses e vietnamitas garante uma boa quantidade de restaurantes asiáticos de qualidade. Também há muitos restaurantes mexicanos e cubanos e, como estamos no sul, há churrascarias por toda parte. Africana, paquistanesa e indiana, comidas do mundo todo são servidas aqui. Quase todas as cozinhas regionais americanas estão representadas, do Maine a New Orleans, enquanto uma leva de chefs inovadores combina os melhores produtos locais com os sabores caribenhos condimentados, criando a chamada nova cozinha da Flórida ou "*floribbean*". Os supermercado oferecem sushis e em cada canto há uma pizzaria. Supermercados "naturais", como o Whole Foods e o Chamberlain's oferecem refeições orgânicas. Restaurantes de todos os tamanhos e formatos servem frutos do mar. Típicos da Flórida, os *raw bar* servem ostras e mariscos frescos e camarão no vapor.

RESERVAS

Nos restaurantes pequenos não se costuma exigir reservas. Mas convém reservar antes em locais grandes, em áreas elegantes, como em Sand Lake Road, International Drive e nos parques temáticos, principalmente nos fins de semana. Os hóspedes dos resorts do Disney World® e da Universal obtêm lugares preferenciais nos restaurantes que são das atrações.

COMIDA ECONÔMICA

Há várias maneiras de reduzir o orçamento alimentar. A maioria dos restaurantes oferece café da manhã farto e barato. Existe comida barata fora dos hotéis e parques temáticos, especialmente em muitos restaurantes indianos, vietnamitas e tailandeses. Diversos bufês de preço fixo, com frutos do mar e comida chinesa, são encontrados na I-Drive. Churrasco sulino também é barato. Verifique na Internet a existência de cupons de desconto, que podem diminuir a despesa em 25%. Alguns restaurantes cozinham o peixe que você levar por preço reduzido. Muitos parques estaduais têm churrasqueiras onde se pode grelhar um pescado ou outra comida. Provisões para piqueniques podem vir de delicatessens e supermercados.

COMER FORA TARDE

Grande parte dos restaurantes fecha às 22h, pois o floridense prefere comer entre as 19h e as 21h. Mas alguns ficam abertos até as 23h. The Globe, no 25 Wall Street Plaza de Downtown Orlando, serve comida até as 2h. Locais como East Colonial Drive, Denny's (nº 3162), the B-Line, no 9801

O aclamado restaurante Emeril's no Universal Orlando®

The Boheme *(p. 152)*, hotel e restaurante de luxo no centro de Orlando

International Drive, e o 5 & Diner (nº 12286), ficam abertos 24 horas. Quem gosta de comida mexicana pode pegar a State Road 436 e chegar ao Beto's (nº 103) perto da junção com a US 17-92.

RESTAURANTES DE CELEBRIDADES

Na culinária de Orlando, a palavra da moda é "celebridade". Nomes que estariam ligados a restaurantes de grandes cidades ou aparecendo na Food Network estão surgindo em toda Flórida Central. Emeril Lagasse, que abriu o Emeril's, na Universal, e o Tchoup Chop, no Royal Pacific Resort, associou-se a Todd English, que dirige o Olives, em Nova York e, atualmente, o Bluezoo, no Dolphin Hotel da Disney *(p. 139)*. Norman Van Aken inaugurou o Norman's, no Ritz-Carlton (4012 Central Florida Parkway), e a chef inovadora Melissa Kelly fundou o Primo, no JW Marriott. Wolfgang Puck e Roy Yamaguchi são grifes de restaurante, e um trio francês – Paul Bocuse, Gaston Lenotre e Roger Verge – dirige Les Chefs de France, em Epcot.®.

ÁREAS PRINCIPAIS

Os restaurantes brotam aos grupos em Orlando. A "fileira de restaurantes" na Sand Lake Road, perto dos parques temáticos, conta com locais caros, de propriedade de corporações, como Seasons 52, Bonefish Grill, Roys e Timpano Italian Chophouse, assim como os independentes Essence of India e Vines. Para o oeste, o Bistro 1501, no Marriott Hotel de Orlando, com ótima culinária, em Lake Mary. O bairro ViMi, em Colonial Drive, dispõe de casas vietnamitas, tailandesas e chinesas. Os antigos, como Little Saigon e Shin Jung, ficam perto de restaurantes recém-inaugurados.

O Thornton Park, no centro, reúne os sofisticados HUE e Cityfish, o japonês Shari Sushi e o Dexters, um favorito para almoço. Por perto, o College Park atrai gourmands com o Jade Bistro, o K Restaurant & Wine Bar, o Graffiti Junktion e o Juliana's, de cozinha mediterrânea, além de ter o animado pub Scruffy Murphy's, em estilo irlandês.

NOS PARQUES TEMÁTICOS

Alguns dos melhores restaurantes de Orlando ficam nos parques temáticos, como o Victoria & Albert's, no Grand Floridian Resort & Spa, premiado com os Five-Diamond da AAA, e o premiado Palm, no Hard Rock Hotel da Universal. Nos parques temáticos, qualquer coisa consumida, de cachorro-quente à *haute cuisine*, será sempre caro. Porém, a comida vale a pena.

Os parques são repletos de restaurantes temáticos. No Epcot®, o Coral Reef Restaurant, dentro do Futureworld, tem um paredão de vidro de 2,5m de altura mostrando o aquário do Living Seas. A World Showcase no Epcot® oferece muitas opções internacionais, desde peixe com fritas da Inglaterra até um bufê norueguês. O Bice Ristorante, na Universal's Loews Portofino Bay Hotel, transporta os comensais para uma réplica de tamanho natural do Porto de Portofino, na Itália. Aqui se aprecia comida do norte da Itália. Também na Universal, a CityWalk® delicia os hóspedes que gostam do esporte no NBA City, com iguarias com nomes do basquete, e comidas "de corrida" no Nascar Sports Grille. O Rainforest Café® da Disney serve em meio a gorilas de animatrônica. Nos parques também estão Hard Rock Café®, House of Blues® e Planet Hollywood®.

O California Grill *(p. 150)*, no Disney's Contemporary Resort

Como Escolher um Restaurante

Os restaurantes indicados neste guia foram selecionados pela qualidade da comida, pelo preço adequado ou pela localização prática. A lista a seguir destaca fatores que podem influenciar na escolha, como a existência de mesas ao ar livre ou de música ao vivo. A ordem seguida é a alfabética, dentro das categorias de preço.

CATEGORIAS DE PREÇO
por uma refeição de três pratos para uma pessoa, com uma taça de vinho da casa e todos os extras, como impostos e taxa de serviço.
Ⓢ até US$30
ⓈⓈ US$30 - U$40
ⓈⓈⓈ US$40 - U$50
ⓈⓈⓈⓈ US$50 - US$65
ⓈⓈⓈⓈⓈ acima de US$65

WALT DISNEY WORLD® RESORT

ANIMAL KINGDOM® Boma – Flavors of Africa ⓈⓈ

Disney's Animal Kingdom Lodge, Bay Lake, 32830 ***Tel*** *407-939-3463*

Mesas repletas de delícias africanas, incomuns e de sabor forte, convidam o cliente a explorar o notável dinner e os bufês de café da manhã deste resort com temas da Disney. Os pratos se destacam pela inusitada combinação de itens como tamarindo, pimentas, canela, mamão e outros ingredientes peculiares.

ANIMAL KINGDOM® Sanaa ⓈⓈⓈⓈ

Disney's Animal Kingdom Lodge, Bay Lake, 32830 ***Tel*** *407-393-3463*

O Sanaa serve culinária africana, cozida lentamente, com os fortes temperos indianos. O menu está repleto de delícias, preparadas em um forno à lenha, ou em um tradicional forno tandoor indiano. A comida é ótima, mas a vista é ainda melhor: a sensação é a de estar comendo em frente a uma savana, repleta de girafas, zebras, antílopes e muito mais.

DISNEY'S HOLLYWOOD STUDIOS® Hollywood Brown Derby ⓈⓈⓈ

Lake Buena Vista, 32830 ***Tel*** *407-560-4835*

Recriação do notável Brown Derby da Hollywood da década de 1930. O interior em estilo Art Déco combina com o cardápio, que inclui a mundialmente famosa salada Cobb. Frutos do mar e filés em estilo fusion e sobremesas elogiadas (prove o bolo de toranja) encantam os clientes. Os drinques têm boa fama.

DISNEY'S HOLLYWOOD STUDIOS® Sci-Fi Dine-In Theater ⓈⓈⓈ

Lake Buena Vista, 32830 ***Tel*** *407-560-3359*

O tema daqui são os filmes de drive-in. O cardápio oferece alternativas condizentes, como hambúrgueres, batatas fritas, massas, costelas e ótimos milkshakes. A comida é um pouco cara para sua natureza, mas a experiência de se acomodar em uma réplica de um carro da década de 1950 e ver filmes de ficção científica agrada adultos e crianças.

DOWNTOWN DISNEY® Olivia's Café ⓈⓈ

Disney Old Key West, 1510 N Cove Rd, Lake Buena Vista, 32830 ***Tel*** *407-939-3463*

Quem entra neste café acha que chegou na antiga Key West. Experimente a paella ao estilo da Flórida, o cozido de moluscos. Os moradores da Flórida acham que o local faz justiça aos sabores de Key West e ao cuidado com os sabores locais. As crianças costumam apreciar o cardápio especial para elas.

DOWNTOWN DISNEY® Wolfgang Puck Café ⓈⓈ

1482 E. Buena Vista Drive, 32830 ***Tel*** *407-938-9653*

Instalado em Downtown Disney, este estabelecimento na verdade reúne vários restaurantes – de um descontraído café com ares da Califórnia a um restarante mais seleto. Trata-se de um conceito criativo, que tenta agradar aos diversos gostos de toda a família. Destaque para as pizzas, massas e os grelhados.

DOWNTOWN DISNEY® Bongo's Cuban Café ⓈⓈⓈ

2426 Viscount Row, 32809 ***Tel*** *407-828-0999*

Restaurante sem pretensão (raridade na Disney) e procurado sobretudo por famílias. Entre os pratos servidos, predomina a variedade, com destaque para os preparados com camarão ou frutos do mar e os itens de inspiração hispânica. Ambiente ruidoso e movimentado, inadequado para quem quer conversar.

DOWNTOWN DISNEY® Paradiso 37 ⓈⓈⓈ

1590 E Buena Vista Drive, 32830 ***Tel*** *(407) 934-3700*

Este animado restaurante e bar é especializado em comida popular norte-americana. Os itens do menu representam 37 países da América do Norte, Central e do Sul. A carta de vinhos é interessante, e há 37 opções de tequila e dez receitas de frozen marguerita. Música ao vivo anima a atmosfera à noite.

DOWNTOWN DISNEY® Planet Hollywood Orlando ⓈⓈⓈ

1506 E Buena Vista Drive, 32830 ***Tel*** *407-827-7827*

Instalado dentro de um globo de néon cor de violeta, esta instituição de Orlando exibe imensos telões e uma grande quantidade de objetos que fazem referência ao cinema. No cardápio, hambúrgueres saborosos e pizzas. Embora as crianças apreciem o local, os adultos costumam se incomodar com o barulho.

Legenda dos símbolos *no final do guia*

DOWNTOWN DISNEY® Fulton's Crab House $$$$$

Downtown Disney Market Place ***Tel*** *407-939-3463*

Este restaurante ocupa uma réplica de um barco do final do século XIX. Serve carnes e pratos com frutos do mar, que agradam adultos e crianças. Além de uma grande escadaria e murais pintados à mão, exibe lindos objetos inspirados em temas náuticos. Quem preferir pode pedir o cardápio infantil.

DOWNTOWN DISNEY® The Outback $$$$$

1900 Buena Vista Drive, 32830 ***Tel*** *407-827-3430*

Uma queda-d'água interna cria um ambiente de paz neste restaurante de rede. O destaque daqui são as porções generosas (inclusive de carnes) e os bons acompanhamentos, mas vale a pena reservar espaço para as sobremesas. O Outback costuma agradar famílias e grupos numerosos.

EPCOT® Cape May Café $$

Disney's Beach Club Resort ***Tel*** *407-939-3463*

O Cape May Café prepara café da manhã em estilo bufê. No jantar, um toque de sino anuncia que está servida a comida (também tipo bufê), com diversas mesas repletas de pratos variados e à escolha do cliente. Todas as refeições são acompanhadas de muita diversão para toda a família.

EPCOT® Les Chefs de France $$$

Epcot World Showcase, Walt Disney World, 32830 ***Tel*** *407-939-3463*

A alta culinária está presente neste restaurante criado por três astros franceses, Bocuse, Lenotre e Verge. Desde as entradas até pratos clássicos como pato com laranja, cada especialidade é uma obra de arte. Para comer no Les Chefs de France, é preciso entrar (e pagar ingresso) no Epcot Center.

EPCOT® Shula's $$$$

Walt Disney World Dolphin Hotel ***Tel*** *407-934-1609*

Esta é uma das melhores casas de carne do resort. Além de uma elaborada seleção de pratos com frutos do mar, as sobremesas são impressionantes. Em cada prato, fica clara a preocupação do Shula em prezar pela qualidade da comida e não da diversão. Aceita crianças, mas elas podem se decepcionar na comparação com outros restaurantes.

EPCOT® Todd English's bluezoo $$$$

Walt Disney World Dolphin Hotel ***Tel*** *(407) 934-1111*

O mestre restaurateur Todd English celebra o "bluezoo", com criativos pratos com frutos do mar e decoração no mesmo estilo. O próprio dono elabora o menu, que tem influência da culinária asiática, toscana e americana. Excelentes pratos com peixes, filés e frangos. Bom menu de vinhos e coquetéis.

EPCOT® Flying Fish Café $$$$$

Disney's Boardwalk, Lake Buena Vista, 32830 ***Tel*** *407-939-3463*

Este restaurante é outra boa razão para visitar a área da Disney Boardwalk, além da possibilidade de assistir à queima de fogos noturna. Atendimento excelente, com uma equipe que parece se antecipar aos desejos do cliente enquanto serve criativos frutos do mar ao estilo americano. O cardápio muda de acordo com a época.

EPCOT® Yachtsman Steakhouse $$$$$

Disney Yacht Club Resort, 32830 ***Tel*** *407-939-3463*

Este estabelecimento funciona o dia todo e costuma agradar os apreciadores de peixes, carnes e massas. Na decoração, objetos de tema náutico. Não perca as ótimas sobremesas servidas no bufê, também muito bom. Em geral, adultos desacompanhados de crianças apreciam mais esta escolha.

FORT WILDERNESS Whispering Canyon Café $$

Disney Wilderness Lodge ***Tel*** *407-939-3463*

Local ideal para quem está em busca de um ambiente inspirado no Velho Oeste. Há quem procure o Whispering Canyon Café para tomar café da manhã, e muitas famílias com crianças adoram o local. Pratos honestos e diversão garantida, além de ser uma experiência única.

FORT WILDERNESS Artist Point $$$$

Disney's Wilderness Lodge, Lake Buena Vista, 32830 ***Tel*** *407-939-3463*

Do tamanho dos pratos ao tamanho das porções, tudo aqui é muito grande. O criativo cardápio inspirado na região noroeste do país inclui itens exóticos como salsichas sautées, e o ambiente e o atendimento impressionam. O restaurante costuma agradar mais os adultos, mas não há restrição à presença de crianças.

MAGIC KINGDOM® Chef Mickey's $$

Disney's Contemporary Resort ***Tel*** *407-939-3463*

Bastante voltado para a família, o Mickey's serve tanto café da manhã quanto jantares em sistema de bufê. Um dos destaques daqui é a decoração baseada nos personagens da Disney. O cardápio é variado e o atendimento agrada bastante. Especialmente criado para "clientes mirins".

MAGIC KINGDOM® Ohana $$

Disney's Polynesian Resort ***Tel*** *407-939-3463*

Este agitado estabelecimento se diferencia ao servir especialidades da Polinésia. Os menus a preço fixo incluem pescados ou filés preparados direto no fogo e servidos em espetos enormes. No final do dia não faltam alternativas de divertimento, seja para a família toda ou para casais.

MAGIC KINGDOM® Cinderella's Royal Table $$$

Cinderella's Castle, 32830 ***Tel*** *407-939-3463*

Opções para adultos (costelas e frango) e itens inspirados nos personagens da Disney para os pequenos, em uma experiência peculiar. As meninas adoram a presença da Cinderela. É preciso fazer reserva antecipada, em alguns casos três ou quatro meses antes.

MAGIC KINGDOM® California Grill $$$$

Disney's Contemporary Resort ***Tel*** *407-939-3463*

Este restaurante elegante, no qual os clientes podem apreciar o movimento da cozinha, prepara criativos pratos da Costa Oeste, como pizza de salmão defumado e carne suína com polenta. As crianças nem sempre acham o cardápio muito interessante, mas o local agrada quem procura alternativas à carne vermelha.

MAGIC KINGDOM® Citrico's at the Grand Floridian $$$$

Disney's Grand Floridian Resort & Spa, Lake Buena Vista, 32830 ***Tel*** *407-939-3463*

O cardápio deste agradável restaurante reúne especialidades internacionais, com destaque para as carnes assadas. Com influência da culinária francesa, os pratos (dos pães às sobremesas) primam pela qualidade. Uma das atrações é apreciar a atividade da cozinha. Exige traje formal e custa caro (fechado às segundas e terças-feiras).

MAGIC KINGDOM® Disney's Spirit of Aloha Dinner Show $$$$

Disney's Polynesian Resort, Lake Buena Vista, 32830 ***Tel*** *407-939-3463*

Entradas com toque tropical e costelas ao estilo "ilha" são os astros do cardápio deste restaurante dedicado aos sabores da Polinésia. Os clientes apreciam seus pratos ao som de músicas e danças típicas do Taiti, Samoa, Tonga, Nova Zelândia e do Havaí. Ideal para adultos e crianças que apreciam a hula.

MAGIC KINGDOM® Narcoossee's $$$$$

Disney's Grand Floridian Resort ***Tel*** *407-824-1400*

Este restaurante instalado em um chalé octagonal à beira da Seven Seas Lagoon serve deliciosos pratos de carne e pescado, preparados com verduras e legumes locais. Comida fresca e servida em ambiente de tranquilidade, em oposição aos ruídos da região da Disney. Informe-se sobre os pescados do dia.

MAGIC KINGDOM® Victoria & Albert's $$$$$

Disney's Grand Floridian Resort ***Tel*** *407-824-1089*

Não vá ao Victoria & Albert's sem reservar antes. O menu a preço fixo composto de seis pratos é excelente, e o atendimento aos clientes inclui requintes como a recepção por um mordomo. Peça a mesa do chef, a melhor da casa. Jantar aqui é uma das melhores experiências da região, mas definitivamente não inclui crianças.

OUTROS PARQUES TEMÁTICOS

SEAWORLD® Trade Winds $$

6677 Sea Harbor Drive, 32821 ***Tel*** *407-351-5555*

Situado no Renaissance Orlando Resort *(p. 140)*, em frente ao SeaWorld®, o Trade Winds serve comida caseira de alto nível em um ambiente descontraído. Entre os pratos, costela de vitela e costeletas de porco fritas, com ênfase em produtos frescos da estação, com um toque orgânico. Satisfaz qualquer dieta especial.

SEAWORLD® Sharks Underwater Grill $$$$

7007 SeaWorld Drive, 32821 ***Tel*** *407-370-1573*

Aproveite a oportunidade para saborear frutos do mar preparados ao estilo da Flórida ou do Caribe a uma curta distância dos mais de 50 tubarões do SeaWorld® – as crianças adoram. O cardápio é sofisticado e a comida se destaca pelo frescor. Para comer no Sharks Underwater é preciso entrar no SeaWorld.

SEAWORLD® Primo $$$$$

4040 Central Florida Parkway, 32821 ***Tel*** *407-393-4444*

A cozinha orgânica é o destaque deste restaurante situado dentro do imenso JW Marriott Orlando *(p. 143)*. O grande cuidado com os ingredientes pode ser conferido nos pratos, que variam de cordeiro a linguiças caseira, A conta não costuma ser barata, mas o Primo é o melhor lugar para quem quer uma refeição muito especial.

UNIVERSAL ORLANDO® NASCAR Sports Grille $$

6000 Universal Boulevard, 32819 ***Tel*** *407-224-7223*

Amantes das corridas de carro e de motos vão adorar os objetos expostos aqui, assim como a comida (basicamente carnes, servidas na forma de filés ou estilo churrasco). Cerca de 40 televisões exibem cenas de corridas de automóveis. Aberto até tarde, este restaurante proporciona diversão para toda a família.

UNIVERSAL ORLANDO® Hard Rock Café Orlando $$$

6050 Universal Boulevard, 32819 ***Tel*** *407-351-7625*

Este enorme restaurante situado em CityWalk® aposta na decoração estilo pop. Os ótimos sundaes e música ao vivo às sextas-feiras e sábados fazem daqui um ponto bastante badalado. O Hard Rock Café não é propício para conversas, pois o ambiente costuma ser bastante barulhento.

Categorias de preço *na p. 148* **Legenda dos símbolos** *no final do guia*

UNIVERSAL ORLANDO® Jimmy Buffett's Margaritaville $$$

6000 Universal Boulevard, 32819 **Tel** *407-224-2155*

O Margaritaville, instalado em plena CityWalk®, é uma boa oportunidade para experimentar os sabores de Key West. O ambiente colorido (e ruidoso) chama mais atenção do que a comida, mas o estabelecimento costuma impressionar os adeptos dos drinques com sua variedade de margaritas.

UNIVERSAL ORLANDO® Latin Quarter $$$

6000 Universal Boulevard, 32819 **Tel** *407-224-2800*

Destaque para as carnes servidas aqui, todas com toques culinários e culturais de 21 países latinos. Instalado na badalada CityWalk, este restaurante serve uma imensa variedade de pratos latinos, além de frutos do mar. Abre todos os dias para almoço e jantar, e costuma funcionar até cerca de 2 da manhã.

UNIVERSAL ORLANDO® Emeril's Restaurant Orlando $$$$$

6000 Universal Boulevard, 32819 **Tel** *407-224-2424*

Este restaurante da CityWalk® oferece um ambiente contemporâneo e descontraído, repleto de sabores e de cores, além de um atendimento de primeira, a ponto de se tornar uma instituição. O destaque é a culinária de Emeril Lagasse, com um cardápio que inclui itens peculiares como corvina com crosta de linguiça.

UNIVERSAL ORLANDO® Palm Restaurant $$$$$

5800 Universal Boulevard, 32819 **Tel** *407-503-7256*

O primeiro restaurante Palm abriu as portas em Nova York por volta de 1926, e esta filial em Orlando, instalada dentro do Hard Rock Hotel *(p. 140)*, exibe pratos simples mas de boa qualidade, entre eles filés generosos. Ao contrário da maioria dos restaurantes da Universal, o local oferece serviço gratuito de valet.

ORLANDO E FLÓRIDA CENTRAL

COCOA BEACH The Fat Snook $$$

2464 S. Atlantic Avenue, 32931 **Tel** *321-784-1190*

Um oásis culinário, este aconchegante restaurante praiano usa os ingredientes mais frescos para produzir seu menu criativo que combina sabores latinos com destaques asiáticos e europeus e um toque caribenho. Só aqui você encontra raridades como polenta de banana e steak glaçado com chocolate agridoce.

DAYTONA BEACH Aunt Catfish $$

4009 Halifax Drive, 32127 **Tel** *386-767-4768*

Este estabelecimento, situado na Intracoastal Waterway, agrada tanto os moradores quanto os turistas. O cardápio aposta nos frutos do mar e tem fama especial pelo bagre frito e outros pratos sulistas, com especialidades que incluem caranguejo e moluscos. Aos domingos, serve um variado e apreciado brunch.

DAYTONA BEACH Down the Hatch $$

4894 Front Street, Ponce Inlet, 32127 **Tel** *386-761-4831*

Estabelecimento voltado para famílias, serve pratos à base de peixes e de carnes. O Down the Hatch fica em frente ao mar, o que permite que os clientes apreciem o movimento dos barcos no final do dia. Ambiente simples e muito cordial, com música ao vivo de quarta-feira a sábado. Frequentado por moradores.

DOWNTOWN ORLANDO Dragon Court Chinese Buffet $

12384 Apoka-Vineland Road, 32834 **Tel** *407-238-9996*

Os amantes da comida chinesa devem correr para a ampla seleção de pratos do bufê sem afetação deste restaurante. Entre os pratos tradicionais há algumas especialidades, como os pratos à base de peixe. Limpo, confortável e um ótimo custo-benefício.

DOWNTOWN ORLANDO Johnny's Fillin' Station $

2631 S. Ferncreek, 32806 **Tel** *407-894-6900*

Os críticos locais garantem que o Johnny's serve os melhores hambúrgueres de Orlando. O cardápio com comida norte-americana e ambiente condizente são os destaques deste local apreciado por famílias e que costuma agradar as crianças. Para completar, atendimento cordial. Quem não come carne tem poucas opções.

DOWNTOWN ORLANDO Hawkers $$$

1103 N. Mills Avenue, 32803 **Tel** *(407) 237-0606*

Bem no meio da área vietnamita no centro, o Hawkers é especializado em comida de rua do Vietnã, do continente chinês, de Hong Kong e da Malásia. Como nenhuma opção custa além de US$6,50, o lugar é ótimo para partilhar os pedidos e conversar. A carta de vinhos é extensa, e muitos podem ser servidos em taça.

DOWNTOWN ORLANDO Little Saigon $

1106 E. Colonial Drive, 32803 **Tel** *407-423-8539*

Restaurante elogiado e destacado pelas especialidades do Vietnã. Confortável, simples e de preços moderados, este estabelecimento pequeno e apreciado por famílias capricha no tamanho das porções. Quem tiver dificuldades com o cardápio pode contar com a disposição da equipe em orientar e dar sugestões.

DOWNTOWN ORLANDO Graffiti Junktion American Burger Bar $$

900 E. Washington St., 32801 ***Tel*** *(407) 426 9502*

Restaurante no estilo sports bar, repleto de grafites nas paredes, serve hambúrgueres diversos, como o Tex-Mex ou o Chicago-style, todos em pães caseiros. O menu conta com hambúrgueres de peru e vegetariano, sanduíches de peixe e batatas fritas fresquinhas. O ambiente é barulhento e cheio de energia. Há shows de rock nas tardes de domingo.

DOWNTOWN ORLANDO Il Pescatore $$

651 N. Primrose Drive, 32803 ***Tel*** *407-896-6763*

Neste ambiente simples servem-se pratos da culinária italiana. Especialidades como a trippa del pescatore (tripa preparada no molho de tomate) garantem a autenticidade do estabelecimento. Os clientes costumam enfrentar dificuldades para escolher entre os diversos molhos. Fecha aos domingos e segundas-feiras.

DOWNTOWN ORLANDO Jade Bistro $$

2425 Edgewater Drive, 32804 ***Tel*** *407-422-7968*

Experientes chefs especializados em sushi constituem uma das atrações da casa, que aposta nas combinações. A culinária pan-oriental é excelente e em geral supera as expectativas. Sem ser totalmente japonês, chinês ou tailandês, o Jade Bistro se sai bem nas três especialidades. Nem todas as crianças apreciam o cardápio.

DOWNTOWN ORLANDO Napasorn Thai $$

56 E. Pine Street, 32801 ***Tel*** *407-245-8088*

Os jovens porém experientes proprietários do Napasorn não se restringem à culinária tailandesa tradicional, mas preparam pratos de alto nível (um dos destaques é o pato com manjericão). O bar de sushi (razoável) também atrai frequentadores, mas o sucesso entre as crianças não costuma ser grande.

DOWNTOWN ORLANDO Ceviche Tapas Bar & Restaurant $$$

125 W. Church St., 32801 ***Tel*** *(407) 281-8140*

O menu daqui contém 100 tipos de tapas quentes e frias, além de paellas. Ingredientes importados da Espanha dão autenticidade aos pratos, e a carta de vinhos é exclusivamente espanhola. O serviço é bom, e os competentes garçons mantêm as mesas cheias de tapas e os copos cheios de sangria. Guitarristas espanhóis e dançarinos divertem o público.

DOWNTOWN ORLANDO Le Coq au Vin $$$

4800 S. Orange Avenue, 32806 ***Tel*** *407-851-6980* **Mapa** *F2*

O cenário acolhedor e a consistente culinária francesa tradicional são o ponto forte do Le Coq au Vin, considerado um dos melhores restaurantes franceses da região. Sua atmosfera romântica o torna especialmente recomendado para as ocasiões especiais. Em contrapartida, não é a melhor escolha para famílias com crianças pequenas.

DOWNTOWN ORLANDO Dexters of Thornton Park $$$

808 E. Washington Street, 32801 ***Tel*** *407-648-2777*

Espaçoso, iluminado e arejado, o Dexter oferece acomodações no bar ou em mesas altas. O ambiente simpático costuma atrair quem trabalha na região. No cardápio sanduíches e massas (em porções pequenas ou grandes), além de vinhos servidos em garrafa ou em taças.

DOWNTOWN ORLANDO Juliana's Restaurant $$$

2306 Edgewater Drive, 32804 ***Tel*** *407-425-1801*

A principal rua do College Park serve de cenário para este excelente bistrô que serve comida mediterrânea, com ênfase na culinária toscana. Os pratos à base de cordeiro são especialmente recomendáveis. Decorado com bom gosto, tem obras de arte espalhadas pelas paredes. O serviço é atencioso e a carta de vinhos é boa.

DOWNTOWN ORLANDO The Boheme $$$$

325 S. Orange Avenue, 32801 ***Tel*** *407-581-4700* **Mapa** *F2*

Um dos dois últimos pianos Grand Bosenderfer existentes no mundo é a peça-chave da decoração deste ambiente contemporâneo. A garantia de um bom jantar está nas opções de um menu em que despontam bem preparados frutos do mar, carnes de caça e massas. Entre as grandes pedidas, experimente os aspargos com vieiras.

DOWNTOWN ORLANDO Fishbones $$$$

6707 Sand Lake Road, 32819 ***Tel*** *407-352-0135*

Os "produtos do mar" costumam determinar o que será servido no Fishbones, que também propicia aos clientes a possibilidade de combinar diversos molhos de acordo com a escolha de cada um. Há quem prefira alternativas mais convencionais, como a costela de carneiro. Se a ideia é comer peixes ou frutos do mar, informe-se sobre as opções.

DOWNTOWN ORLANDO Gargi's Surfside Restaurant $$$$

1414 N. Orange Avenue, 32801 ***Tel*** *407-894-7907*

Há duas décadas um estabelecimento prestigiado pelos moradores, o Gargi's fica nas proximidades do lago Ivanhoe e os clientes ganharam magníficas vistas para o pôr do sol sobre Downtown Orlando. Ideal para um jantar romântico, com serviço de qualidade e pratos da cozinha italiana. Vale seguir a sugestão de vinhos.

DOWNTOWN ORLANDO Hue $$$$

629 E. Central Boulevard, 32801 ***Tel*** *407-849-1800*

Com uma decoração inspirada nas referências da cidade grande, com pé direito alto e janelas grandes, o Hue prepara uma criativa culinária americana com bom gosto. O cardápio, que muda todos os dias, inclui especialidades como filé mignon grelhado e peito de pato assado.

Categorias de preço *na p. 148* **Legenda dos símbolos** *no final do guia*

DOWNTOWN ORLANDO K Restaurant & Wine Bar $$$$

*1710 Edgewater Drive **Tel** 407-872-2332*

O chef daqui prima pelo alto nível da comida e do atendimento, criando pratos que são a um só tempo simples, elegantes e deliciosos. Saladas, entradas ou pratos principais – tudo surpreende e agrada em cheio, razão pela qual a cozinha tem tanta reputação. Fechado aos domingos.

DOWNTOWN ORLANDO Christini's Ristorante $$$$$

*7600 Dr. Phillips Boulevard, 32819 **Tel** 407-345-8770*

Este restaurante clássico é ideal para um jantar romântico. Serviço excelente, cenário caprichado e uma ampla carta de vinhos combinam à perfeição com os pratos típicos italianos servidos aqui. O cardápio varia de acordo com os ingredientes da época e vale a pena se informar sobre o prato do dia.

DOWNTOWN ORLANDO Hemingway's $$$$$

*1 Grand Cypress Boulevard, 32836 **Tel** 407-239-1234*

Com referência a Key West já no nome do estabelecimento, o Hemingway's oferece um ambiente romântico e um deck com vista para uma queda d'água. O camarão ao coco e o peixe-espada servido com molho tártaro ao estilo cajun são alguns dos destaques deste cardápio interessante.

INTERNATIONAL DRIVE Bahama Breeze $$

*8849 International Drive, 32819 **Tel** 407-248-2499*

Um menu recheado de sabores tropicais é o diferencial deste estabelecimento, que serve bons drinques, como o altamente recomendável bahamarita. O ambiente descontraído e animado pode ser usufruído tanto por toda a família como por quem está desacompanhado.

INTERNATIONAL DRIVE Chili's Grill & Bar $$

*7021 International Drive, 32819 **Tel** 407-352-7618*

Da cozinha deste restaurante informal não param de sair as costelas de novilho e os imensos hambúrgueres que tornaram a casa conhecida. O cardápio oferece, ainda, muitos pratos de inspiração mexicana, como tacos e fajitas. Se houver fila, vale a pena esperar no bar, que prepara margaritas sensacionais.

INTERNATIONAL DRIVE Cedar's Restaurant $$$

*7732 W. Sand Lake Road, 32819 **Tel** 407-351-6000*

O Cedar's oferece a tradicional comida libanesa, com sabores e texturas refrescantes e convidativos. Não deixe de experimentar o macio pão pita coberto de babaganuche (pasta de berinjela assada com alho). O preço do bufê de almoço, muito atraente, fez este restaurante ganhar fama entre os moradores.

INTERNATIONAL DRIVE Oceanaire Seafood $$$

*9101 International Drive, 32819 **Tel** (407) 363-4801*

Peixe é o foco desta rede nacional de alto padrão que se tornou uma favorita local, na qual o movimento vai até tarde da noite. O menu muda conforme a pesca do dia – ostras do Canadá e de Washington, salmão escocês, espadarte equatoriano, olhete de Key West ou vieiras da Nova Inglaterra podem estar no menu quando você vier.

INTERNATIONAL DRIVE Season's 52 $$$

*7700 W. Sand Lake Road, 32819 **Tel** 407-354-5212*

A ordem, aqui, é trabalhar com ingredientes da estação. Portanto, não fique triste se, ao visitar a casa, o cardápio não oferecer o famoso prato com peras frescas do Oregon – esteja certo de que haverá um substituto à altura. A criativa e, por vezes, incomum mescla de ingredientes regionais e globais é um ponto forte do restaurante.

INTERNATIONAL DRIVE Bonefish Grill $$$$

*7830 W. Sand Lake Road, 32819 **Tel** 407-355-7707*

O Bonefish Grill oferece frutos do mar a preços moderados e um ambiente agradável. O bar também atrai bastante gente e algumas das opções, como o camarão ao molho ou mexilhões ao estilo Josephine são ótimos, talvez melhores do que as entradas com vários tipos de peixe. As opções mudam de acordo com a oferta do dia.

INTERNATIONAL DRIVE Capital Grille $$$$

*9101 International Drive, 32819 **Tel** (407) 370-4392*

No meio do Convention Center, a filial local tem tudo o que se espera desta rede sofisticada que serve carnes e frutos do mar: costeletas maturadas e steaks, incluindo um generoso bife de lombinho, ostras da Nova Inglaterra, um interior sóbrio revestido de madeira e uma carta de vinhos com 5 mil opções.

INTERNATIONAL DRIVE Cuba Libre $$$$

*Pointe Orlando, 9101 International Drive, 32819 **Tel** (407) 226-1600*

O Cuba Libre reproduz o clima quente cubano, em uma hacienda com dois andares e pátio. Shows coreografados animam as noites de sábado. O chef Guillermo Pernot oferece um menu premiado com culinária contemporânea cubana. Runs cubanos autênticos são utilizados em deliciosos coquetéis, incluindo mojitos da casa.

INTERNATIONAL DRIVE Everglades $$$$

*9840 International Drive, 32819 **Tel** 407-996-9840*

Bem melhor do que a média dos restaurantes de hotel, o Everglades executa uma inventiva culinária gourmet inspirada na cozinha sazonal da Flórida. A proposta gastronômica consistente transformou o Everglades em um dos mais concorridos restaurantes locais. Até as crianças costumam gostar das delícias feitas aqui.

INTERNATIONAL DRIVE The Butcher Shop Steakhouse $$$$

8445 International Drive, 32819 ***Tel*** *407-363-9727*

Alguns dos maiores e melhores steaks oferecidos ao longo da International Drive. Os clientes podem até ficar perto da grelha, ajudando a preparar seu pedido – uma charmosa possibilidade oferecida pela casa. A alternativa é sentar à mesa e aguardar: os eficientes garçons lhe trarão sua carne no ponto exato que você pediu.

INTERNATIONAL DRIVE Timpano Italian Chophouse $$$$

7488 W. Sand Lake Road, 32819 ***Tel*** *407-248-0429*

Um certo clima de nightclub nova-iorquino dos anos 1950 é reproduzido aqui, com fidelidade. O resultado é uma cozinha de qualidade extraordinária, amparada por serviço impecável. A saltimbocca – finas costeletas servidas com presunto cru e provolone em sutil molho de alho e sálvia – é particularmente brilhante.

INTERNATIONAL DRIVE Napa $$$$$

9801 International Drive, 32819 ***Tel*** *407-345-4550*

Elegante e formal, este restaurante fica no Peabody Hotel (*p. 143*). O cardápio muda semanalmente, mas mantém uma consistência impressionante: sempre inclui um prato principal vegetariano, bem como uma opção à base de carne e outra com peixe. Definitivamente, um lugar próprio para jantares especiais.

INTERNATIONAL DRIVE Roy's Restaurant $$$$$

7760 W. Sand Lake Road, 32819 ***Tel*** *407-352-4844*

Este restaurante de alto padrão, fundado pelo célebre chef Roy Yamaguchi, oferece uma curiosa fusão das culinárias típicas do Pacífico, com ênfase nos ingredientes havaianos. Entre os pratos típicos, peixe-espada ao molho curry tailandês. Tanto o menu como a carta de vinhos trazem ampla variedade de opções.

INTERNATIONAL DRIVE Ruth's Chris Steak House $$$$$

7501 W. Sand Lake Road, 32819 ***Tel*** *407-226-3900*

A ambientação lembra a dos clubes de cavalheiros ingleses. Cardápio e serviço excelentes. Sediada em New Orleans, esta rede de restaurantes serve apenas carnes selecionadas (de gado Hereford, alimentado com milho). Resultado: bifes tão macios que dispensam o uso de facas. Local para ocasiões especiais, já que os preços são elevados.

KISSIMMEE Black Angus $

7516 W. Irlo Bronson Highway, 34747 ***Tel*** *407-390-4548*

Este restaurante familiar serve filés grelhados acompanhados de delicioso purê de batatas com alho. O strip fillet nova-iorquino é muito popular. Pode-se sentar em cabines ou em mesas. Os preços são acessíveis, com ofertas especiais todas as noites, e as crianças pagam menos.

KISSIMMEE Tropical Breeze $

5770 W Irlo Bronson Memorial Highway, 34746 ***Tel*** *407-397-4004*

Este restaurante simples e de ótimo custo-benefício fica na cidade velha de Kissimmee. É conhecido pelo ótimo hambúrguer e pela comida americana de qualidade. Recebe bem as crianças e tem boa seleção de pratos e porções para elas. Também tem mesas ao ar livre.

KISSIMMEE Jerusalem Restaurant $$

2920 Vineland Road, 34746 ***Tel*** *407-397-2230*

Situado num shopping center, e livre do ruidoso tráfego da US Highway 192, este restaurante turco serve tabule e homus fresquíssimos, além de café típico especialmente forte. Quem não come carne pode se deliciar com o autêntico couscous, e há uma ótima confeitaria na porta ao lado. Crianças pequenas podem estranhar o menu.

KISSIMMEE Pacino's Italian Ristorante $$

5795 W Highway 192, 34746 ***Tel*** *407-396-8022*

Especialidades assadas no carvão são o forte deste confortável e acolhedor restaurante, que também oferece serviço de entrega grátis para os hotéis dos arredores. Os steaks brilham como as estrelas do menu, mas o Pacino's não decepciona com seu mix de entradas. O serviço é igualmente bom.

MAITLAND Bucca de Beppo $

1351 S. Orlando Avenue, 32751 ***Tel*** *407-622-7663*

Um lugar para quem realmente pensa grande: este restaurante oferece lasanhas gigantes, sanduíches intermináveis e pizzas do tamanho de uma mesa. Enfim, um endereço sob medida para quem gosta de levar sobras de comida para casa. Se quiser ir, não deixe de fazer reservas.

MAITLAND Enzian Theater $

1300 S. Orlando Avenue, 32751 ***Tel*** *407-629-1088*

Nachos e homus com filmes de vanguarda, massas e saladas com títulos de suspense, tiramisù e sorvete com musicais. Gastrônomos e cinéfilos saciam seus desejos de uma vez só no Enzian, que promove estreias de filmes independentes e serve um menu variado no jantar, além de lanches para degustar enquanto se veem as fitas.

SANFORD Two Blondes & A Shrimp $$

112 E. First St., 32771 ***Tel*** *407-688-4745*

Este restaurante, no coração da charmosa rua principal de Sanford, está situado em um belo prédio reformado e reproduz uma tradicional seafood-and-steakhouse do sul, com um bar no estilo antigo. A especialidade da casa são os frutos do mar (a sopa de she crab é premiada), e os pratos de carne têm guarnições sazonais e são deliciosos.

Categorias de preço *na p. 148* **Legenda dos símbolos** *no final do guia*

WINTER PARK Brooklyn Pizza $

1881 W. Fairbanks Avenue, 32789 ***Tel*** *407-622-7499*

Considerado por muita gente o melhor lugar na cidade para se apreciar uma pizza ao estilo de Nova York. Com uma tradição familiar de mais de quatro décadas, o Brooklyn Pizza faz entregas de tortas autênticas e caseiras, além de sanduíches, assados e outras alternativas.

WINTER PARK Giovanni's $

1915 Aloma Avenue, 32792 ***Tel*** *407-673-8800*

Favorito entre os locais, serve boa comida italiana, como pizzas e massas caseiras importadas da Itália. Há um menu infantil e todos os pratos valem o preço – todos têm preços razoáveis e são acompanhados de pão e salada. Experimente o chicken marsala ou os deliciosos nós de alho.

WINTER PARK Tijuana Flats $

7608 University Boulevard, 32792 ***Tel*** *407-673-2456*

Este restaurante Tex-Mex familiar, inaugurado em 1995, serve doze molhos picantes e uma variedade de pratos mexicanos. Fique na fila e faça seu pedido. Eles também têm mais de 500 molhos picantes de todo o mundo para vender. Os preços são acessíveis.

WINTER PARK Briar Patch $$

252 N. Park Avenue, 32789 ***Tel*** *407-628-8651*

Uma casa de sucesso duradouro na Park Avenue, tanto para moradores como para turistas. O cardápio cheio de opções criativas sempre traz antigos admiradores de volta ao Briar Patch. Há longas filas no café da manhã e na hora do almoço nos fins de semana. Jantar aqui é divertido para toda a família.

WINTER PARK Fiddler's Green $$

544 W. Fairbanks Avenue, 32789 ***Tel*** *407-645-2050*

Este pub tem uma ampla lista de opções para o fanático por cervejas. Também oferece a tradicional culinária irlandesa, além de especialidades menos convencionais, como salmão grelhado ao molho de champanhe. Sabor, apresentação dos pratos e serviço de bom padrão, numa harmoniosa combinação.

WINTER PARK Winter Park Ale House $$

101 University Park Drive, 32789 ***Tel*** *407-671-1011*

Apesar de ser parte de uma rede espalhada por toda a Flórida, este estabelecimento pretende ter uma atmosfera de ponto de encontro da vizinhança. Recebe muito bem as crianças, que comem de graça nas noites de segunda-feira. O serviço é rápido e simpático.

WINTER PARK The Boathouse of Winter Park $$

565 W. Fairbanks Avenue, 32789 Tel (407) 513-4815

Atual ocupante de um endereço que abriga restaurantes há décadas, o Boathouse serve versões criativas de comida sulista. Ingredientes locais frescos de alta qualidade transformam pratos como costeletas de porco grelhadas e tomates verdes fritos em algo especial. As sobremesas fartas são feitas no próprio local.

WINTER PARK The Cheesecake Factory $$$

520 N. Orlando Avenue, 32789 ***Tel*** *407-644-4220*

Os ambientes enormes, que servem porções compatíveis com tais dimensões, são típicos desta rede de restaurantes. Mais de 30 variedades de cheesecakes que dão água na boca completam a refeição. As saladas e os sanduíches são gigantescos. Um lugar maravilhoso, do princípio ao fim.

WINTER PARK Café de France $$$$

526 Park Avenue S, 32789 ***Tel*** *407-647-1869*

Este aconchegante bistrô francês serve refeições leves (como crepes) no almoço. No jantar, opções mais substanciosas. Um belíssimo cantinho da França, que pode servir tanto para abrigar casais num jantar romântico quanto para reunir a família em torno de uma data especial. Vale a visita até a área central dos parques temáticos.

WINTER PARK Fleming's Steak House $$$$

933 N. Orlando Avenue, 32789 ***Tel*** *407-699-9463*

O Fleming's é uma elaborada casa de carnes que valoriza as opções de vinho. O destaque aqui são os generosos e espessos filés e seus muitos acompanhamentos, além das igualmente fartas entradas à base de frutos do mar e as saborosas sobremesas. O local tem especial apelo para ocasiões que pedem um clima romântico.

WINTER PARK Luma on Park $$$$

290 S. Park Avenue, 32789 ***Tel*** *407-599-4111*

A culinária contemporânea americana é servida em um agradável ambiente, com destaque para os móveis de madeira. Da cozinha saem pratos de apresentação maravilhosa, como o cordeiro assado e os mexilhões ao estilo Blue Hill Bay, preparados com laranja. Local ideal para uma refeição descontraída e revigorante.

WINTER PARK Park Plaza Gardens $$$$

319 Park Avenue S, 32789 ***Tel*** *407-645-2475*

Um arejado pátio com abundância de plantas forma o cenário deste elegante restaurante. A deliciosa (e premiada) culinária americana é servida com estilo. O bom atendimento e o ambiente agradável combinam bem com as delícias do cardápio com inspiração regional. As crianças podem gostar, mas o local tende a agradar mais os adultos.

COMPRAS NA FLÓRIDA CENTRAL

As compras são uma das grandes diversões dos visitantes da Flórida Central. Shopping centers com mais de 9.300m² de lojas competem com lojas de descontos, tradicionais lojas de departamentos e com uma sequência de pontos de venda, um ao lado do outro, com apenas uma loja no local. E fileiras de lojas de antiguidades se revezam com butiques de roupas e galerias de arte. Quase todos os varejistas nacionais podem ser encontrados na International Drive ou em The Florida Mall, o maior shopping do estado, enquanto lojas especializadas negociam uma grande variedade de itens, como eletroeletrônicos e equipamentos esportivos. Os preços vão desde ofertas baratas até a alta-costura caríssima. Os parques temáticos misturam compras, restaurantes e diversões em seus domínios, nos quais cafeterias e circos vendem suvenires e lojas de suvenires oferecem shows gratuitos de mágica. Os shopping centers e as lojas de fábrica estão nas páginas 158-9. Os bairros de compras estão retratados nas páginas 160-1.

Típico suvenir da Flórida

Lojas e butiques da Park Avenue, em Winter Park

IMPOSTOS

O imposto sobre vendas de roupas é de 6,5% em Orange County (Orlando) e de 7% em Osceola County (Kissimmee), onde está o Walt Disney World®, o que aumenta o preço dos suvenires.

TEMPORADA DE COMPRAS

Mesmo que as estações não variem muito na Flórida Central, a moda se altera quatro vezes por ano. Isso resulta em liquidações de roupas e utensílios domésticos, no fim da primavera e começo do outono.

SHOPPING CENTERS DE BUTIQUES

Situado nos domínios do primeiro shopping center a céu aberto, o **Winter Park Village** conta com ampla variedade de butiques que oferecem as tendências da última moda. Ali está a loja de moda Ann Taylor Loft, o *prêt-à-porter* de Camille La Vie, roupas finas masculinas na Jos. A. Bank. O centro não oferece apenas lojas de roupas, móveis e joias, mas também diversos restaurantes ótimos, uma loja da livraria Borders e *lofts* exclusivos acima de algumas lojas.

O grande e elegante Mall at Millenia, Orlando

O Mall at Millenia é o único lugar de Orlando onde se compram sapatos Jimmy Choo, bolsas Max Azria, roupas Betsey Johnson e acessórios Giorgio's of Palm Beach. Os clientes podem inclusive descobrir o que devem comprar enquanto assistem a desfiles de moda de Nova York, Londres, Paris e Milão, nos telões da loja.

LOJAS DE DEPARTAMENTOS

Em Orlando as lojas de departamentos ainda marcam um estilo de vida, mesmo com a fartura de lojas menores e especializadas em shoppings ou nas ruas.

Cadeias regionais, como a **Dillard's**, a **Bealls** e a **Macy's**, dominam o segmento na Flórida Central, oferecendo não só filiais em shoppings, mas também lojas independentes e lojas de saldos. A Bealls, em particular, domina o segmento de vendas a varejo, oferecendo descontos em pontas de estoque, produtos não mais fabricados das lojas maiores e mercadorias de pontos de venda especiais.

Mas, com a chegada de shoppings gigantes como The Mall at Millenia e The Florida

Loja da exclusiva e cara Saks Fifth Avenue, em Orlando

Mall, as cadeias nacionais estão mais presentes. Os fãs de lojas de grandes cidades, como Bloomingdales, Macy's, Nordstrom, Saks Fifth Avenue e Neiman Marcus, encontram lojas ao lado das mais tradicionais e econômicas JC Penney, Sears e Lord & Taylor nos shoppings grandes. Para o básico, basta procurar em qualquer lugar os supermercados mais despojados, como Target, K-Mart e Wal-Mart.

Equipamento fotográfico em promoção

OFERTAS E SALDOS

Lojas de saldos e de fábrica oferecem todos os tipos de produtos, e as maiores atrações são equipamentos eletrônicos, artigos para a casa e roupas. E as roupas sem grife, às vezes de outra estação, são oferecidas em lojas locais da TJMaxx, Marshalls e da cadeia **Stein Mart** com muita economia. Lojas de roupas em consignação, como a **Deja Vu** e a **Orlando Vintage Clothing Co**, têm pechinchas de roupas usadas, desde modelos atuais até os da década de 1920. Em shoppings, as pontas de estoque oferecem economia em produtos eletrônicos, como câmeras, equipamentos de vídeo e sons portáteis fora de linha ou diretamente da fábrica. E também ocorrem as liquidações de primavera e outono para limpeza de estoque, que fazem até as lojas de departamentos mais caras venderem saldos.

AGENDA

Bealls
8205 S John Young Parkway, Orlando, FL 32819.
Tel *(407) 370-9557.*
Osceola Square Mall, 4081 W Vine St, Kissimmee, FL 34741.
Tel *(407) 847-4301.*

Deja Vu
1825 N Orange Ave, Orlando, FL 32804.
Tel *(407) 898-3609.*

Dillard's
3403 E Colonial Dr, Orlando, FL 32803.
Tel *(407) 896-1211.*

Macy's
3505 E Colonial Dr, Orlando, FL 32803.
Tel *(407) 896-5300.*

Orlando Vintage Clothing Co
2117 W Fairbanks Ave, Winter Park, FL 32789.
Tel *(407) 599-7225.*

Stein Mart
7506 Dr. Phillips Blvd, Orlando, FL 32819.
Tel *(407) 363-5770.*
2530 E Colonial Dr, Orlando, FL 32803.
Tel *(407) 895-2581.*

Winter Park Village
510 N Orlando Ave, Winter Park, FL 32789.
www.shopwinterparkvillage.net

Uma das muitas lojas de fábrica da Flórida, com suas promoções

Shopping Centers

Os shoppings são o típico cenário de compras da Flórida, onde foram inventados esses centros de compras fechados, com ar-condicionado. Oferecem todos os tipos de recursos, de cinemas a restaurantes. Alguns têm até serviços de compradores pessoais e de babás. A maioria está em localização conveniente, quase sempre visível da estrada, e na Flórida Central vão desde o Seminole Towne Center, à margem do St. Johns River, até o enorme The Florida Mall, perto das atrações. Cada um tem estilo próprio, alguns projetados como pavilhões a céu aberto, e outros fechados, para enfrentar qualquer tempo. Os de ponta de estoque atraem multidões de compradores de fins de semana, enquanto os mais caros enchem nas liquidações. O jornal *Orlando Sentinel (p. 191)* distribui volantes de compras em shoppings. Os hotéis entregam cartões de descontos para a maioria das lojas, e os próprios shoppings fazem suas promoções.

Imensa praça de alimentação em The Florida Mall

THE FLORIDA MALL

Ocupando uma área de mais de 18.500m², The Florida Mall é o maior local de compras na Flórida Central. Ele tem o apoio de grandes nomes da indústria de compras americana: as lojas de departamentos Dillard's, JC Penney, Macy's, Saks Fifth Avenue, Sears e Nordstrom. Com mais de 250 lojas especializadas, fica difícil imaginar uma categoria que esse oásis de compras não cubra. Verifique com o serviço para hóspedes se há um bloco de cupons de desconto.

The Florida Mall é tão concorrido que muitos hotéis oferecem condução até lá. É bastante procurado por adolescentes e tem uma enorme praça de alimentação e diversas lojas de roupas preferidas pelos jovens.

Para quem ficar muito cansado depois de horas de compras, o hotel de The Florida Mall tem uma entrada bem no saguão do shopping. Entre os outros hotéis da vizinhança estão Howard Johnson, Archway Inn e Best Western Florida Mall.

Moderno interior de The Mall at Millenia

THE MALL AT MILLENIA

Bem caro, o luxuoso The Mall at Millenia oferece estacionamento com manobrista, serviço de recepcionistas e compradores pessoais e uma casa de câmbio. Com saída exclusiva para a Interstate 4, The Millenia tem as lojas de departamentos Bloomingdales, Macy's e Neiman Marcus mais lojas de grife como Louis Vuitton, Gucci, Tiffany, Chanel, Apple IKEA, Tommy Bahama, Burberry, Cartier, St-John e Cole Haan. Também estão presentes California Pizza Kitchen, McCormick & Schmick, Brio Tuscan Grille, P.F. Chang's China Bistro, Cheesecake Factory e Panera Bread. A diferente praça de alimentação tem mais restaurantes de serviços completos do que boa parte

Ofuscante fachada de The Mall at Millenia, um dos shoppings de maior ostentação em Orlando

de Orlando. Detalhes arquitetônicos e fontes luminosas aumentam o resplendor dessa área sem igual, com nomes como Bang & Olufsen, Japanese Weekend Maternity, Metropolitan Museum of Art Store e a Z Gallerie, especializada em móveis para a casa.

PONTAS DE ESTOQUE E PROMOÇÕES

Um dos shoppings mais concorridos, o gigantesco **Prime Outlets Orlando** atrai um público igual ao da Universal Orlando num dia de grande movimento. Com 170 lojas e 6.500m² de ofertas, o maior shopping de ponta de estoque do país abrange dois shoppings fechados e quatro centros a céu aberto, o que exige que o local tenha condução própria para o visitante percorrer tudo. O shopping fica aberto se segunda a sábado até às 23h e domingos até às 21h.

Produtos de fábrica, com defeito e excedentes de estoque, constituem as ofertas de compra, que vão de sapatos (um setor com quinze lojas) a câmeras e equipamentos eletrônicos, de vitaminas a Bíblias, de bijuteria a música. Os cozinheiros conseguem desconto nas facas profissionais, enquanto quem procura um suvenir vai até a loja de descontos do Universal Studios. Estão presentes grifes como Geoffrey Beane e Tommy Hilfiger, além de baixelas de Mikasa e Pfaltzgraff.

A **Off 5th-Saks Fifth Avenue Outlet** oferece roupas da moda a preços acessíveis, sapatos e acessórios, além de joias, e malas e artigos de couro.

Orlando Premium Outlets, que fornece produtos de grife

Orlando Premium Outlets, perto do SeaWorld, abastece compradores abonados, dando bons descontos em produtos das marcas Burberry, DKNY, Fendi, Nike, Giorgio Armani e Versace. Mais de 100 marcas famosas acabam aqui, de sapatos e bolsas a roupas e joias, além de uma grande variedade de utensílios domésticos e de mobiliário para casa.

No extremo da escala das pechinchas ficam os mercados de pulgas, apresentando uma mistura de produtos novos em oferta e material reformado e recuperado. O maior exemplo é o **Flea World**, localizado entre Orlando e Sanford. Mais de 1.700 barracas negociam antiguidades, roupas, livros usados, joias e outros itens exóticos e curiosos.

A Nike Factory Store, no Prime Factory Outlet World, em Orlando

AGENDA

Flea World
4311 S Orlando Dr,
Sanford, FL 32773.
Tel *(407) 321-1792.*
www.fleaworld.com

The Florida Mall
8001 S Orange
Blossom Trail,
Orlando, FL 32809.
Tel *(407) 851-6255.*
www.simon.com

The Mall at Millenia
4200 Conroy Rd,
Orlando, FL 32839.
Tel *(407) 363-3555.*
www.mallatmillenia.com

Off 5th-Saks Fifth Avenue Outlet
5253 International Dr,
Orlando, FL 32819.
Tel *(407) 354-5757.*

Orlando Premium Outlets
8200 Vineland Ave,
Orlando, FL 32821.
Tel *(407) 238-7787.*
www.premiumoutlets.com

Orlando Shopping Mall Information & Maps
www.orlandotourist
informationbureau.
com/shopping/malls.htm

Prime Outlets Orlando
4451 International Drive,
Orlando,
FL 32819.
Tel *(407) 352-9611.*
www.primeoutlets.com

Seminole Towne Center
220 Towne Center Circle,
Sanford,
FL 32771.
Tel *(407) 323-2262.*
www.simon.com

Áreas de Compras

O comércio varejista se reúne em áreas de muito trânsito, junto à Disney e à Universal e perto dos grandes hotéis. Com exceção da área de compras que acompanha o verde de Winter Park, elas costumam ficar fora das áreas centrais (Downtown Orlando tem pouco a oferecer nesse sentido). Mas, seguindo o trânsito e nas estradas que vão pelo sudoeste para os parques temáticos e para a Costa Oeste, as compras ganham importância. Aqui, lojas de antiguidades e galerias de arte ficam lado a lado com barracas de suvenires, e móveis pintados à mão são tão comuns quanto óculos escuros.

O shopping center The Loop, na John Young Parkway, em Kissimmee

ÁREAS DE COMPRAS DE ORLANDO

North Orange é uma faixa de muito trânsito que leva diretamente para o Winter Park. Lojas de antiguidades vendem bugigangas, lojas enormes oferecem móveis finos, enquanto outras fornecem pedras e azulejos decorativos. Um dos últimos baluartes do vinil e dos CDs usados é o **Rock & Roll Heaven**, onde também se pode encontrar um grande acervo de pôsteres e revistas à venda. Não deixe de conferir as relíquias que decoram as paredes da loja. Os fãs de quadrinhos podem visitar a **Boom-Art**, que tem móveis e outros itens em estilo pop art.

A alguns quarteirões da North Orange Street fica a Mills Avenue, carinhosamente chamada Rainbow Row. Essa área está mais voltada para shoppings de antiguidades, supostas galerias de arte e lojas simpáticas a gays.

Azulejo com flamingos

O **Orlando International Airport** *(p. 192)* se tornou um importante centro de compras, com duas Disney Store, uma loja Universal Studios e dois pontos de venda do SeaWorld no saguão principal. Na International Drive há fileiras de lojas para agradar a todos os gostos. Existem lojas de grife e de designers, muitas delas com roupas, sapatos e peças decorativas em oferta. Tommy Hilfiger e Armani são os destaques em **Pointe Orlando**, um complexo de compras a céu aberto, com palmeiras e fontes. Aqui também há locais sombreados para os compradores exaustos descansarem um pouco.

Localizado na intersecção da John Young com a Osceola Parkways fica o **The Loop**, outro complexo a céu aberto com lojas de eletrônicos, roupas, móveis e joias, em um ambiente descontraído. Há também uma grande diversidade de restaurantes na área.

ÁREAS DE COMPRAS DE WINTER PARK

A sofisticada Park Avenue de Winter Park abastece os endinheirados, numa faixa que abrange dez quarteirões, com lojas, restaurantes, galerias de arte e até dois museus. A loja **Bari Men's** tem ternos finos, ao passo que as casas **Nicole Miller** e **Talbots** apresentam trajes femininos caros. A Banana Republic e The Gap atendem os demais compradores. Lojas como Williams-Sonoma e Caswell-Massey fornecem mesas de cozinha e de maquiagem, enquanto a **Restoration Hardware** e a Pottery Barn têm objetos para a decoração da casa.

O Winter Park oferece a obra de 150 artistas locais contemporâneos, na Scott Laurent Gallery *(pp. 162-3)*, enquanto a Timothy's Gallery

Grande variedade de lojas se enfileira no Orlando International Airport

Loja do Charles Hosmer Morse Museum of American Art

dispõe de móveis de arte e peças decorativas.

A impecável loja de presentes no **Charles Hosmer Morse Museum of American Art** vende reproduções e roupas baseadas no acervo de obras de arte de Louis Comfort Tiffany. Na **Vino**, pode-se degustar e obter informações sobre vinhos do mundo inteiro.

Shopping a céu aberto, o Winter Park Village *(pp. 156-7)* oferece bons momentos com suas variadas lojas de roupas, decoração e móveis, ofertas de bijuteria, livraria, ótimos restaurantes e cinema moderníssimo.

COMPRAS NOS PARQUES TEMÁTICOS

Os suvenires não são a única coisa cara que os visitantes compram nos parques temáticos. A **Universal CityWalk** *(pp. 98-9)* é um centro de música e restaurantes simples, mas também oferece compras, dispondo de colinas ao estilo de São Francisco, que exibem estabelecimentos como a Silver, uma joalheria Art Déco, e a Glow!, que vende apenas bugigangas que brilham no escuro. A loja Universal Studios oferece lembranças de filmes, e a All Star Collectibles fornece produtos esportivos e fotos autografadas. Depois do jantar, visite a Cigarz At CityWalk, se quiser charutos, ou adquira um anel de brilhante (falso, mas engana bem) na Elegant Illusions.

Downtown Disney's West Side *(pp. 74-5)* exibe óculos escuros de US$3.000 na Celebrity Eyeworks. Na Magnetron, 20 mil ímãs enfeitam as paredes da loja e fazem a felicidade dos visitantes. Ímãs brilhantes, com alarmes e campainhas, em todas as formas e tamanhos. Alguns com preços acessíveis. Também existem lojas de presentes em House of Blues, Planet Hollywood e Cirque du Soleil, no West Side. Ao lado da **Downtown Disney's Marketplace** *(p. 75)*, está o LEGO Imagination Center, com um dragão gigante de Lego do lado de fora. Há muitos brinquedos Disney em lojas do Marketplace, desde a Hasbro Once Upon A Toy store até a megaloja do World of Disney.

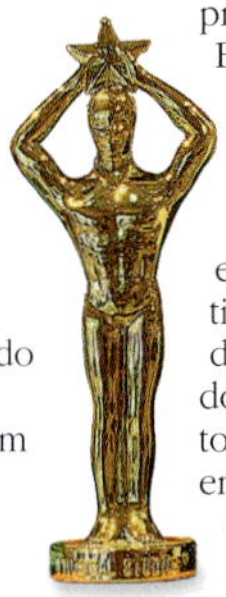

Suvenir do Universal Studio

AGENDA

ORLANDO

Boom-Art
1821 N Orange Ave, Orlando, FL 32804.
Tel *(407) 281-0246.*

The Loop
3208 N John Young Parkway, Kissimmee, FL 34744.
Tel *(407) 414-3361.*
www.attheloop.com

Orlando International Airport
One Airport Blvd, Orlando, FL 32827.
Tel *(407) 825-2001.*

Pointe Orlando
9101 International Dr, Orlando, FL 32819.
Tel *(407) 248-2838.*
www.pointeorlando.com

Rock & Roll Heaven
1814 N Orange Ave, Orlando, FL 32804.
Tel *(407) 896-1952.*

WINTER PARK

Charles Hosmer Morse Museum of American Art
445 Park Ave N, Winter Park, FL 32789.
Tel *(407) 645-5311.*
www.morsemuseum.org

Nicole Miller
312 Park Ave S, Winter Park, FL 32789.
Tel *(407) 628-0400.*
www.nicolemiller.com

Restoration Hardware
400 Park Ave S, Winter Park, FL 32789.
Tel *(407) 622-1050.*
www.restorationhardware.com

Talbots
180 Park Ave N, Winter Park, FL 32789.
Tel *(407) 629-6444.*
www.talbots.com

Vino
400 Park Ave S, Winter Park, FL 32789.
Tel *(407) 691-0304.*

PARQUES TEMÁTICOS

Downtown Disney's Marketplace
10,000 Lake Buena Vista Blvd, Lake Buena Vista, FL 32831.
Tel *(407) 824-4321.*

Downtown Disney's West Side
Buena Vista Dr, Lake Buena Vista, FL 32830.
Tel *(407) 828-3058.*

Universal CityWalk
1000 Universal Studios Plaza, Orlando, FL 33612.
Tel *(407) 224-2691.*

Lojas Especializadas

Embora os descontos em roupas sejam a grande atração, a Flórida Central dispõe de compras mais ecléticas. Fechados ou abertos, os shoppings de antiguidades são concorridos; eletrônicos baratos se destacam em lojas de descontos; e os produtos frescos da Flórida são encontrados em feiras de fazendeiros das redondezas quase todos os dias. Obras de artistas locais enchem galerias, e o turista barganha suvenires de parques temáticos. O clima temperado de Orlando permite a prática de esportes ao ar livre durante o ano todo, transformando os artigos esportivos numa grande atração de compra.

Antiquários na Orange Avenue, em Orlando

ANTIQUÁRIOS

A meca das antiguidades na Flórida Central fica numa cidade chamada Mount Dora *(p. 114)*. Lugar pitoresco, situado numa cadeia de lagos, possui a maior variedade de lojas de antiguidades no sul dos EUA. Uma experiência interessante é ir ao **Renninger's Antique Center**, que tem mais de 180 lojas ocupando 3.716m², num prédio com ar-condicionado. Aberto nos fins de semana, sua variedade de móveis, bonecas, prataria e joias é inigualável. Aqui, os antiquários se especializaram em peças Art Déco, itens da World's Fair, móveis de Mission and Arts & Crafts e cerâmica artística. A área também abriga uma das maiores feiras de antiguidades dos EUA *(p. 27)*. Esse evento ocorre quatro vezes por ano. Há outras vinte lojas nas ruas de Mount Dora, como **Uncle Al's Time Capsule**, com livros e suvenires, e a **Fifth Avenue Antique Mall and Emporium.**. As áreas de North Orange e Mills Avenue em Downtown Orlando constituem faixas onde há antiquários que merecem uma olhada. A **A & T Antiques** trabalha principalmente com móveis ingleses, enquanto a **Victoria's Treasure Shop** oferece joias de ouro e de prata. Entre as diversas lojas de antiguidades de Winter Park, a **American Antiques** é uma que vale a pena visitar.

GALERIAS DE ARTE

O crescimento da comunidade de artistas locais aumentou a oferta de itens da **Scott Laurent Gallery**, em Winter Park, especializada nas obras desses artistas. A **Creative Spirits Art Gallery** dispõe de obras da associação de artistas de Orlando, e a **Millenia Gallery of Fine Art** oferece pinturas de artistas do passado assim como peças contemporâneas. A **Grand Bohemian Gallery** apresenta obras de artistas do mundo todo. A maioria dos restaurantes do centro exibe em suas paredes quadros que os pintores colocam à venda.

DIRETO DA FAZENDA

De sexta a domingo, o **Osceola Flea and Farmer's Market**, que começa às 8h, vende produtos do local; toda quarta-feira, às 5h30, é a vez do **Volusia County Farmers' Market**. No **Top Produce**, que funciona todos os dias (até domingo), pode-se encontrar verduras, ervas e flores da região. Aos sábados, compram-se produtos frescos no **Winter Park Farmers' Market**. Domingo é dia de legumes e verduras a partir das 9h no **Downtown Orlando Farmers' Market** e no **Celebration Sunday Farmers' Market**.

PRESENTES E SUVENIRES

Um presente comum para os visitantes da Flórida consiste em cítricos frescos, como as variedades de grapefruit rosa, vermelha e branca, cultivadas na Flórida Central, laranjas Hamlin e Valência e tangerinas. Orlando não é mais uma grande produtora de frutos, mas ainda dispõe de alguns pomares que vendem frutas.

A Disney e os parques temáticos transformaram os negócios numa arte e a compra de suvenires numa atividade importante. É difícil escapar dos presentes de marca adquiridos em estandes licenciados dentro dos parques e até em áreas de compras como a Universal's CityWalk® e a Disney's West Side, até nas autorizadas **SeaWorld® Stores** no Orlando International Airport e na loja de saldos da Universal em Belz Factory Outlets. Lojas ao longo da International Drive vendem pro-

Fartura no Farmers' Market de Winter Park

dutos e roupas Disney com descontos. Os museus possuem lojas, como a **Orlando Science Center Store**, com presentes vinculados à exposição em curso.

OFERTAS DE ELETRÔNICOS

Com o afluxo de turistas estrangeiros, muitas lojas de eletrônicos na International Drive e nos shoppings apresentam equipamentos adequados a eles. Sony, Panasonic, Bose e outras marcas têm lojas de fábrica com ofertas de ponta de estoque e mercadorias recondicionadas. As lojas Bang & Olufsen e Sound Advice fornecem ótimos equipamentos não encontrados em cadeias de lojas.

Ron Jon Surf Shop, uma das lojas de esportes mais conhecidas

EQUIPAMENTO ESPORTIVO

Distantes uma hora das Costas Leste e Oeste, diversas lojas de Orlando vendem equipamento de mergulho e pranchas de surfe. A maior é a **Ron Jon Surf Shop**, com tradição de 40 anos em Cocoa Beach, que abriu uma filial em Orlando, em 2003. Tem grande variedade de pranchas e de trajes de mergulho. A **Jet Ski Orlando** oferece itens para esportes aquáticos, enquanto a **Play It Again Sports** recupera equipamentos usados de golfe, tênis e ginástica.

AGENDA

ANTIGUIDADES

A & T Antiques
1620 N Orange Ave, Orlando, FL 32804. **Tel** *(407) 896-9831.*

American Antiques
1500 Formosa Ave, Winter Park, FL 32789. **Tel** *(407) 647-2260.* **www**.webbantiquemalls.com

Fifth Avenue Antique Mall and Emporium
130 W 5th Avenue, Mount Dora, FL 32757. **Tel** *(352) 735-2394.*

Renninger's Antique Center
20651 US Hwy 441, Mt Dora, FL 32757. **Tel** *(352) 383-8393.*

Uncle Al's Time Capsule
140 E 4th Ave, Mount Dora, FL 32757. **Tel** *(352) 383-1958.* **www**.sign-here.com

Victoria's Treasure Shop
361 E Michigan St, Orlando, FL 32803. **Tel** *(407) 849-9719.*

GALERIAS DE ARTE

Creative Spirits Art Gallery
820 Lake Baldwin Lane, Orlando, FL 32803. **Tel** *(407) 898-8343.*

Grand Bohemian Gallery
325 S Orange Ave, Orlando, FL 32801. **Tel** *(407) 581-4801.*

Millenia Gallery of Fine Art
4190 Millenia Blvd, Orlando, FL 32839. **Tel** *(407) 226-8701* **www**.milleniafineart.com

Scott Laurent Gallery
348 Park Ave N, Winter Park, FL 32789. **Tel** *(407) 629-1488.*

Timothy's Gallery
236 Park Ave N, Winter Park, FL 32789. **Tel** *(407) 629-0707.*

FEIRAS DE FAZENDEIROS

Downtown Orlando Farmers' Market
9h-14h dom. Central Blvd e Osceola na Lake Eola Pk, Orlando, FL 32801. **Tel** *(321) 202-5855.*

Celebration Sunday Farmers' Market
out-jun: 9h-15h. Market St, Celebration, FL 34747. **Tel** *(407) 892-1135; (407) 566-1234.*

Osceola Flea and Farmers' Market
8h-17h sex-dom. 2801 East Hwy 192, Kissimmee, FL 34744. **Tel** *(407) 846-2811.* **www**.fleaamerica.com

Top Produce
8h-19h seg-sáb, 9h-18h dom. 2225 South Goldenrod Rd, Orlando, FL 32822. **Tel** *(407) 306-8811.*

Volusia County Farmers' Market
5h30-11h qua. 3090 E New York Ave, Deland, FL 32724. **Tel** *(386) 734-1614.*

Winter Park Farmers' Market
7h-13h sáb. New England & New York Aves. Winter Park, FL 32789. **Tel** *(407) 599-3358.*

PRESENTES E SUVENIRES

Hollieanna Groves
PO Box 940067, 540 S Orlando Ave, Maitland, FL 32794. **Tel** *(407) 644-8803.* **www**.hollieanna.com

Orlando Science Center Store
777 E Princeton St, Orlando, FL 32803. **Tel** *(407) 514-2245.*

SeaWorld Store
Orlando International Airport, West Hall, One Airport Blvd, Orlando, FL 32827. **Tel** *(407) 825-2642; (407) 825-2632.*

EQUIPAMENTOS ESPORTIVOS

Jet Ski Orlando
6801 S Orange Ave, Orlando, FL 32809. **Tel** *(407) 859-3006.* **www**.jetskiorlando.com

Play It Again Sports
2823 S Orange Ave, Orlando, FL 32806. **Tel** *(407) 872-3351.*

Ron Jon Surf Shop
5160 International Dr, Orlando, FL 32819. **Tel** *(407) 481-2555.* **www**.ronjonsurfshop.com

DIVERSÃO NA FLÓRIDA CENTRAL

Os parques temáticos são apenas uma das formas de diversão para os turistas da Flórida Central. Essa região dispõe de uma ampla e variada programação de teatro, balé e eventos musicais, além de pontos noturnos e bares concorridos. Os clássicos estão bem representados em Orlando pela Philharmonic Orchestra e por muitos festivais anuais de música erudita. Uma florescente companhia shakespeariana encena produções de nível internacional. A cada ano, o Florida Film Festival traz a produção independente para o público e oferece um trampolim para que os cineastas que ainda estudam nas universidades locais possam exibir seus filmes com os profissionais. Os cinemas locais, como o Enzian, mostram uma série de filmes de arte. Além das atividades culturais, Orlando também oferece entretenimento noturno, com boates e shows em Downtown Disney® *(pp. 74-5)*, Universal CityWalk® *(pp. 98-9)* e Downtown Orlando.

Divulgação do Florida Film Festival

Cena de uma apresentação da Orlando Opera

FONTES DE INFORMAÇÃO

As duas fontes mais procuradas e confiáveis para escolher entre diversões atuais e estreias são a agenda (*calendar section*) do *Orlando Sentinel*, publicada na edição de sexta-feira desse diário, e o *Orlando Weekly*, grátis, publicado às quintas-feiras. Ambos também podem ser acessados pela Internet. Você também deve olhar os sites MSN's City Guide e o Digital City Orlando *(pp. 189 e 191)* para mais informações.

TEATRO

Orlando conta com uma surpreendentemente rica comunidade teatral e ampla variedade de espetáculos. Imperdível é o Orlando International Fringe Festival *(p. 25)*, apresentado todos os anos, em maio. Ele traz mais de 60 companhias do mundo todo, que se reúnem para dez dias de apresentações quase contínuas. Muitas produções e peças de todos os tipos são mostradas aqui. O Bob Carr Performing Arts Center recebe uma série de espetáculos itinerantes da Broadway, com produções como The Producers e Les Miserables. Como há sempre atores atraídos pelo trabalho nos parques temáticos, o teatro de Orlando dispõe de um reservatório de talentos que organiza produções clássicas e modernas, no intimista Mad Cow Theatre *(p. 109)* e no premiado Theatre Downtown.

Atores caracterizados para o Orlando-UCF Shakespeare Festival

A University of Central Florida, a Rollins College e a Valencia Community College possuem as próprias programações de teatro. As faculdades fazem temporadas abertas ao público.

Antigamente, apenas um teatro para temporadas; hoje, o famoso Orlando Shakespeare Theater *(p. 107)* oferece reproduções de altíssima qualidade dos clássicos, e novas peças, durante todo o ano. O teatro consiste num excelente complexo, com quatro palcos internos.

MÚSICA CLÁSSICA E BALÉ

A emissora pública de rádio, a WMFE (90,7 FM), irradia os National Public Radio Programs. Transmitindo mais de vinte apresentações por ano no rádio, a excelente orquestra **Orlando Philharmonic** também faz mais de 100 apresentações a cada temporada. Ela também acompanha o **Orlando Ballet**, uma das companhias profissionais

◁ **Show de fogos de artifício do Wishes™ Nighttime Spectacular, no Magic Kingdom®**

No palco, espetáculo com bailarinas do Orlando Ballet

mais antigas e renomadas do sul dos EUA. Além das produções tradicionais, a companhia também oferece uma temporada familiar, que leva o balé a um público mais jovem. A Central Florida Ballet é uma conhecida companhia de Orlando, que oferece produções com dançarinos de renome internacional, durante todo o ano, além de outros shows que revelam talentos da comunidade local.

Os festivais de música erudita, como a série de concertos do **Festival of Orchestras**, todos os anos apresentam cinco ou mais orquestras sinfônicas aclamadas internacionalmente. Entre essas agremiações figuram a Orquestra Nacional da França e a New York Philharmonic. O **Winter Park Bach Festival** da Rollins College faz apresentações do famoso Bach Festival Choir and Orchestra.

JANTAR COM SHOW

Teatro com jantar é um conceito de diversão comum na Flórida Central. Você pode saborear um belo jantar enquanto assiste a um espetáculo. Faça uma viagem à Idade Média e veja cavaleiros em torneios numa arena bem a sua frente, no show **Medieval Times Dinner & Tournament** *(p. 170)*. **Pirates Dinner Adventure** encena um espetáculo ao estilo da Broadway, com fanfarrices e canções. **Arabian Nights Dinner Attraction** combina magníficos cavalos árabes com acrobatas ciganos e um show do velho oeste. No **Sleuth Mystery Dinner Shows** uma das treze peças originais de comédia e mistério é encenada, com improvisações e participação da plateia.

Logotipo do Auggie's Jammin' Piano Bar

A Disney também conta com dois jantares com show, recheados de exageros em larga escala: *Hoop-Dee-Doo Musical Revue* no Fort Wilderness Resort acompanha um bufê "caipira" e muita diversão do Oeste. Já o *Disney's Spirit of Aloha (p. 75)* apresenta uma noite de hula-hula, com fogueira e um banquete de luau, no concorrido Polynesian Resort.

BOATES E BARES

Embora haja boates e bares em qualquer lugar, o centro das diversões noturnas está localizado em Downtown Orlando. **The Social** é um ótimo ponto para tudo, desde música de rock até um espetáculo semanal chamado *Phat-n-Jazzy*. A maioria das boates conta com DJs, e casas como **Firestone Live** são perenes locais quentes, com noites de música latina, hip-hop e dance music. O **Sky 60**, no alto de um prédio, e o clube noturno **One80 Grey Goose® Lounge**, no 67º andar do Amway Center, têm lindas vistas do skyline do centro de Orlando. O **Auggie's Jammin' Piano Bar** é uma boate divertida no Gaylord Hotel, que apresenta duelos de pianistas. Os shows começam às 21h.

A melhor casa gay da cidade é o **Parliament House**, com restaurante, clube e loja. Happy hours, bufês gratuitos e shows atraem multidões.

Empolgante corrida de bigas na arena central, durante o show Arabian Nights Dinner Attraction

Cantor de karaokê no CityWalk®'s RisingStar

MÚSICA AO VIVO NOS PARQUES TEMÁTICOS

A CityWalk® da Universal e a Disney's BoardWalk são pontos quentes para adultos. Você é a atração principal no clube de karaokê **CityWalk®'s Rising Star**. Cante suas músicas favoritas com acompanhamento de uma banda. O **Bob Marley – A Tribute to Freedom** toca reggae. Tanto o **Hard Rock Live**®, em CityWalk®, quanto a **House of Blues®**, no West Side da Disney, são lugares enormes e excelentes, que apresentam bandas famosas de todas as partes do mundo. A **Raglan Road® Irish Pub and Restaurant** em Downtown Disney exibe música ao vivo. A Disney® também destaca o Epcot® Flower & Garden Festival de abril a junho *(p. 24)*, com um concerto Flower Power de astros da década de 1960. A Universal comemora o Mardi Gras na primavera, com concertos de figuras como Cyndi Lauper e Black Eyed Peas.

Apresentação de concerto no Hard Rock Live®, na CityWalk®

MÚSICA AO VIVO FORA DOS PARQUES

A natureza eclética do ambiente musical de Orlando se reflete na parte da Orange Avenue que passa pelo centro, que conta com casas underground de hip-hop e rock moderno, como o Tanqueray's. O **The Social** é o melhor clube de Orlando para ouvir música ao vivo. Em meados de maio, amantes da música lotam as casas noturnas e palcos abertos da Orange Avenue para assistir ao Florida Music Festival *(p. 25)*. O **Copper Rocket Pub**, em Maitland, reúne bandas de rock e folk. O **Backstage at The Rosen Plaza** é um clube de jazz, situado no Rosen Plaza Hotel, que oferece música ao vivo. Os cantores do **Red Fox Lounge** preferem músicas românticas. O **Plaza Live** se tornou atração obrigatória na Flórida, com grandes nomes do jazz, rock e country, enquanto o pé-direito alto e a luz difusa do **Adobe Gilas** criam a atmosfera sofisticada deste clube de música ao vivo. O **Will's Pub** em Mills Avenue apresenta bandas locais.

DIVERSÃO PARA CRIANÇAS

Além do Mickey Mouse e dos parques temáticos, há muita coisa para entreter os pequenos. O **DisneyQuest**® *(p. 75)*, um fliperama com videogames interativos, permite que o jogador elabore e use o próprio brinquedo. As crianças aprendem a desenhar as personagens Disney e podem gravar CDs na Radio Disney Song Maker. O **Orlando Science Center** *(p. 107)* tem apresentações interativas para crianças de todas as idades e o gigantesco CineDome. O concorrido Gatorland *(p. 119)* exibe 44ha de aligatores e crocodilos vivos e cenas da antiga Flórida. Um destaque é o Gator Jumparoo, onde os répteis pulam no ar para agarrar a comida fornecida pelos treinadores.

O WonderWorks *(p. 110)*, instalado num prédio "de cabeça para baixo", faz mostras interativas de ciências, como montanhas-russas virtuais e a simulação de um terremoto.

PASSEIOS DE BARCO

Com milhares de lagos, rios, fontes e pântanos, as águas da Flórida são uma excelente fonte de diversão. Uma das atrações mais antigas é o Winter Park Scenic Boat Tour *(p. 113)*, cruzeiro de uma hora pelos três lagos interligados por canais, que leva você por mansões e vistas naturais da Flórida ainda não agredida. Outros passeios de barco navegam pelo lindo Lake Tohopekaliga, em Kissimmee, pelo St. Johns River ou pelo Intracoastal Waterway, que separa Daytona da Flórida continental. Excursões num autêntico aerobarco levam os turistas pelos pântanos. E, para a pesca, é possível alugar vários tipos de barco.

Família aproveita o dia ao ar livre num relaxante passeio de barco

AGENDA

TEATRO

Annie Russel Theatre
Rollins College, 1000 Holt Ave, Winter Park.
Tel *(407) 646-2501.*
www.rollins.edu/theatre/annie.html

Bob Carr Performing Arts Center
401 Livingston St, Orlando.
Tel *(407) 849-2020.*
www.orlandocentroplex.com/bobcarr.shtml

Mad Cow Theatre
54 W Church St, Orlando.
Tel *(407) 297-8788.*
www.madcowtheatre.com

Orlando International Fringe Festival
398 W Amelia St, Orlando.
Tel *(407) 648-0077.*
www.orlandofringe.org

Theatre Downtown
2113 N Orange Ave, Orlando.
Tel *(407) 841-0083.*
www.theatredowntown.net

UCF Conservatory Theatre
4000 Central Florida Blvd, Orlando.
Tel *(407) 823-1500.*
www.cas.ucf.edu/theatre

MÚSICA CLÁSSICA E BALÉ

Festival of Orchestras
1353 Palmetto Ave, Suite 100, Winter Park.
Tel *(407) 539-0245.*
www.festivaloforchestras.com

Orlando Ballet
1111 N Orange Ave, Orlando.
Tel *(407) 426-1739.*
www.orlandoballet.org

Orlando Philharmonic
812 E Rollins St, Suite 300, Orlando.
Tel *(407) 896-6700.*
www.orlandophil.org

Winter Park Bach Festival
1000 Holt Ave, Winter Park.
Tel *(407) 646-2182.*
www.bachfestivalflorida.org

JANTAR COM SHOW

Arabian Nights Dinner Attraction
3081 Arabian Nights Blvd, Kissimmee
Tel *(407) 239-9223.*
www.arabian-nights.com

Capone's Dinner & Show
4740 W Hwy 192, Kissimmee. **Tel** *(407) 397-2378.*

Medieval Times Dinner & Tournament
4510 W Irlo Bronson Hwy, Kissimmee.
Tel *(407) 396-1518.*
www.medievaltimes.com

Pirates Dinner Adventure
6400 Carrier Dr, Orlando.
Tel *(407) 248-0590.*
www.piratesdinneradventure.com

Sleuth's Mystery Dinner Shows
8267 International Drive, Orlando.
Tel *(407) 363-1985.*
www.sleuths.com

BOATES E BARES

Auggie's Jammin' Piano Bar
6000 W Osceola Parkway, Kissimmee.
Tel *(407) 586-0000.*

Firestone Live
578 N Orange Ave, Orlando.
Tel *(407) 872-0066.*
www.firestonelive.net

One80 Grey Goose® Lounge
400 W Church St, Orlando.
Tel *(407) 425-7571.*

Parliament House
410 N Orange Blossom Trail, Orlando.
Tel *(407) 425-7571.*
www.parliamenthouse.com

Sky 60
64 N Orange Ave, Orlando.
Tel *(407) 246-1599.*

The Social
54 N Orange Ave, Orlando.
Tel *(407) 246-1419.*
www.orlandosocial.com

MÚSICA AO VIVO

Adobe Gilas
9101 International Drive, Orlando. **Tel** *(407) 903-1477.*

Backstage at the Rosen Plaza
9700 International Drive, Orlando.
Tel *(407) 996-9700.*

Bob Marley – A Tribute to Freedom
1000 Universal Studios Plaza, Orlando.
Tel *(407) 224-2690.*

Copper Rocket Pub
106 Lake Ave, Maitland.
Tel *(407) 645-0069.*

Hard Rock Live®
6050 Universal Blvd, Orlando. **Tel** *(407) 351-5483.*
www.hardrock.com

House of Blues®
1490 E Buena Vista Dr, Lake Buena Vista, Orlando.
Tel *(407) 934-2583.*
www.hob.com

Plaza Live
425 N Bumby Ave, Orlando.
Tel *(407) 228-1220.*
www.plazaliveorlando.com

Raglan Road Irish Pub and Restaurant
3180 Buena Vista Dr, Lake Buena Vista, Orlando.
Tel *(407) 938-0300.*

Red Fox Lounge
Best Western Mt. Vernon Hotel, 110 S Orlando Ave, Winter Park.
Tel *(407) 647-1166.*

RisingStar
6000 Universal Blvd, Orlando.
Tel *(407) 224-2189.*

Will's Pub
1042 N Mills Ave, Orlando.
Tel *(407) 898-5070.*
www.willspub.org

DIVERSÃO PARA CRIANÇAS

Central Florida Zoo and Botanical Gardens
3755 NW Hwy 17-92 Sanford.
Tel *(407) 323-4450.*
www.centralfloridazoo.org

DisneyQuest®
1486 E Buena Vista Dr, Lake Buena Vista, Orlando
Tel *(407) 828-4600.*
www.disneyquest.com

Orlando Science Center
777 E Princeton St, Orlando.
Tel *(407) 514-2000.*
www.osc.org

PASSEIOS DE BARCO

All Orlando Tours
119 N Kirkman Rd, Orlando.
Tel *(888) 609-5665.*
www.allorlandotours.com

Rivership Romance
433 N Palmetto Ave, Sanford.
Tel *(407) 321-5091.*
www.rivershipromance.com

CASAMENTOS NA FLÓRIDA CENTRAL

Ao lado da fama como destino de férias muito concorrido, a Flórida Central passou a ser vista como um dos locais mais procurados para casamentos e luas de mel. O clima perfeito da região é ideal para cerimônias de casamento, que vão de simples comemorações baratas a festividades deslumbrantes que custam milhares de dólares. Os casamentos temáticos são muito solicitados e os organizadores podem criar qualquer coisa que o casal deseje. Jardim privativo, cruzeiro em navio e atrações que vão desde o Rivership Romance ao SeaWorld® e ao Walt Disney World® podem servir de local para casamentos a fim de concretizar qualquer fantasia (muitas noivas de vestido de cauda já foram vistas com orelhas de Mickey Mouse). Orlando também faz casamentos incomuns. Os casais se casam enquanto nadam com golfinhos, pescam ou passeiam de balão de ar quente. Muitos profissionais oferecem pacotes de cerimônia mais lua de mel.

Buquê de noiva

Cerimônia de casamento no Wedding Pavillion da Disney

INTERIORES ESPETACULARES

O **Gaylord Palms Resort & Convention Center** é um local especial para casamentos. Tem divisões que representam as regiões da Flórida, então os casais podem escolher entre o ambiente tradicional de St. Augustine, a exuberância mística das Everglades ou o espírito festivo de Key West. As cerimônias são realizadas sob um átrio de vidro com centenas de plantas e flores, e há espaço tanto para grandes banquetes, como salas menores para cerimônias mais intimistas.

No show **Medieval Times Dinner & Tournament** os noivos se casam tendo a Inglaterra do século XI como pano de fundo. Cavalos-árabes, cavaleiros e formosas donzelas fazem parte da festa. As paredes de mármore do Orlando Museum of Art *(p. 107)* fornecem elegante cenário para um casamento ou uma recepção. A cerimônia é realizada em meio ao prestigiado acervo de obras de arte americanas. O **Grand Bohemian Hotel**, no estilo Art Déco, oferece um casamento com tema boêmio, com estada no hotel. A cerimônia ocorre no jardim da cobertura. Localizada na Universe Shrine Church, a capela católica Mary Queen pode sediar uma festa de casamento para mais de 2 mil pessoas. A capela exibe lindos vitrais e é um charmoso local para se casar. O elegante Grand Ballroom de **The Florida Mall Hotel** acomoda 600 pessoas. Ele fica dentro de The Florida Mall e dá aos noivos a oportunidade de se casarem no maior shopping da Flórida Central.

Para uma reunião mais íntima, **The Veranda**, em Thornton Park, é o lugar ideal. A B&B apresenta um pátio romântico escondido por trás de cinco edificações históricas e possui dez quartos, entre os quais a suíte nupcial, com uma cama enorme com dossel.

PARQUES TEMÁTICOS

Mesmo considerado romântico, infantil ou brega, um casamento no **Walt Disney World® Resort** é sempre especial. Com mais de 2 mil casais fazendo seus votos a cada ano, os pacotes de casamentos começam por volta de US$4.500, enquanto um casamento encomendado custa aproximadamente US$10.000. Para quem não quer economizar, um casamento na Disney para 100 convidados pode chegar a US$50.000. As cerimônias no Magic Kingdom® são eventos privativos e caros, realizados depois que o parque fecha. A noiva chega na carruagem de Cinderela e os noivos se casam no belo Rose Garden, ao lado do Cinderella's Castle. O Animal Kingdom® oferece uma cerimônia com o safári como tema, enquanto a noiva

Casamento no Hard Rock Hotel® da Universal

nos Disney's Hollywood Studios® é conduzida em limusine e pode deixar a marca das mãos em frente ao Mann's Chinese Theater. Em Epcot, pode-se escolher o pavilhão do país em que se quer casar. O Wedding Pavillion da Disney, a capela vitoriana cercada de palmeiras, acomoda 300 convidados e pode fazer doze casamentos por dia. Os planejadores da Disney cuidam de detalhes como comidas, flores, fotografias, entretenimento e o hotel da lua de mel.

Também se fazem casamentos no Grand Floridian Resort & Spa e no Disney's Polynesian Resort *(p. 140)*. Os casamentos podem ser temáticos, e os personagens Disney adoram participar da cerimônia. A **Universal** *(p. 88)* realiza casamentos em todos os seus hotéis, inclusive no **Hard Rock Hotel®**, onde pode-se realizar uma festa para 50 a 240 convidados, no estilo rock'n'roll *(p. 140)*.

EXCENTRICIDADES A CÉU ABERTO

Situados perto de Downtown Orlando, os **Harry P. Leu Gardens** *(p. 108)* impressionam com seus 20ha de esplendor verdejante. Oferecem diversos cenários para casamentos, em meio a uma profusão de rosas e camélias. O Rose Garden, o Edinburgh Floral Clock e o Butterfly Garden são procurados para casamentos. Os **Kraft Azalea Gardens** constituem um local sossegado na beira do Lake Maitland, em Winter Park.

As árvores florescem de janeiro a março e fornecem um fundo muito romântico para casamentos e recepções. O clima intimista desses jardins empresta um quê de exclusividade.

As cerimônias em **Albin Polasek Museum & Sculpture Gardens** *(pp. 112-3)*, no Winter Park, são realizadas no meio de esculturas de Polasek. Os noivos também podem se casar na romântica capela que existe nos jardins.

O **Rivership Romance**, um vapor de 30m, faz jus ao nome, criando uma experiência mágica para os noivos que se casam a bordo. Pode-se fazer uma festa para 200 pessoas no navio, e o pacote inclui um cruzeiro pelo St. Johns River e um jantar especial, assim como dança.

Com 36 buracos e dois campos, o **Mission Inn Golf & Tennis Resort** mistura esportes e núpcias. Champanhe no café da manhã, almoço de casamento e despedida de solteiro podem ser arranjados, em meio à arquitetura espanhola. Existe um iate da década de 1930, o *La Reina*, para cruzeiros no Lake Harris. O **Historic Bok Sanctuary** *(p. 121)* constitui um dos pontos mais altos da Flórida e figura no National Historic Landmark. Os noivos se casam num ambiente romântico, cercado de palmeiras, plantas floríferas e com um carrilhão de 57 sinos.

Albin Polasek Museum & Sculpture Gardens

The English Gardens oferece um local reservado e tropical para cerimônias, recepções e festas. Os jardins são particularmente belos à noite, quando a iluminação está ligada. A menos de 10 minutos do centro de Orlando, o The Gardens acomoda até 120 convidados e presta auxílio no planejamento do evento.

Cenário romântico do Wedding Pavillion da Disney, uma capela vitoriana cercada de palmeiras e por um lago

Orlando Balloon Rides: casamento em um balão de ar quente

O INCOMUM

Noivos que estejam procurando uma cerimônia de casamento fora dos padrões têm muitas opções. Empresas como a **Orlando Balloon Rides** realizam inesquecíveis casamentos em um balão de ar quente. O pacote inclui transporte para o local do voo, uma cerimônia no solo seguida pelo voo de uma hora para duas pessoas e um brinde com champanhe no pouso.

O **Brevard Zoo** de Melbourne libera o uso do Serengeti Pavillion, do Flamingo Pond e do Australian Aviary para casamentos e recepções. Como parte do evento, a equipe do zoo pode realizar passeios pelo parque e, às vezes, guia os convidados pela área da Native Florida Wetlands de caiaque. Casais de motociclistas ficam maravilhados em **Orlando Harley-Davidson**®. A noiva e o noivo, vestidos com roupas nupciais de motoqueiros, dão uma volta nas motos Harley premiadas, com um cortejo também de Harleys. Quem busca mais velocidade ainda pode se casar na **Daytona International Speedway**. A cerimônia é realizada no pódio e inclui os louros da vitória. No **Fantasy of Flight** os casais que querem voar mais alto encontrarão um hangar repleto de aeronaves antigas em perfeito estado, entre elas algumas da Segunda Guerra Mundial, e instalações para acomodar até 3 mil convidados.

PACOTES

Em vez de economizar para a lua de mel, os que se casam na Flórida Central podem escolher entre variada mistura de pacotes de casamento e férias oferecida pela maior parte dos resorts e hotéis.

O Westin Grand Bohemian, em Downtown Orlando, dispõe de três pacotes que vão de uma cerimônia simples com música clássica ao vivo até um jantar de três pratos para o casal e dez convidados, incluindo o pernoite nesse hotel de inspiração art déco. Os preços variam de US$1.600 a mais de US$3.000.

Os casamentos na Disney são organizadíssimos e oferecem muitas opções aos noivos. O Disney's Escape Weddings oferece uma experiência menor e mais elegante, com preços a partir de US$4.750 mais uma estadia mínima de quatro dias no resort. O pacote inclui um organista e um violinista, buquê da noiva, bolo de casamento, uma garrafa de champanhe, limusine, fotógrafo profissional da Disney, um website do casamento, e um passe anual para os noivos. Dentre os locais disponíveis está o Disney's Wedding Pavilion e muitos outros. Para uma festa mais extravagante, o Wishes Wedding é o lugar certo. Os preços começam em US$15.000.

The Courtyard at Lake Lucerne, um B&B dotado de jardim intimista, oferece pacotes completos de casamento, incluindo ensaios de jantares e recepções, e a vantagem de estar no centro de Orlando.

DETALHES

Há livros cheios de nomes de organizadores, fornecedores, casas que alugam roupas, coordenadores e fotógrafos. Os convites podem ser encomendados em gráficas locais e em lojas de material de escritório, como a Kinkos. Existe muita variedade de fornecedores de flores, desde os econômicos, como o 1-800-Flowers, até butiques de flores. Vestidos de noiva constituem um bom negócio, e lojas independentes de alta-costura e casas caríssimas nos shopping centers oferecem roupas de grife. Em geral, os organizadores cuidam de todos esses detalhes.

PARTE LEGAL

As licenças de casamento estão disponíveis em qualquer cartório da Flórida, e alguns organizadores podem obtê-las pelo correio. Não se exige exame de sangue nem período de espera para quem reside fora do estado. Mas os residentes da Flórida têm de se submeter a três dias de espera. Quem já foi casado precisa fornecer a data do divórcio ou da morte do cônjuge.

AGENDA

CARTÓRIOS DA REGIÃO

Clerk of the Court, Orange County
425 N Orange Ave, Suite 355, Orlando.
Tel *(407) 836-2067.*

Clerk of Circuit Court, Osceola County
2 Courthouse Square, Suite 2000, Kissimmee.
Tel *(407) 343-3530.*

ORGANIZADORES

A Beautiful Wedding
6288 Indian Meadow, Orlando.
Tel *(407) 876-6433.*
www.orlandoweddinglocations.com

Just Marry! Just Celebrate!
222 W Comstock Ave, Suite 202, Winter Park.
Tel *(407) 839-3244.*
www.justmarry.com

Orlando Wedding Group
140 N Orlando Ave, Orlando.
Tel *(407) 620-0411.*
www.orlandoweddinggroup.com

Weddings Unique
1223-B North Orange Ave, Orlando.
Tel *(407) 629-7111.*
www.weddingsunique.com

ONDE CASAR

Albin Polasek Museum & Sculpture Gardens
633 Osceola Ave, Winter Park.
Tel *(407) 647-6294.*
www.polasek.org

Brevard Zoo
8225 N Wickham Rd, Melbourne.
Tel *(321) 254-9453.*
www.brevardzoo.org

Daytona International Speedway
1801 W International Speedway Blvd, Daytona Beach.
Tel *(866) 761-7223.*
www.daytonainternations-peedway.com

The English Gardens
1871 Minnesota Ave, Winter Park.
Tel *(407) 644-3444.*
www.englishgardenweddings.com

Fantasy of Flight
1400 Broadway Blvd SE Polk City.
Tel *(863) 984-3500.*
www.fantasyofflight.com

Florida Mall Hotel
1500 Sand Lake Rd, Orlando.
Tel *(407) 859-1500.*
www.thefloridamallhotel.com

Gaylord Palms Resort & Convention Center
6000 West Osceola Pkway, Lake Buena Vista.
Tel *(407) 586-0000.*
www.gaylordhotels.com

Grand Bohemian Hotel
325 S Orange Ave, Orlando.
Tel *(407) 313-9000.*
www.grandbohemianhotel.com

Harry P. Leu Gardens
1920 N Forest Ave, Orlando.
Tel *(407) 246-2620.*
www.leugardens.org

Historic Bok Sanctuary
1151 Tower Blvd, Lake Wales.
Tel *(863) 676-1408.*
www.boksanctuary.org

Hyatt Grand Cypress
One Grand Cypress Blvd, Orlando.
Tel *(407) 239-1234.*
www.grandcypresshyatt.com

Kraft Azalea Gardens
Alabama Dr. off Palmer Ave, Winter Park.
Tel *(407) 599-3334.*
www.cityofwinterpark.org

Medieval Times Dinner & Tournament
4510 W Irlo Bronson Hwy, Kissimmee.
Tel *(407) 396-1518.*
www.medievaltimes.com

Mission Inn Golf & Tennis Resort
10400 County Rd 48, Howey-In-The-Hills.
Tel *(800) 874-9053.*
www.missioninnresort.com

Orlando Balloon Rides
Os convidados encontram-se no Best Western Lakeside.
7769 W Irlo Bronson Highway, Kissimmee.
Tel *(407) 894-5040.*
www.orlandoballoonrides.com

Orlando Harley Davidson®
3770, 37th Street, Orlando.
Tel *(877) 740-3770,*
www.orlandoharley.com/wedding

Rivership Romance
433 N Palmetto Ave, Sanford.
Tel *(407) 321-5091.*
www.rivershipromance.com

The Courtyard at Lake Lucerne
211 Lucerne Circle NE, Orlando.
Tel *(407) 648-5188.*

The Veranda
115 N Summerlin Ave, Orlando.
Tel *(407) 849-0321.*

CASAMENTOS EM PARQUES TEMÁTICOS

Universal Hard Rock Hotel®
Tel *(407) 503-2115.*
www.loewshotels.com

Walt Disney World® Resort
Tel *(321) 939-4610.*
www.disneyweddings.com

ESPORTES NA FLÓRIDA CENTRAL

Na Flórida Central a temperatura média é de 22° C. Só isso já bastaria para considerar o Sunshine State como um ótimo destino para a prática de esportes. Aqui as atividades ao ar livre consistem em pesca, caminhada, golfe e mais golfe. As áreas de proteção ambiental podem ser exploradas a pé, de bicicleta ou de barco. A Flórida Central é o campo de treinamento de primavera para diversos times da Major League e sedia o Orlando Magic. E existem as corridas automobilísticas, com a Nascar e a Daytona 500, a uma hora de Orlando. Os esportes em quadras cobertas, os esportes aquáticos e a equitação podem ser praticados durante o ano todo. A Disney contribui para essa mescla com o complexo do Wide World of Sports e também com o hotel de esportes All-Star Sports Resort.

Golfistas em Orlando

Tiger Woods disputando um campeonato no Bay Hill Golf Club

FONTES DE INFORMAÇÃO

Localizada em Tallahassee, a **Florida Sports Foundation** é o ponto de referência para os eventos esportivos do estado. O **Department of Environmental Protection** pode fornecer informações sobre atividades ao ar livre. Os esportes para o público estão listados na seção esportiva do *Orlando Sentinel (p. 191)*. Também se pode contatar os centros de informação turística para conseguir dados específicos. Outras fontes de informação são fornecidas em seções individuais.

GOLFE

Se você adora golfe, já conhece Tiger Woods, Arnold Palmer e outros 50 ou mais jogadores do PGA Tour que moram na área de Orlando. Há mais de 130 campos num raio de 45 minutos de carro do centro, e Orlando possui seis academias de golfe.

O turista vem em primeiro lugar, e a maioria dos melhores campos (muitos deles projetados por Palmer e Jack Nicklaus) é aberta ao público.

No Walt Disney World, o **Palm & Magnolia Golf Clubs** desafia até os profissionais veteranos e sedia o Walt Disney World/Children's Miracle Network Classic. O Arnold Palmer Invitational é realizado sempre em março, no **Bay Hill Golf Club & Lodge**, de Palmer e é considerado um dos campos mais estimulantes do país, enquanto Nicklaus contribui com o New Course, de dezoito buracos, no **Grand Cypress Resort**, inspirado no Old Course de St. Andrews, na Escócia. Entre outros campos famosos estão **The Oaks**, **Timacuan**, **Falcon's Fire Golf Club**, **Winter Pines Golf Course** e **Dubsdread Golf Course**, todos a menos de cinco minutos de carro de Downtown Orlando.

Um clima que mistura férias com a prática de golfe é encontrado em resorts como **Grande Pines Golf Club**, **Mission Inn Golf & Tennis Resort**, **Grenelefe Golf & Tennis Resort** e **Ventura Country Club**. O **Kissimmee Bay Country Club** é citado como um dos melhores campos dos EUA pelo *Golf Digest*.

Jogo em andamento no Falcon's Fire Golf Club, em Kissimmee

◁ Recém-casados tendo ao fundo o romântico Cinderella's Castle

TÊNIS

Orlando leva o tênis a sério, conforme atestam suas mais de 800 quadras de tênis. Os visitantes têm opções que variam de quadras públicas e clubes até quadras em conjuntos de apartamentos e nos resorts. O Walt Disney World® reúne mais de 30 das melhores quadras de tênis da Flórida Central, e boa parte dos hotéis grandes e médios possui quadras iluminadas. A cidade de Orlando oferece diversas instalações públicas, como o **Orlando Tennis Center**, que tem dezesseis quadras cobertas e quatro ao ar livre com iluminação adequada. A **Bollettieri Tennis Academy** é a escola de tênis que formou astros do calibre de Andre Agassi e Monica Seles. Situada em West Bradenton, Florida, a cerca de 90 minutos de Orlando, essa é a maior academia de treinamento do mundo.

Aula de tênis na Bollettieri Tennis Academy

Muitos hotéis têm quadras, e diversos resorts oferecem pacotes de férias com aulas de tênis. Entre em contato com a **United States Tennis Association (Florida Section)**, em Daytona Beach, para se informar sobre treinadores, clubes e competições, e veja o que mais lhe agrada.

AULAS DE DIREÇÃO

A Flórida Central sedia a Daytona 500 e outras corridas: Nascar, Indy, de caminhão, de motocicleta e de motos envenenadas. A **FinishLine Racing School** tem um programa de três dias na New Smyrna Speedway, único na indústria das corridas automobilísticas que abrange os dois aspectos do envolvimento em corridas de carro: direção de stock car e Nascar. Técnicos em direção ensinam a controlar um stock car na USA International Speedway, em Lakeland. Os fãs se emocionam com a experiência de correr em dois centros: Richard Petty Driving Experience *(p. 73)* e Test Track *(p. 46)*, no FutureWorld, em Epcot®, que oferece uma simulação a 104km/h, numa pista de carro elétrico com 1,5km.

AGENDA

FONTES DE INFORMAÇÃO

Department of Environmental Protection
3319 Maguire Blvd, Orlando, FL 32803.
Tel *(407) 894-7555.*
www.dep.state.fl.us

Florida Sports Foundation
2930 Kerry Forest Parkway, Tallahassee, FL 32309.
Tel *(850) 488-8347.*
www.flasports.com

GOLFE

Bay Hill Golf Club & Lodge
9000 Bay Hill Blvd, Orlando, FL 32819.
Tel *(407) 876-2429.*
www.bayhill.com

Disney's Palm & Magnolia Golf Clubs
1950 W Magnolia Palm Dr, Lake Buena Vista, FL 32830.
Tel *(407) 939-4653.*

Dubsdread Golf Course
549 W Par St, Orlando, FL 32804.
Tel *(407) 246-2551.*
www.historical dubsdread.com

Falcon's Fire Golf Club
3200 Seralago Blvd, Kissimmee, FL 34746.
Tel *(407) 397-2777.*
www.falconsfire.com

Grand Cypress Resort
1 N Jacaranda, Orlando, FL 32836.
Tel *(407) 239-4700.*
www.grandcypress.com

Grande Pines Golf Club
6351 International Golf Club Rd, Orlando, FL 32821.
Tel *(407) 239-6909.*
www.marriottgolf.com

Grenelefe Golf & Tennis Resort
3200 State Rd 546, Haines City, FL 33844.
Tel *(863) 422-7511.*
www.thelefe.com

Kissimmee Bay Country Club
2801 Kissimmee Bay Circle, Kissimmee, FL 34744.
Tel *(407) 348-4653.*
www.playgolfin kissimmee.com

Mission Inn Golf & Tennis Resort
10400 County Rd 48, Howey-in-the-Hills, FL 34737.
Tel *(352) 324-3101.*
www.missioninn resort.com

The Oaks
1500 Oaks Blvd, Kissimmee, FL 34746.
Tel *(407) 933-4055.*
www.kissimmeeoaks golf.com

Timacuan
550 Timacuan Blvd, Lake Mary, FL 32746.
Tel *(407) 321-0010.*
www.golftimacuan.com

Ventura Country Club
3201 Woodgate Blvd, Orlando, FL 32822.
Tel *(407) 277-2640.*
www.venturacountryclub.org

Winter Pines Golf Course
950 S Ranger Blvd, Winter Park, FL 32792.
Tel *(407) 671-3172.*
www.winterpinesgc.com

TÊNIS

Bollettieri Tennis Academy
5500 34th St, W Bradenton, FL 34210.
Tel *(800) 872-6425.*
www.imgacademies.com

Orlando Tennis Center
649 W Livingston St, Orlando, FL 32801.
Tel *(407) 246-2161.*
www.cityoforlando.net/ recreation

United States Tennis Association (Florida Section)
1 Deuce Court, Suite 100, Daytona Beach, FL 32124.
Tel *(386) 671-8949.*

AULAS DE DIREÇÃO

FinishLine Racing School
3113 S Ridgewood Ave, Edgewater, FL 32141.
Tel *(386) 427-8522.*
www.finishlineracing.com

Esportes para o Público

Os que preferem esportes vistos a partir das arquibancadas podem torcer ao assistir a um jogo de basquetebol do Orlando Magic, na Amway Center. Também da casa são os Arena Football League Orlando Predators. O time de futebol da University of Central Florida Golden Knights joga no Bright House Networks Stadium. Outro estádio famoso é o Florida Citrus Bowl, onde o tradicional campeonato New Year's Day é decidido. No mesmo dia, acontece o tradicional clássico da Flórida, entre Bethune-Cookman e Florida A&M. Na Flórida pratica-se o *jai-alai*, um jogo rápido introduzido nos EUA por imigrantes cubanos. Os visitantes podem assistir ao jogo no Orlando-Seminole Jai Alai, um lugar onde também são feitas apostas em cavalos de corrida.

Durante um jogo dos Orlando Predators

Jogador de basquete fazendo um passe no jogo, em Orlando

ESPN WIDE WORLD OF SPORTS®

Uma joia da Disney, o Wide World of Sports® é um excelente centro de treinamento e apresentação de esportes do mundo todo. Aqui, na primavera, treinam os Atlanta Braves, e ele é a sede da Amateur Athletic Union. As dependências do The Wide World of Sports® recebem cerca de 250.000 atletas e 1,2 milhão de espectadores todo ano, sendo que a maioria vem da Flórida central para competições. Cerca de 50 modalidades esportivas, incluindo futebol, beisebol, *softball*, basquetebol, artes marciais, atletismo, maratona, *cheerleading*, acontecem aqui. A lista de eventos, profissionais e amadores, é extensa: o USA Wrestling National Championships e o USA Judo Championships são alguns exemplos. O Pop Warner Super Bowl também acontece aqui. O EWWS® dá mais ênfase ao beisebol, enquanto o futebol americano e o futebol acontecem em outras datas do ano. O visitante pode comprar ingressos para os jogos ou fazer excursões no complexo, que conta com quatro campos no padrão das *major leagues*, seis campos de *softball* e beisebol infantil, doze quadras de basquete colegial, dez quadras de tênis e pista de atletismo. Com 89ha de área, o excelente complexo possui o Milk House, um ginásio de 15.329 m², com capacidade para 5.500 pessoas para partidas de basquete; o campo de beisebol Champion Stadium com 9.500 assentos; e o Jostens Center, arena multiuso de 7.432 m². O Hess Sports Fields conta com quatro campos poliesportivos para a prática de futebol, futebol americano, *lacrosse* e outros esportes, além de quatro quadras para beisebol e *softball*. Naturalmente, há diversas lojas da Disney relacionadas a esportes. Um restaurante com temas esportivos completa a experiência.

BEISEBOL

Desde a Primeira Guerra Mundial, o clima quente da Flórida transformou-a num local de treinamento na primavera para os times de beisebol da Major League. Cada time volta para a mesma cidade todo ano, injetando milhares de dólares na economia local e trazendo muito prestígio. As cidades se identificam fortemente com seus visitantes. Na Flórida Central, a temporada de treinos vai de meados de fevereiro até março. O treino de primavera dos Houston Astros é no **Osceola County Sports**

Gigantesco complexo do Disney's Wide World of Sports®

Stadium, sede de diversos campeonatos e decisões. Os Atlanta Braves se exercitam no grande complexo ESPN Wide World of Sports®, que acomoda até 9.500 fãs no único estádio de treino de beisebol da Flórida construído com dois anéis. Com 30,5m de altura, este é também o mais alto estádio do estado.

RODEIOS

Desde a década de 1920, em fevereiro e outubro, o pessoal que monta em touros e cavalos vem de todo o país para competir pelos prêmios e pela classificação nacional no **Silver Spurs Rodeo** de Kissimmee, considerado o maior do leste dos EUA (ou seja, a leste do Mississippi) desde 1944. Repetindo a época em que a Flórida era um dos maiores produtores de gado do país, o evento apresenta competições em lombo de touro, captura de novilho e corrida de barril. O rodeio acontece na espetacular Silver Spurs Arena, construída em 2002 e que oferece conforto climatizado para 8.300 espectadores. A arena também é usada para outros eventos, como concertos e competições esportivas.

Logo do Silver Spurs Rodeo

AUTOMOBILISMO

Recordes mundiais de velocidade foram alcançados e quebrados nas areias duras e lisas de Daytona Beach, na década de 1920. Desde então, a Flórida Central se tornou o centro da corrida automobilística americana. **A Daytona International Speedway** *(p. 118)* é a sede da Nascar, o máximo em termos de corrida. Além dos dez principais fins de semana de corridas, entre os quais a Daytona 500, famosa mundialmente, as Speedweeks, em fevereiro, e as corridas de motos, em março e outubro, a pista apresenta *stock cars* a 305km/h, motos supervelozes e karts envenenados a 200km/h. Localizada ao sul de Daytona, a **New Smyrna Speedway** oferece diversas corridas de *stock car* quase o ano todo, desde a World Series of Asphalt, em fevereiro, até a Florida Governors Cup, em novembro. Os *stock cars* também roncam a oeste de Orlando, na USA International Speedway de Lakeland.

Montagem de touro, no Silver Spurs Rodeo, em Kissimmee

Carros de corrida na Daytona 500, de fama internacional

AGENDA

Amway Center
400 W Church St, Orlando, FL 32801.
Tel *(407) 440-7000.*
www.amwaycenter.com

Daytona International Speedway
1801 W International Speedway Blvd, Daytona Beach, FL 32120.
Tel *(866) 761-7223.*
www.daytonainternational speedway.com

ESPN Wide World of Sports®
800 Victory Way, Lake Buena Vista, FL 32830.
Tel *(407) 828-3267.*
www.espnwwos.disney.go.com

Florida Citrus Bowl
1610 W Church St, Orlando, FL 32801.
Tel *(407) 849-2020.*
www.fcsports.com

New Smyrna Speedway
State Rd 44, New Smyrna Beach, FL 32170.
Tel *(386) 427-4129.*
www.newsmyrnaspeedway.org

Orlando-Seminole Jai Alai
6405 S US Hwy 17-92, Fern Park, FL 32730
Tel *(407) 339-6221.*
www.orlandojaialai.com

Osceola County Sports Stadium
631 Heritage Parkway, Kissimmee, FL 34744.
Tel *(321) 697-3200.*
www.osceolastadium.com

Silver Spurs Rodeo
1875 Silver Spur Lane, Kissimmee, FL. 34744.
Tel *(407) 677-6336.*
www.silverspursrodeo.com

Atividades ao Ar Livre

A Flórida Central é uma terra de lagos e rios alimentados por fontes cristalinas, marcada por florestas, com um dos climas mais amenos do país. Há praias intocadas sempre a uma distância confortável de carro, a partir de qualquer ponto da área. É possível fazer surfe quando o sol raiar em Daytona, descer o St. Johns River de canoa, cavalgar num hotel-fazenda, praticar paraglide, realizar uma maratona de 32km de bicicleta e ainda pegar o lindo pôr do sol na Melbourne Beach. Com parques estaduais e reservas naturais magníficos, a Flórida Central também é um local importante de ecoturismo, assim como excelente campo de caça e pesca. Para resumir, essa região é tão divertida para o visitante ativo quanto para os fãs dos parques temáticos.

Harry P. Leu Gardens, parque calmo na alvoroçada Orlando

Família num passeio de bicicleta em um parque de Orlando

BICICLETAS E TRILHAS

Única área que possui colinas, Lake County estimula o ciclismo na Flórida Central, com nove triatlos de maio até outubro e o anual Bicycle Festival de 160km, em outubro. Clermont é o centro de competições de ciclismo e conta com triatlos para crianças com mais de 7 anos e adultos com mais de 70.

A rede de trilhas da região permite que os andarilhos usem mais de 350km de corredores reformados para suas caminhadas. A faixa de 66km que sai de Clermont impressiona e passa diretamente pela Withlacoochee State Forest, acompanhando o rio com o mesmo nome.

Só Orange County possui 35km de trilhas, destacando-se uma de 8km que atravessa o **Wekiwa Springs State Park**. A West Orange Trail se estende por 35km ao longo das margens do Lake Apopka e liga Oakland, Winter Garden, Ocoee e Apopka. Essa trilha dispõe de itinerários para corridas, caminhos para cavalgar e ciclovias pavimentadas para praticar ciclismo e skate. A Cross-Florida Trail passa pela floresta Little Big Econlockhatchee, cruzando uma área desde o golfo do México até o St. Johns River, num corredor de 177km que oferece oportunidades de ciclismo *off-road* e também de prática de remo pelos rios Ocklawaha e Withlacoochee. A Rock Springs Run, uma trilha de 19km que vai da bacia do rio Wekiva até a Ocala National Forest, é bem conhecida por quem anda de *mountain bike*.

CAMINHADAS POR PARQUES E PELA NATUREZA

A cidade de Orlando possui 1.618ha de parques, entre os quais estão os **Harry P. Leu Gardens**, com a maior coleção de camélias e o maior roseiral do Sul dos EUA *(p. 108)*. Existem diversas reservas naturais

Grupo de jovens pedala por uma trilha panorâmica perto de Orlando

Natureza vista numa cavalgada na Flórida Central

dentro dos limites da cidade, a exemplo do Delaney Park, de 3ha, perto de Downtown Orlando, e o lindo Dickson Azalea Park, a sudeste do centro, cercado de samambaias, palmeiras e carvalhos, todos nativos. Situado em Apopka, próximo de Orlando, o **Kelly Park** exibe as Rock Springs, nascentes alimentadas por uma torrente borbulhante que se torna um riacho sinuoso. O Wekiwa Springs State Park, também em Apopka, é outro oásis num terreno com muitas águas. O repousante **Blue Spring State Park** abriga manatis de dezembro a fevereiro *(p. 114)*.

CAVALGADAS

Muitas academias de equitação e haras oferecem trilhas e aulas aos turistas, e dois hotéis-fazenda fornecem um "gostinho" dos caubóis do passado na Florida. Ocupando 300ha em Kissimmee, o **Horse World Riding Stables** dispõe de trilhas para cavalgada com todos os níveis de dificuldade, além de aulas de equitação a *la Western*. O **Florida Eco-Safaris** em St. Cloud oferece passeios noturnos, que revelam a verdadeira paisagem e cultura da antiga Flórida. Viaje pela Forever Florida, um rancho ecológico de 1.902ha com uma área de conservação ambiental que contém nove ecossistemas da Flórida, e uma imensa variedade de fauna e flora, incluindo aligátores e ursos negros. Os visitantes podem escolher o seu percurso, em um vasto menu de passeios guiados. Há um safári de duas horas em veículo aberto, que oferece uma vista da área de conservação; os safáris a cavalo podem ter duração variada, e refazem o caminho percorrido pelos nativos americanos; outra opção é a caminhada pelos topos das árvores, em que os visitantes andam em um safári a 17m de altura do chão.

Fonte no Harry P. Leu Garden

VOO LIVRE E PARAGLIDING

Diversos fornecedores da Flórida Central proporcionam cursos de voo livre e paragliding, além de passeios. Para as lições desses esportes, o **Quest Air Soaring Center** leva você em voos de mais de 96km. A maior escola de voo em planador da região é a **Seminole-Lake Gliderport**, em Clermont, que propicia voos de introdução ao planador, para uma ou duas pessoas, e aluguel da aeronave.

SURFE E OUTROS ESPORTES AQUÁTICOS

A uma hora de carro de Downtown Orlando, a Space Coast exibe seus 115km de praias de areias brancas. O Easter Surfing Festival é um dos principais pontos do circuito de surfe profissional. A maioria dos hotéis da praia de Daytona dispõe de pranchas para aluguel, e duas grandes escolas de windsurfe funcionam a poucos minutos de Downtown Orlando.

A leste, os moradores da área costumam ir para New Smyrna Beach, Cocoa Beach, Sebastian Inlet e para as faixas quase intocadas do Canaveral National Seashore.

Nadar é quase tão natural quanto respirar para grande parte dos floridenses. Diversos hotéis possuem piscinas, mas a grande alegria de estar na Flórida é a chance de nadar no mar ou nos muitos lagos, nascentes e rios. Uma série de esportes aquáticos, do windsurfe ao jet ski, é oferecida nos resorts da região. E o esqui aquático também é praticado em lagos e rios.

Passeio de jet ski no complexo de esportes aquáticos de Buena Vista

Casal se diverte em um canal de Orlando

CANOAGEM

Com mais de 2 mil lagos e diversos rios interligados, o território de Orlando é ótimo para andar de barco.

Há 27km de nascentes naturais que saem nas águas cristalinas de Wekiwa Springs para atingir o St. Johns River, com muitos locais de acampamento para os que gostam, além de restaurantes e bares às margens do rio para os que estão só a passeio. A cadeia formada pelos lagos Harris pode levá-lo da nascente do St. Johns até o Atlântico. O Econlockhatchee River atravessa os condados de Orange e Seminole e oferece diversas oportunidades para você aproveitar momentos de paz no campo, dentro da Flórida tão moderna. As águas claras do Blue Spring State Park são boas para andar de barco e para mergulhar com snorkel e com oxigênio. Muitos cursos d'água interiores servem para barcos pequenos. É possível alugar barcos-casa em marinas de Sanford, no St. Johns River, por exemplo.

ECOTURISMO

Dona de mais espécies de plantas e animais do que qualquer outro estado americano, a Flórida é um paraíso natural, classificada no 11º lugar como destino para o ecoturismo mundial. Ao norte do Kennedy Space Center, a Merritt Island National Wildlife Refuge e o Canaveral National Seashore *(p. 123)* são as maiores reservas de vida selvagem no litoral oriental, com mais de 310 espécies de aves, fáceis de observar no inverno. A Space Coast dispõe de mais de 570km² de reservas protegidas e 40 parques. O Blue Spring State Park possui uma nascente com águas a 22° C e abriga manatis em extinção. Oferece camping, caminhadas e canoagem. No local são organizados "encontros com manatis", com pequenos grupos que nadam com esses mamíferos, em águas cristalinas. A **Florida Eco-Safaris**, em St. Cloud, é uma reunião de reservas naturais e do rancho Crescent J Cattle; juntos, somam 1.902ha de natureza intocada para passeios em trilhas e acampamentos a céu aberto.

O **Enchanted Forest Nature Sanctuary**, na Costa Leste, serpenteia pelas colinas litorâneas do Atlântico e por 160ha de floresta costeira com madeira de lei. O **Fun 2 Dive, Scuba & Snorking Tours**, em Sanford, oferece mergulho com snorkel e oxigênio, sem necessidade de experiência, para ver manatis. Também promove o ecoturismo e excursões para sessões de fotografia da natureza.

PESCARIA

Os muitos rios e lagos da Flórida são ótimos para a pesca em água doce, mas o estado é mais famoso pela pesca esportiva em alto-mar. A área de Daytona Beach apresenta uma das melhores pescarias oceânicas da região. Os marlins são encontrados na corrente do golfo, enquanto as garoupas e os vermelhos podem ser fisgados nos recifes. Mais de vinte iates de aluguel zarpam diariamente das docas de Ponce Inlet. A pesca no Lake Tohopekaliga e na cadeia de lagos de

Garças imaculadamente brancas caçam no Merritt Island National Wildlife Refuge

Um tranquilo dia de pesca nas águas calmas de um lago em Kissimmee

Kissimmee consegue muitas percas-de-boca-grande, e essa área produz mais percas com mais de 4,5km do que qualquer lugar do mundo. Nos lagos da Grande Orlando também se pescam peixe-gato e brema. Merritt Island, a leste, é conhecida por trutas-salmonejas, robalos e camurupins.

CAÇA

A uma hora de carro de Orlando, a Ocala National Forest *(p. 118)* acolhe caçadores que buscam veados-de-cauda branca e perus selvagens, na temporada de caça. Nesse período, também se permite caçar na área de controle ambiental de Osceola Conty, no **Triple N Wildlife Ranch**, onde há codornas, coelhos, racuns, porcos-do-mato e coiotes, além de caça grande, a exemplo de veados.

LICENÇAS E TEMPORADAS

É preciso licença especial para pescar nos rios e lagos da Flórida ou no mar. Também se exige certificado de conclusão de curso para caça segura para conseguir licença para pescar com arma de fogo ou arco e flecha. De maio a setembro, é possível caçar aligatores; os candidatos são selecionados por sorteio. De dezembro a janeiro ocorre a temporada dos patos e a de veados-galheiros; porcos-do-mato e perus selvagens vai de novembro a janeiro; a de codorna, peru e esquilo, de novembro a março. Pode-se pescar no mar o ano todo.

AGENDA

BICICLETAS, TRILHAS, PASSEIOS EM PARQUES

Blue Spring State Park
2100 W French Ave, Orange City, FL 32763.
Tel *(386) 775-3663.*
www.floridastateparks.org

City of Orlando Parks Department
www.cityoforlando.net/public_works/parks

Florida Trails
www.floridaconservation.org
www.traillink.com

Florida Triathlon Events Sommer Sports, Inc.
838 W Desoto St, Clermont, FL 34711.
Tel *(352) 394-1320.*
www.sommersports.com/home

Kelly Park
Kelly Park Dr, Apopka, FL 32712.
Tel *(407) 889-4179.*

Wekiwa Springs State Park
1800 Wekiva Circle, Apopka, FL 32712.
Tel *(407) 884-2008.*
www.floridastateparks.org

CAVALGADAS

Florida Eco-Safaris
4755 N Kenansville Rd, St. Cloud, FL 34773.
Tel *(407) 957-9794.*
www.floridaecosafaris.com

Horse World Riding Stables
3705 Poinciana Blvd, Kissimmee, FL 34758.
Tel *(407) 847-4343.*
www.horseworldstables.com

VOO LIVRE E PARAGLIDING

Quest Air Soaring Center
6548 Groveland Airport Rd, Groveland, FL 34736.
Tel *(352) 429-0213.*
www.questairhanggliding.com

Seminole-Lake Gliderport
Clermont, FL 34712.
Tel *(352) 394-5450.*
www.soarfl.com

ECOTURISMO

Enchanted Forest Nature Sanctuary
444 Columbia Blvd, Titusville, FL 32780.
Tel *(321) 264-5192.*

Florida Eco-Safaris
4755 N Kenansville Rd, St. Cloud, FL 34773.
Tel *(866) 854-3837.*
www.floridaeco-safaris.com

Fun 2 Dive, Scuba & Snorkling Tours
503 S French Ave, Sanford, FL 32771.
Tel *(407) 322-9696.*
www.fun2dive.com

CAÇA E PESCA

Florida Fishing Seasons
Tel *(850) 245-2555.*
www.fishingfloridakeys.com/fish_seasons.htm

Florida Fish & Wildlife Conservation Commission
620 S Meridian St, Tallahassee, FL 32399.
Tel *(850) 488-4676; 1-888-HUNT-FLORIDA (486-8356); 1-888-FISH-FLORIDA (347-4356).*
www.myfwc.com

Triple N Wildlife Ranch
5600 Crabgrass Rd, St. Cloud, FL 34773.
Tel *(407) 498-0991.*

680
699-9999
Checker Cab

MANUAL DE SOBREVIVÊNCIA

INFORMAÇÕES ÚTEIS

Parques temáticos, clima sempre ameno e localização central em relação às duas faixas litorâneas da Flórida trazem, anualmente, 46 milhões de pessoas à área de Orlando, um número 26 vezes maior do que a população local. Por isso, a grande indústria de Orlando é o turismo. Com quatro parques temáticos da Disney e dois da Universal, além de dois parques marinhos, o que sobressai são as atrações para as férias perfeitas com a família. O Mickey Mouse e outras personagens atraem as crianças, ao passo que museus excelentes, eventos culturais e teatros agradam aos pais. No auge da temporada de turismo, durante a Ação de Graças, o Natal e a Páscoa, sobe o preço das tarifas aéreas e das diárias de hotéis, mas no fim do inverno e começo do outono obtêm-se grandes descontos, as filas diminuem e sempre há quartos disponíveis. E existe muito mais do que parques temáticos.

Brasão do estado da Flórida

A Flórida Central é considerada mundialmente um ótimo destino para ecoturismo, com quilômetros de lagos, o St. Johns River e reservas ambientais por toda a Costa Leste. O clima quente também propicia uma série de atividades esportivas, como natação, cavalgadas, voo livre, esqui aquático e golfe. Uma ou duas semanas não bastam para explorar tudo o que a região tem a oferecer.

Orlando/Orange County Convention & Visitors Bureau

VISTO

Brasileiros precisam de visto para entrar nos Estados Unidos. Para obter mais informações e agendar a entrevista acesse **www**.visto-eua.com.br.

INFORMAÇÃO TURÍSTICA

Alguns guichês de informação turística e áreas de compras de Orlando se cotizam para oferecer "ingressos pela metade do preço" para os parques temáticos se você passar horas comprando suas ofertas. Mas existem cabines realmente úteis do Orlando Tourist Center, localizadas no centro, na International Drive e no saguão de muitos hotéis.

No centro de informação turística da **Orlando City Hall** e no centro de informação oficial no Orlando International Airport são oferecidos folhetos e cupons de descontos. Ambos ficam abertos diariamente, das 7h às 23h. Há serviços de atendimento na maioria dos hotéis, e o atendimento ao cliente dos parques temáticos é cordial no fornecimento de informações. Pode-se adquirir o Official Accommodations Guide to Orlando (que inclui um kit para planejar suas férias) no **Orlando/Orange County Convention & Visitors Bureau**. O turista também pode ligar para o número grátis do **Florida State Tourism Board** para pedir um guia do visitante. Os serviços aos hóspedes, tanto no Walt Disney World® quanto nos Universal Studios, também ajudam. Quem liga pode solicitar guias de férias, que são postados gratuitamente.

Os jornais **Orlando Sentinel** e o "alternativo" **Orlando Weekly** publicam uma seção de informações sobre os eventos da região, que estão repetidas em seus sites. O serviço *on-line* **The Daily City**, oferece um guia para os acontecimentos da moda. A revista mensal **Orlando Magazine** oferece indicações de restaurantes e de eventos culturais.

Entre as revistas gratuitas oferecidas em cafeterias, bares e restaurantes estão *Industry*, *Watermark* e *Axis*; esse é um modo rápido e fácil de ficar a par da maioria dos eventos.

PREÇO DE INGRESSOS

A maioria dos museus, dos parques e de outras atrações cobra entrada, que varia de US$2 num museu pequeno a mais de US$85 por um passe

Folhetos de informação turística num saguão de hotel em Orlando

◁ **Táxis à espera de passageiros numa rua de Orlando**

Centro de informação turística numa rodovia, em Kissimmee

de um dia num parque temático. Portanto, a ida de uma família a um desses parques é um programa caro. Os dois parques da Universal Orlando® custam US$85 por adulto (US$79 por criança), enquanto o SeaWorld® cobra US$79,99 por adulto, por dia (US$71,99 por criança de até 9 anos). O ingresso do WDW para adulto custa US$85 por dia (US$79 por criança). Em todos os parques há ingressos para vários dias, com boa relação custo-benefício. Na Disney, os chamados Park Hopper Tickets garantem ao visitante entrada ilimitada nos quatro parques do grupo. O preço é de US$298 para quatro dias (US$279 para crianças). Os Universal Studios oferecem o 2-Park FlexTicket, que permite entrada livre para Universal Studios, Islands of Adventure® e Wet'n Wild® por quatro dias. O preço por adulto fica em US$188,49 (US$175,49 por criança). São concedidos preços especiais o ano todo pela Internet ou por agências, mas isso deve ser feito com antecedência. Existem passes e preços diferenciados para os "moradores da Flórida" no caso de conhecer algum local. Atenção: todos os valores mencionados podem sofrer alteração, incluindo as taxas.

Muitos pontos de interesse dão desconto para crianças, estudantes e idosos. Exemplo: o Orlando Museum of Art cobra US$8 de adultos, US$7 de idosos e universitários e US$5 de 7 a 18 anos (crianças com menos de 6 anos não pagam). Alguns locais permitem entrada gratuita em determinados dias e horários. Para ingressos mais baratos e refeições econômicas, use cupons de folhetos distribuídos nos centros de turismo.

FUNCIONAMENTO

Quase todas as atrações funcionam diariamente. Os parques temáticos ficam abertos o ano todo. A maioria abre às 9h e fecha entre 19h e 23h, dependendo da estação, com horários mais amplos na alta temporada. Os parques do estado costumam abrir desde o raiar do sol até o anoitecer, embora os centros de visitantes anexos possam fechar mais cedo. Alguns locais fecham uma vez por semana, em geral na segunda-feira. Muitos, como Orlando Science Center, Orlando Museum of Art, Mennello Museum of American Folk Art e Morse Museum of American Art *(pp. 107 e 112)*, fecham mais tarde na sexta-feira e no sábado, abrindo somente à tarde no domingo. Certos locais fecham em feriados nacionais, como Ano-Novo, Ação de Graças e Natal.

QUANDO VIAJAR

Por causa do clima, a Flórida Central se tornou um destino preferido pelos norte-americanos. O fim do outono e o início do inverno deixam Orlando cheia de gente, principalmente os parques. Em geral, a alta estação é também quando os hotéis e as companhias aéreas ficam mais concorridos e caros; por isso, é mais vantajoso fazer reservas o mais cedo possível. Se você quiser viajar para a Disney no auge do movimento, pode valer mais a pena planejar a ida por volta do Ano-Novo ao Magic Kingdom® ou ao Epcot® International Flower and Garden Festival em abril.

Planeje suas férias familiares para meados de janeiro-fevereiro e setembro-outubro para evitar as multidões e o calor do verão. Se quiser enfrentar as temperaturas altas, maio é um mês relativamente calmo nos parques. Na baixa estação, os parques temáticos dispõem de ofertas para diversos dias e os hotéis fazem descontos nas diárias.

Visitantes passeiam numa rua perto do Boardwalk Resort da Disney

Menino tocando uma pedra de Marte no Space Center *(pp. 124-7)*

VIAJANDO COM CRIANÇAS

Quase sempre, as crianças vêm a Orlando pelos parques temáticos. Mas alguns brinquedos talvez não sejam adequados aos menores. Peça a um atendente do parque que lhe descreva o brinquedo. Muitos dos "brinquedos emocionantes" assustam as crianças, mesmo os que parecem inofensivos à primeira vista. Os brinquedos de tecnologia avançada, que têm 3D, névoa e simulação de movimento, como Men in Black – Alien Attack *(p. 92)* e Amazing Adventures of Spider-Man *(p. 96)*, podem amedrontar os pequenos. Nunca ponha num brinquedo uma criança que esteja chorando; toda atração tem uma área de descanso ao lado dos portões e, se uma criança ficar muito perturbada, há postos médicos por perto. Observe sempre as áreas de "crianças perdidas" e confie no pessoal do parque se seu filho se perder.

A intensidade do sol da Flórida pode prejudicar os olhos dos pequenos. Lembre-se, então, de levar óculos escuros, protetor solar e chapéus. Carrinhos, simples ou múltiplos, podem ser alugados nos Visitor Services, na entrada dos parques da Disney, da Universal e do SeaWorld. Vale lembrar que o Walt Disney World Resort oferece aos hóspedes o ingresso "Extra Magic Hour", para entrar nos parques uma hora antes da abertura regular, em dias específicos. Isso ajuda as famílias com crianças pequenas a evitar as multidões de manhã cedo.

Já que Orlando depende dos turistas, a maioria dos restaurantes e hotéis trata bem as crianças, fornecendo cadeiras e cardápios especiais, além de atividades divertidas. Não se esqueça dos descontos para quem chega cedo – alguns restaurantes, em Orlando e nos arredores, oferecem ótimos descontos aos clientes pontuais, que chegam antes das 8h para o café da manhã e entre 16h e 18h para o jantar.

Parques temáticos, museus e outras atrações costumam ter preços especiais para crianças de 4 a 18 anos, enquanto alguns não cobram ingresso aos menores de 3 anos. Uma das melhores atrações simpáticas às crianças é o Kennedy Space Center *(pp. 124-7)*, aberto durante o ano todo, menos em 25 de dezembro.

Se você estiver de carro, lembre-se de que a lei da Flórida exige que todos os ocupantes do veículo, com 6 anos ou mais, usem cinto de segurança e pode multar pela falta do cinto. Crianças com até 5 anos precisam ficar em assentos apropriados. As agências de aluguel de carros dispõem desses assentos.

TERCEIRA IDADE

A Flórida sempre atraiu pessoas da terceira idade para férias ou residência. Hotéis, agências de aluguel de carros, empresas aéreas e diversos locais de compras oferecem descontos especiais aos idosos, e não custa nada pedir um desconto. Os imensos shoppings de descontos ao longo da International Drive são famosos por cortar ainda mais os preços para consumidores da terceira idade.

Os membros da **American Association of Retired Persons (AARP)** ganham muitos descontos em áreas como esportes e eventos culturais, e o **National Council of Senior Citizens**, também conhecido como Senior Service America *(p. 191)*, pode conseguir descontos para hotéis e

Homem na terceira idade jogando no Magnolia Golf Club *(p. 176)*

Cadeirantes têm assistência na expedição Kilimanjaro Safaris® *(p. 66)*

aluguel de carro. As empresas de transporte Amtrak, Greyhound e Lynx *(p. 196)* dispõem de preços especiais para viajantes com mais de 50 anos. Em média, os visitantes dos parques temáticos andam de 8 a 11km por dia, por isso convém saber que nos Visitor Services, nos portões, há aluguel de cadeiras de rodas normais e motorizadas.

PORTADORES DE DEFICIÊNCIA

Sempre coloque a gerência do hotel a par da existência de algum problema de saúde potencialmente sério. O WDW, em especial, possui a própria equipe médica e recursos para tratar de algum caso de emergência. Sempre carregue sua lista de remédios. Todos os resorts e restaurantes dos parques temáticos possuem salas com acesso para cadeira de rodas. A recepção dos hotéis maiores pode ajudar a conseguir placas de deficientes físicos para o estacionamento de carros. Na Universal, o aluguel de cadeira de rodas custa US$7 por dia, e os Electric Convenience Vehicles custam US$35 por dia. É aconselhável ligar pelo menos 24 horas antes para fazer reserva. A Universal Orlando® compilou um guia especial para portadores de deficiência, disponível em seu site, com detalhes sobre o acesso em todas as suas atrações.

Placa de cadeira de rodas

A Disney tem um número limitado de cadeiras de rodas no Guest Services Desk, na entrada do Magic Kingdom®, do Epcot®, do Animal Kingdom® e do Disney's Hollywood Studios®. O Magic Kingdom® e o Epcot® também têm cadeiras motorizadas. A Disney oferece o "Guidebook for Guests with Disabilities", que você consegue telefonando para o número de informações. Sem custo adicional, também existem serviços de intérpretes da linguagem de sinais nos Universal Studios® Florida e nas Islands of Adventure®.

COMUNICAÇÕES

Há muitas fontes de informação on-line em Orlando, desde os sites dos jornais **Orlando Sentinel** e **Orlando Weekly** até os guias da cidade dirigidos por **CitySearch**, e **MSN**. Eles oferecem uma visão geral dos eventos em cartaz e dos restaurantes, além de uma seção de críticas e comentários dos residentes da região. As principais emissoras de TV também dispõem de guias de eventos pela internet. Existe uma filial da gigantesca FedEx Office e grandes lojas de material de escritório, como a OfficeMax, a Office Depot e a Staples, em quase qualquer esquina, nas quais se pode enviar fax e fazer cópias rapidamente.

A internet sem fio é amplamente usada em toda a cidade, com pontos de acesso em cafés da rede Starbucks, livrarias e espaços públicos, onde os visitantes contam com wi-fi grátis. A maioria dos hotéis de rede e muitos cafés e restaurantes, assim como o Orlando International Airport, também oferecem fácil acesso à internet.

Máquinas de venda de jornais enfileiradas numa calçada de Orlando

Policiais em patrulha, ao estilo da Flórida

SEGURANÇA PESSOAL

Boa parte das cidades da região, como em qualquer lugar do mundo, possui áreas que devem ser evitadas. A equipe dos centros de informação turística locais ou de seu hotel pode aconselhar você. Note que as áreas centrais são basicamente bairros comerciais, que ficam mortos e inseguros à noite. Por mais linda que "The City Beautiful" pareça, também apresenta situações de pouca segurança. Determinadas regiões de Orlando, como Orange Blossom Trail e áreas em volta da faixa central da Orange Avenue, devem ser evitadas à noite, e mesmo as partes bem iluminadas do centro não devem ser percorridas por alguém sozinho. Na dúvida, pegue um táxi. Não convém ficar parado no terminal de ônibus da Lynx, no centro. Preste atenção em quem está a sua volta nos grandes estacionamentos dos parques temáticos e fique de olho em seus pertences enquanto se diverte em Downtown Disney e na Universal CityWalk.

Leve pouco dinheiro quando sair. Se for assaltado, entregue a carteira imediatamente e não tente resistir.

Os centros de turismo mais importantes da Flórida Central são bem policiados. Considerando a preocupação em atrair e também proteger os turistas, os policiais são simpáticos e ajudam os visitantes. A presença da polícia da cidade de Orlando é ostensiva nas áreas de muito trânsito. A unidade de Polícia Montada pode ser vista patrulhando o centro todos os dias. Os parques temáticos são fanáticos com segurança e com o serviço aos visitantes. A Disney, por exemplo, tem os próprios departamentos de bombeiros e polícia, além de equipe de saúde.

Embora exista uma chance mínima de reaver um pertence roubado, você deve declarar todos os bens perdidos ou roubados para a polícia. A maioria das empresas de cartão de crédito possui números grátis para comunicar a perda de um deles, do mesmo modo que a **American Express** para cheques de viagem.

Cartão-postal da "Terra Ensolarada"

MOTORISTAS SEGUROS

Determinadas áreas de Orlando devem ser evitadas, e preste atenção nos sinais das rodovias. As rotas conhecidas nas rodovias importantes e nas ruas principais são as mais seguras, mas mesmo as vias conhecidas podem ficar caóticas. O Florida State Police Department opera um serviço de emergência 911 para celular. A Automobile Association of America *(p. 197)* dispõe de veículos de socorro nas rodovias para atender a vários tipos de emergência.

Tenha em mente algumas regras básicas ao dirigir pela região. Os motoristas locais mudam muito de faixa nas vias expressas, por isso fique à direita e preste atenção nas saídas. Impõem-se limites rigorosos de velocidade, e as multas chegam a US$250. Evite cortar caminho em áreas urbanas, mantendo-se nas vias principais, se possível.

Se tiver de consultar um mapa, não pare até chegar a uma área bem iluminada ou movimentada. Não adormeça no carro num acostamento, lembrando que algumas áreas de descanso nas rodovias possuem segurança. É obrigatório o uso de cinto de segurança. O site da **Orlando City Hall** dispõe da lista de estradas fechadas.

PERIGOS NATURAIS

A maior causa de problemas nas férias em Orlando é o calor. Ficar de pé em longas filas sob o sol abrasador da Flórida pode provocar queimaduras, problemas de pele, insolação e desidratação. Leve chapéu, óculos escuros, muita água e protetor solar à prova d'água e com alto fator de proteção (reaplique-o sempre, ainda mais nos parques aquáticos). Planeje as visitas aos parques bem cedo ou depois das 17h.

A beleza natural da Flórida pode ser perigosa. Orlando conta com mais de mil lagos, e os maiores podem ter aligatores. E existem diversas cobras venenosas nativas da região. Não se esqueça de trazer repelente para pernilongos e mosquitos do verão.

As praias da Flórida são bem vigiadas por salva-vidas, mas fique de olho nas crianças pequenas, pois a maré é perigosa em alguns locais.

Xerife de condado, em uniforme escuro, ao lado de sua radiopatrulha

AGENDA

INFORMAÇÃO TURÍSTICA

Florida State Tourism Board
Tel (866) 972-5280.
www.visitflorida.com

Kissimmee/St. Cloud Convention & Visitors Bureau
Tel (407) 742-8200.
www.visitkissimmee.com

Orlando/Orange County Convention & Visitors Bureau
Tel (407) 363-5872.
www.visitorlando.com

INFORMAÇÃO ON-LINE

CitySearch
http://orlando.citysearch.com/

MSN City Guide
www.local.msn.com

Orlando City Hall
Tel (407) 246-2121.
www.cityoforlando.net

The Daily City
www.thedailycity.com

JORNAIS E REVISTAS

El Sentinel (Spanish language edition)
www.orlandosentinel.com/elsentinel

La Prensa
Tel (407) 767-0070.
www.mpre.com/laprensafl

Orlando Business Journal
Tel (407) 649-8470.
www.orlando.bizjournals.com

Orlando Leisure Magazine
Tel (407) 647-5557.
www.orlandoleisure.com

Orlando Magazine
Tel (407) 423-0618.
www.orlandomagazine.com

Orlando Sentinel
Tel (407) 420-5000.
www.orlandosentinel.com

Orlando Weekly
Tel (407) 377-0400.
www.orlandoweekly.com

The Wall Street Journal, Orlando office
Tel (407) 857-2600.

WHERE Orlando
www.wheretraveler.com

RÁDIO E TV

ABC: WFTV-Channel 9
Tel (407) 841-9000.

CBS: WKMG-Channel 6
Tel (407) 521-1323.

Fox: WOFL-Channel 35
Tel (407) 644-3535.

NBC: WESH-Channel 2
Tel (407) 645-2222.

PBS: WMFE-Channel 24
Tel (407) 273-2300.

UPN: WRBW-Channel 65
Tel (407) 644-3535.

WB: WKCF-Channel 18
Tel (407) 645-1818.

WJRR (101.1 FM)
Rock/música alternativa
Tel (407) 916-1011.

WLOQ (103.1 FM)
Jazz suave
Tel (407) 647-5557.

WMFE (90.7 FM)
Rádio estatal
Tel (407) 273-2300.

WOMX (105.1 FM)
Música contemporânea
Tel (407) 919-1000.

WTKS (104.1 FM)
Entrevistas
Tel (407) 916-7800.

WWKA (92.3 FM)
Música Country
Tel (407) 298-9292.

OUTROS NÚMEROS

American Association of Retired Persons
Tel (888) 687-2277.
www.aarp.org

Mobility International
Tel (541) 343-1284.
www.miusa.org

National Council of Senior Citizens; Senior Service America
Tel (301) 578-8900.
www.seniorserviceamerica.org

Seniors First
Tel (407) 292-0177.
www.seniorsfirst.org

EMERGÊNCIA

All Emergencies
Tel 911 Polícia, Bombeiros e serviços médicos.

Centra Care
Pronto-socorro.
Tel (407) 200-2273.

Moneygram
Tel (800) 666-3947.

Orlando Police Information Desk
Tel (407) 246-2470.
www.cityoforlando.net

Poison Control
Tel (800) 222-1222.

PERDA DE CARTÕES E CHEQUES DE VIAGEM

American Express
Tel (800) 221-7282 (cheques).
www.home.americanexpress.com

Diners Club
Tel (800) 234-6377.
www.dinersclub.com

Discover
Tel (800) 347-2683.
www.discovercard.com

MasterCard
Tel (800) 627-8372.
www.mastercard.com

Thomas Cook
Tel (800) 223-7373 (cheques).
www.thomascook.com

VISA
Tel (800) 847-2911.
www.visa.com

INFORMAÇÃO DE VIAGEM

Mais de 51 milhões de visitantes buscam o calor e as delícias da Flórida Central todos os anos, transformando-a num dos destinos mais procurados do mundo. O Orlando International Airport é o mais movimentado do estado, recebendo milhares de passageiros por ano, e muitos outros chegam de trem e ônibus. A malha de rodovias interestaduais que converge para Orlando leva quase 200 mil carros por dia para a cidade. Os trens da Amtrak oferecem serviços diários do Norte e do Oeste, com vagões-leito, e ainda têm espaço para o carro da família. Chegando lá, quase todas as vias públicas levam aos parques, com um sistema de trânsito famoso por aliviar a carga viária das rodovias.

Jato de passageiros da American Airlines

O bem iluminado terminal do Orlando International Airport

CHEGADA PELO AR

Os aeroportos locais de Orlando são servidos por quase todas as companhias domésticas e empresas internacionais, incluindo Airtrans, Aerolineas Argentinas, Continental, Lufthansa, United Airlines, TAM, Delta, Copa e British Airways.

O enorme **Orlando International Airport** é o terceiro maior aeroporto do país, e um crescimento recente de empresas aéreas que dão descontos, como **Spirit Airlines**, **Sunwing** e **JetBlue** está criando uma onda de voos mais baratos de outras cidades dos EUA para esse centro de férias.

O Orlando-Sanford International Airport foi ampliado para atender mais destinos de empresas aéreas como Allegiant Air, Icelandair, Monarch e Flyglobespan.

O **Daytona Beach International Airport** recebe voos diários de Atlanta pela **Delta**, **US Airways** e voos das Bahamas nos aviões da Island Pass Airlines.

A **TAM** oferece voos diretos do Brasil para Orlando. A **American Airlines,** a **Continental**, a **Copa** e a **Delta** tem voos com 1 ou 2 escalas.

TARIFAS AÉREAS

O preço da viagem depende da estação. Infelizmente para o viajante, o melhor momento em Orlando é quando as tarifas estão mais altas. A diferença entre as tarifas aéreas do fim do inverno (fevereiro e março), quando a afluência de turistas é pouca, e o auge da alta estação (novembro e dezembro) pode até duplicar o preço da passagem. Vale a pena procurar por promoções ou descontos nos pacotes turísticos oferecidos por agências de viagens aqui no Brasil. Alguns sites em inglês *(ver Agenda)* oferecem tarifas mais em conta, mas em geral estão limitadas às grandes empresas e não incluem as linhas aéreas mais concorridas. Muitas companhias aéreas costumam também fazer ofertas apenas pela Internet ou para clientes dos programas de fidelização. Algumas linhas aéreas oferecem descontos de última hora para lugares não vendidos.

AEROPORTOS

Um dos melhores aeroportos do país, o Orlando International Airport se orgulha de seus serviços modernos. O transporte interno rápido, via monotrilho e esteiras rolantes, conduz a ônibus especiais, táxis e transporte público, que conduzem ao centro de Orlando e aos parques. Centros de informação turística poliglotas, ao lado dos postos de controle, ficam abertos das 7h às

Táxi na saída do Orlando International Airport

Área de compras no Orlando International Airport

23h. O aeroporto também oferece hospedagem, com o Hyatt Regency Hotel, de 446 quartos, com entrada pelo saguão principal. Estandes de agências de aluguel de carros se localizam no nível das bagagens nos dois terminais, e os pontos de ônibus e táxi ficam no Level 1. Há também locais para compras e refeições no aeroporto, com lojas temáticas da Disney, Universal e SeaWorld®, além das lojas convencionais, espalhadas pelos terminais. Muito mais calmo do que o principal aeroporto da cidade, o Orlando-Sanford International fica a 30 minutos de Downtown Orlando. Trata-se de um centro importante de voos fretados da Grã-Bretanha e do Canadá, e está sendo cada vez mais usado por companhias menores, como alternativa mais barata. O Daytona Beach International Airport é um aeroporto pequeno e moderno, a cerca de 6km de Daytona. Oferece voos diretos, principalmente da Delta Airlines e da US Airways, de diversas cidades da Costa Leste para uma das praias mais famosas do mundo *(p. 116)*.

COMO CHEGAR

O sistema de ônibus Lynx *(p. 196)* sai do Level 1 do lado A do terminal principal, partindo a cada 30 minutos, das 5h30 às 23h30. O tempo de viagem até Downtown Orlando é de aproximadamente 40 minutos, e até International Drive é de 60 minutos, por US$1,25 para cada um dos destinos. Veja se tem o dinheiro trocado; a baldeação para os ônibus de conexão é grátis. Muitos hotéis têm os próprios ônibus de cortesia, mas também há ônibus de ida e volta *(p. 196)*: o **Mears Transportation Group** serve quase todos os destinos da área. Vans, que acomodam nove pessoas, têm tarifas de aproximadamente US$17 por pessoa, para viagens até o centro ou até a Disney. Os táxis *(p. 197)* do aeroporto internacional até os hotéis ou os parques temáticos ficam nos terminais A e B, do lado de fora das bagagens, no Level 1. Para evitar as caras tarifas com taxímetro, procure um táxi amarelo da Mears, com tarifas fixas até o centro e o WDW (eles aceitam cartões de crédito). O transporte para sair do Orlando-Sanford International fica logo na saída do terminal.

Emblema da Highway Patrol

O monotrilho People Mover, do Orlando International Airport

AGENDA

COMPANHIAS AÉREAS

TAM
Tel *4002-5700 (Brasil-capitais); 0800 570 5700 (Brasil-outras localidades); 1 888 2FLYTAM (EUA).* **www**.tam.com.br

American Airlines
Tel *(11) 4502-4000 (São Paulo); 21-4502-5005 (Rio de Janeiro); 0300 789-7778 (Brasil, outras localidades); 1-800-433-7300 (EUA)*
www.aa.com.br

Copa Airlines
Tel *(11) 3549-2672 (São Paulo); 0800-771-2672 (Rio de Janeiro); 1 800-359-2672 (Orlando)*
www.copaair.com

Continental Airlines
Tel *(11) 2122-7500 (São Paulo); 0-800-702-7500 (Rio de Janeiro); 800-323-5359 (EUA)*
www.continental.com

Delta Airlines
Tel *(11) 4003-2121 (São Paulo); 0800-881-2121 (Brasil); 800-241-4141, 404-765-5000 (EUA).*
www.delta.com

JetBlue
www.jetblue.com

Spirit Airlines
www.spiritair.com

Sunwing
Tel *(800) 761-1711.*
www.sunwing.ca

US Airways
www.usairways.com

AEROPORTOS

Daytona Beach International Airport
Tel *(386) 248-8069.*
www.flydaytonafirst.com

Orlando International Airport
Tel *(407) 825-2352.*
www.orlandoairports.net

Orlando-Sanford International Airport
Tel *(407) 585-4000.*
www.orlandosanfordairport.com

COMO CHEGAR

Mears Transportation Group
Tel *(407) 423-5566.*
www.mearstransportation.com

Como Circular

Há cerca de um século, a Flórida Central tinha apenas estradas poeirentas que circundavam os laranjais. A atual convergência de rodovias, avenidas arborizadas e vias de seis pistas faz de Orlando um paraíso para os motoristas. Diversas rodovias importantes atravessam ou passam perto do centro, e quase todas as estradas levam aos parques temáticos. Os resorts Walt Disney World e Universal Orlando têm as próprias saídas na Interstate 4 e na Central Florida Greeneway. As ruas locais que levam aos parques são ladeadas de restaurantes e shopping centers. Dá para ficar sem carro em Orlando, mas tudo fica mais fácil com ele. Se puder, alugue um carro para circular pela região. As tarifas estão entre as mais baixas dos EUA, e a gasolina é relativamente barata. Os motoristas locais costumam ser educados.

REGRAS DA ESTRADA

Numa rua ou rodovia de mão dupla, todo motorista que trafega em qualquer direção tem de parar quando um ônibus escolar estaciona. Nos cruzamentos com semáforo, você pode virar à direita com farol vermelho, se a via estiver livre e não houver placa proibindo a manobra. Também é permitido virar à esquerda com farol vermelho a partir de uma rua de mão única para outra rua de mão única. A ultrapassagem é permitida dos dois lados, em qualquer via de muitas pistas, até mesmo nas rodovias interestaduais. Na Flórida, o uso de cinto de segurança é obrigatório para todas as pessoas, com o veículo em movimento *(p. 188)*. Dirigir alcoolizado é delito grave, por isso não beba nem cerveja. Quem viola as leis é multado em centenas de dólares ou pode até ir preso.

Os sinais de trânsito são claros e autoexplicativos. Se você for pego desrespeitando as instruções, pode ser multado. Os limites de velocidade na Flórida são os seguintes:

- 55-70 mph (90-105 km/h) nas rodovias;
- 20-30 mph (32-48 km/h) em áreas residenciais;
- 15 mph (24 km/h) perto de escolas.

Esses limites podem variar. Numa interestadual, você pode ser multado por dirigir abaixo dos 40 mph (64 km/h). Os limites são fiscalizados pela Florida Highway Patrol, cujos representantes emitem a multa no local, e ela pode chegar a US$250.

Interstate Highway 4

Restrições de estacionamento

Limite de velocidade (em mph)

Área de descanso, saindo da estrada

Placas suspensas no cruzamento de duas estradas

RODOVIAS E PEDÁGIOS

Metropolitan Orlando é o entroncamento do sistema rodoviário mais movimentado da Flórida, onde se encontram a Florida Turnpike norte-sul e a Interstate 4 leste-oeste. A Beach Line Expressway (State Road 528), de traçado leste-oeste, a Central Florida Greeneway (State Road 417),

Vista aérea de Orlando, mostrando as movimentadas estradas que se fundem

que vai do sul e do leste para Walt Disney World, e a East-West Expressway (State Road 408), que liga Downtown Orlando à I-4, cobram pedágio. As tarifas vão de 50 cents a US$1,50 por praça. Os pedágios também são controlados por um sistema eletrônico chamado SunPass; os transmissores são adquiridos no local. As cabines de cobrança não aceitam notas de mais de 20 dólares.

Frota de veículos da Mears Taxicab, que inclui carros para alugar

COMO SE ORIENTAR

A rodovia mais importante de Orlando é a Interstate 4. De trânsito pesado, liga todos os parques temáticos e áreas de shoppings de descontos do oeste com o centro e as cidades-dormitório a leste. Durante as horas de movimento de manhã e à noite, as rodovias quase param, e a pior é a I-4, que cruza o centro e a área em volta do WDW, por isso programe seus deslocamentos. Preste atenção, pois os números das saídas da I-4 foram alterados em 2003, e os mapas e as indicações antigos estarão errados.

Por causa da despesa, as rodovias pedagiadas são as de menos movimento, e, enquanto a I-4 às vezes parece um estacionamento na hora do rush, rodovias como as State Roads 417 e 408 ficam vazias.

Logo da Hertz, empresa que aluga carros

As rodovias que vão do centro para o oeste foram muito melhoradas, e estradas como a John Young Parkway podem oferecer um caminho mais lento, porém seguro, para os parques temáticos. A Beach Line é a estrada mais rápida do Orlando International Airport para a Universal Orlando e o SeaWorld, ao passo que a Central Florida Greeneway leva diretamente para o oeste, até a Disney.

O visitante que ficar em algum dos enormes hotéis da International Drive logo descobrirá a Sand Lake Road, que conduz aos parques e também aos diversos shopping centers enormes.

O pavor da hora do rush em Orlando

ALUGUEL DE CARRO

Para desapontamento dos moradores, as empresas que alugam carros têm ótimas ofertas para quem não é da cidade, às vezes por US$10 ao dia. Pacotes de vários dias para aluguel em fim de semana costumam ser os melhores. Procurar essas ofertas antes de sair de casa talvez signifique uma economia substancial. Verifique o seguro do carro que vai alugar antes de assinar o contrato. Embora um Collision Damage Waiver (CDW) seja caro, às vezes cobre danos ao veículo que o seguro do carro não cobre, mesmo que a culpa não seja sua. As empresas têm políticas diferentes quanto ao combustível. Algumas cobram o que você usou, enquanto outras pedem que você encha o tanque antes de devolver o carro. As empresas grandes *(p. 197)* têm estandes dentro dos aeroportos – as do Orlando International ficam perto das bagagens, e as do Orlando-Sanford, na saída do terminal – ou então, a curta distância de ônibus grátis. Em Orlando também há diversas agências.

BICICLETAS E MOTOS

Orlando é ideal para ser explorada de bicicleta, com 322km de trilhas. Os resorts da Disney (Caribbean Beach Resort, Grand Floridian e outros) oferecem aluguel nos domínios da empresa, enquanto **David's World Cycle** aluga *mountain bikes* e bicicletas normais.

Se você preferir motocicletas, a **American V Twin Motorcycles** aluga Harley Davidsons.

A **West Orange Trail Bikes & Blades**, no Winter Park, oferece não só bicicletas como também patins *in-line*. Grupos com mais de vinte pessoas podem programar passeios guiados.

Ciclistas em trilha do Walt Disney World® Resort

Trem da Amtrak entrando num desvio no pátio do Auto Train, em Sanford

TRENS

Com um sistema de bitola estreita muito discutido e em fase de planejamento, viajar de trem na Flórida Central, só pela **Amtrak**. Partindo de uma estação de inspiração Art Déco, no centro da cidade, a Amtrak oferece horários limitados de viagens locais, com paradas em Downtown Orlando, Winter Park, Kissimmee, rumando para Miami, ao sul. As tarifas vão de US$6 por uma viagem curta para Winter Park até US$30 pela viagem de ida para Miami. O Auto Train é muito procurado, pois fornece transporte para a família e o veículo desde Washington, DC até Sanford. Mas verifique as restrições quanto ao peso de utilitários. A Amtrak interliga o país inteiro e também o Canadá, e Orlando é um dos destinos mais procurados. Mas a viagem de trem pelo país é muito demorada e cara, se comparada à de avião. Uma viagem de 24 horas de Nova York pode custar duas vezes uma passagem de avião. Uma jornada de quatro dias de trem de Los Angeles custa mais de US$1.100 por pessoa, mas isso inclui o conforto de um quarto e as refeições.

ÔNIBUS INTERURBANOS

Esteja você viajando de outras partes do país ou dentro da Flórida, os ônibus da Greyhound oferecem o modo mais barato de circular. Algumas linhas são "expressas", com poucas paradas no trajeto, enquanto outras servem diversas localidades. Algumas rotas têm paradas facultativas, em que o ônibus pode parar para a descida ou subida de passageiros, onde não há estação. Pague diretamente ao motorista ou, se quiser fazer reserva antes, vá até um escritório da Greyhound. Os passes permitem viagens ilimitadas por determinado tempo (entre quatro e 60 dias), mas só valem a pena se você fizer o caminho completo.

TRANSPORTE PÚBLICO

Logo do ônibus da Lynx

A premiada **Lynx** (empresa de ônibus), com mais de 60 linhas e 4 mil paradas em três condados, barateia e facilita a circulação pela Flórida Central. Os ônibus de decoração alegre saem para o norte, rumo ao Lake Mary, para o leste, até Winter Park e o Orlando International Airport, e para o sul, chegando a Walt Disney World® e Universal Orlando®. Provavelmente, os itinerários para os parques temáticos são o modo mais fácil de alcançá-los se você estiver no centro, num horário que vai das 7h até as 22h. Procure as placas com a "impressão digital" de uma pata cor-de-rosa que marcam os pontos da Lynx. A tarifa é única, só de ida em todo o sistema, e custa US$2, mas há passes para viagens ilimitadas. O passe de um dia custa US$4,50; o de sete dias, US$16; e o de um mês, US$50. Os passes de longo prazo podem ser adquiridos pelo site da Lynx. Os passes de um dia são comprados com o motorista desses ônibus.

No centro, os visitantes têm a vantagem do serviço grátis da Lymmo, que trafega pela própria faixa a cada cinco minutos, entre as 6h e as 22h (até a meia-noite nas sextas-feiras e nos sábados). O serviço liga a área de diversão da Church Street ao Amway Center, com paradas que incluem Regional History Center e Orange County Courthouse.

ÔNIBUS GRÁTIS E PAGO

A maioria dos hotéis grandes oferece condução grátis dos aeroportos. Ao chegar a seu destino, esses mesmos hotéis costumam ter uma van de transporte para Disney, Universal Orlando® e SeaWorld®. Se não tiverem,

Ônibus de hotel com propaganda do passe Orlando FlexTicket

a **Mears Transportation Group** *(p. 193)* oferece vans de ida e volta para as diversas atrações da área.

O **Daytona-Orlando Transit Service** (DOTS) oferece ônibus de ida e volta dos aeroportos às praias, todos os dias da semana. A empresa também conta com veículos para passeios de um ou vários dias para diversas localidades da Flórida, como Key West, Nashville e Fort Meyers, além de passeios pelo interior e pelas lindas paisagens de outono.

TÁXIS

Os locais mais fáceis para tomar um táxi são os pontos dos aeroportos Orlando International e Orlando-Sanford, nas faixas só para táxis na maioria dos grandes hotéis, e os que estão circulando pelos parques, em especial na entrada principal desses parques, e nas áreas de diversão noturna da Universal CityWalk e da Downtown Disney's Pleasure Island. Os que pertencem ao **Mears Taxi Dispatch**, pintados de laranja, e os Yellow Cab têm taxímetro e são considerados os mais confiáveis. Evite andar num dos muitos táxis *gypsy* (ciganos), que podem lhe custar muitas vezes mais do que a corrida vale. A reserva de um táxi no aeroporto ou por celular lhe dará a opção de pagar com cartão de crédito.

Um I-Ride Trolley para a área da I Drive

Placa do serviço da I-Ride Trolleys

OUTROS MEIOS DE TRANSPORTE

Como um dos centros turísticos mais concorridos de Orlando, a International Drive fornece transporte especial para os visitantes, utilizando diversos ônibus antigos, chamados **I-Ride Trolleys**. Eles vão da área de Major Boulevard e das lojas do Prime Factory Outlet até o SeaWorld®, com 83 paradas. A frequência é de 20 a 30 minutos, o ano todo, das 8h até as 22h30. Há passes para vários dias. Outra maneira antiga de passear em Orlando é a **Winter Park Scenic Boat Tour**, no lago Osceola. Barcos de passeio partem a cada hora, entre 10h-16h diariamente, para uma excursão guiada de 19km. Um transporte mais velho ainda é oferecido pela **Orlando Pedicab**. Essa empresa opera riquixás puxados por homens, que circulam pela cidade. A **Discount Mobility USA, Inc.** aluga veículos para deficientes físicos.

AGENDA

QUEBRAS

American Automobile Association (AAA)
Tel *(407) 444-7000.*
www.aaa.com

AAA General Breakdown Assistance
Tel *(800) 222-4357.*
NOTE: Rental companies provide 24-hour roadside assistance.

ALUGUEL DE CARRO

Alamo® Rent a Car
Tel *(800) 327-9633.*
www.alamo.com

Avis Rent a Car
Tel *(800) 831-2847*
www.avis.com

Budget® Rent a Car
Tel *(800) 527-0700.*
www.budget.com

Dollar® Rent a Car
Tel *(800) 423-4704.*
www.dollar.com

Enterprise
Tel *(800) 736-8222.*
www.enterprise.com

Hertz
Tel *(800) 654-3131.*
www.hertz.com

BICICLETAS E MOTOS

American V Twin Motorcycles
Tel *(407) 903-0058.*
www.amvtwin.com

David's World Cycle
Tel *(407) 422-2458.*
www.davidsworld.com

West Orange Trail Bikes & Blades Co.
Tel *(407) 877-0600.*

TRENS

Amtrak
Tel *(800) 525-2550.*
www.amtrak.com

ÔNIBUS

Daytona-Orlando Transit (DOTS)
Tel *(800) 231-1965; (386) 257-5411.*

Daytona Shuttle Service
Tel *(800) 882-1127.*

LYNX Buses
Tel *(407) 841-5969.*
www.golynx.com

Mears Transportation Group
Tel *(407) 423-5566.*

Orlando Free Shuttle.com
Tel *(407) 363-4642.*

TÁXIS

Mears Taxicab Dispatch
Tel *(407) 422-2222.*

OUTROS MEIOS DE TRANSPORTE

Discount Mobility USA, Inc.
Tel *(800) 308-2503 ou (407) 438-8010.*
www.discountmobility.com

I-Ride Trolley
Tel *(407) 248-9590.*
www.iridetrolley.com

Orlando Pedicab
Tel *(321) 217-2233.*

Winter Park Scenic Boat Tour
Tel *(407) 644-4056.*
www.scenicboattours.com

Índice Geral

O número das páginas em **negrito** se referem às entradas principais

H

I

J

K

L

S

T

Agradecimentos

Principais Colaboradores

Phyllis e Arvin Steinberg moram na Flórida. Phyllis escreve sobre viagens em jornais, revistas e sites americanos. Ela também tem uma coluna de culinária em 24 jornais da Flórida e edita um concorrido site de viagens. Arvin redige artigos de viagens para jornais, revistas e sites americanos e é editor de esportes de um site de viagens muito acessado.

Joseph Hayes, freelancer, especializou-se em comidas, viagens e música e escreve para jornais e revistas do mundo todo.
Ele também é um dramaturgo talentoso, com peças encenadas em diversos países.

Charles Martin, jornalista e radialista sediado na Flórida, escreve colunas e artigos sobre eventos de seu estado para diversas revistas nacionais e internacionais que tratam de estilos de vida.

Controle de Dados
Kia Bocko

Revisão
Bhavna Seth Ranjan

Índice
Shreya Arora

Fotografias
Dave King, Magnus Rew, Stephen Whitehorn, Linda Whitwam

Ilustrações
Arun Pottirayil, Julian Baker

DK Londres
Editoria
Douglas Amrine

Gerência de Publicações
Jane Ewart, Fay Franklin

Assistência Editorial e de Projeto
Emma Anacootee, Brigitte Arora, Claire Baranowski, Tessa Bindloss, Jane Edmonds, Rhiannon Furbear, Jennifer Greenhill-Taylor, Laura Jones, Juliet Kenny, Esther labi, Maite Lantaron, Jude Ledger, Carly Madden, mary Ormandy, Catherine Palmi, Rada Radojicic, mani Ramaswamy, Susana Smith, Arvin and Phyllis Steinberg, Rachel Symons

Editor Sênior de Cartografia
Casper Morris

Diagramação
Jason Little

DK Picture Library
Hayley Smith, Romaine Werblow, Gemma Woodward

Controle de Produção
Shane Higgins

Assistência Especial
Nossos agradecimentos pela inestimável ajuda das seguintes pessoas: Kelly Rote, Central Florida Visitors & Convention Bureau; Susan Mclain, Daytona Beach Convention & Visitors Bureau; Georgia Turner, Georgia Turner Group; Dave A. Wegman, Greater Orlando Aviation Authority; Danielle Courtenay, Julie Doyle, Julie A. Fernandez, Orlando/Orange County Convention & Visitors Bureau; Lita O'Neill, Polk County Natural Resources Division; Jacquelyn Wilson, SeaWorld Orlando & Discovery Cove; Susan L. Storey, NBC Universal, Orlando; Jason L. Lasecki, Walt Disney World Resort; Sandra Sciarrino, Wet 'n' Wild; Ian Williams.

Permissão para Fotografar
A Dorling Kindersley agradece a permissão dada por estas instituições para que fossem fotografadas: Albin Polasek Museum & Sculpture Gardens, Audobon National Center for Birds of Prey, Buena Vista Watersports, Falcon's Fire Golf Club, Hard Rock Café Live, Holy Land Experience.

Crédito das Fotos a = alto; ae = alto, à esquerda; cae = centro, alto, à esquerda; cad = centro, alto, à direita; ac = alto, centro; ad = alto, à direita; cea = centro, à esquerda, acima; ca = centro, acima; cda = centro, à direita, acima; ce = centro, à esquerda; c = centro; cd = centro, à direita; ce = centro, à esquerda; cbe = centro, embaixo, à esquerda; cb = centro, embaixo; cbd = centro, embaixo, à direita; be = embaixo, à esquerda; b = embaixo; bc = embaixo, centro; bd = embaixo, à direita; d = detalhe.

Os editores gostariam de agradecer a indivíduos, empresas e acervos fotográficos, mencionados a seguir, pela permissão para reproduzir suas fotografias:

ALAMY: Mark J. Barrett 117cea, Randa Bishop 107be, Bernie Epstein 8ce; M. Timothy O'Keefe 65bd; ANTIQUE & CLASSIC BOAT SOCIETY: 25ae; AQUATICA © SEAWORLD ORLANDO: 86ce.

CENTRAL FLORIDA FAIR: 24 ac; CENTRAL FLORIDA VISITORS & CONVENTION BUREAU: 20ad; THE CHARLES HOSMER MORSE MUSEUM OF AMERICAN ART: 161ae; CORBIS: 21bcd, 129 (inset), 170ac; Archivo Iconografico, S.A 13b; James L. Amos 182b, Tony Arruza 20be, 103b, 117cda; Yann Arthus-Bertrand 194b; Bettmann 192ac; Gary Braash 21cbd; Duomo 116ad; Raymond Gehman 28-29, 102; Martin Harvey 21ad; Lake County Museum 7 (inset), 114ae, 185 (inset), 190c; David Muench 21cea, Marc Muench 117be; James Randkley 12; Phil Schermeister 17b, 21cd; George Teidmann/ Newsport 27b,179be; Partrick Ward 24cea; Nick Wheeler 130ce; RAIMUND CRAMM: 123cea; CYPRESS GARDENS: 121ad.

© DISNEY: 1c, 2–3, 4bd; 5ae, 10ce, 15a, 18ad, 18cea, 18cbe, 18bd, 30, 31b, 32ad, 32cbe, 32bcd, 33ae, "The Twilight Zone™ is a registered trademark of CBS, Inc. and is used pursuant to a license from CBS, Inc." 33cda, *La Nouba* by Cirque du Soleil ® 33bd, 34be, 36ad, 36bd, 37ad, 37bd, 38ad, 38be, 39bd, 40ae, 40bd, 41ae, 42cea, 43ae, 44b, 46be, 47ad, 50ae, 50bd, 51ae, 52ae, 52b, 53ae, 54be, 55ae, "The Twilight Zone™ is a registered trademark of CBS, Inc. and is used pursuant to a license from CBS, Inc." 56, 58-59, 60ae, 61b, 62ae, 62b, 64ce, "It's Tough to be a Bug!" based upon the Disney/Pixar film " A Bug's Life" © Disney/Pixar 64bd, 65ae, 66ad, 66b, 67ad, 68-69, 70ad, 70ce, 70be, 71ad, 71be, 72ad, 72cea, 72be, 73ad, 73ce, 74bd, 75ae, *La Nouba* by Cirque du Soleil ® 75c, © LEGO 75bd, 130bc, 131ad, 131b, 134ad, "Woody" from the Disney/Pixar film "Toy Story" ©Disney 134ce, 134bd, 136ce, 147bd, 164–5, 170ce, 171ae, 171b, 174-75, 177ac, 178bd, 187b, 188bd, 189ae, 195bd.

ENZIAN THEATER/FLORIDA FILM FESTIVAL: 15c, 24cbd, 166ac, 166bc; FALCON'S FIRE GOLF CLUB: 8bd; FLORIDA DEPARTMENT OF ENVIRONMENTAL PROTECTION DIVISION OF RECREATION & PARKS: 115b; FLORIDA MALL: 157ae, 158ce; FLORIDA STATE ARCHIVE: 17c; FRANK LANE PICTURE LIBRARY: © David Hosking 180ad.

GAYLORD PALMS RESORT & CONVENTION CENTER: 167c; GENESIS SPACE PHOTO LIBRARY: 20ae, 20c, 20cbe, 126be, 126bc, 126bd, 126bc; SEAN GILLIAM: 196a; GREATER ORLANDO AVIATION AUTHORITY: 132ae, 160b, 192ce, 193ae.

HARD ROCK CAFÉ: 130ac, 131ae.

INDEX STOCK PHOTOGRAPHY. INC., New York: 123cda; INSTITUTE OF SYSTEMIC BOTANY, UNIVERSITY OF SOUTH FLORIDA: Guy Anglin 21cbe

KENNEDY SPACE CENTER – VISITORS CENTER, Cape Canaveral: 23c, 124c, 124ad, 125cd, 125ca, 126ad, 188ae; KISSIMMEE ST-CLOUD CONVENTION & VISITORS' BUREAU/Doug Dukane: 180b, 183ae.

THE LOOP, ORLANDO: 160ce.

MAD COW THEATRE: 109ae; MARINE SCIENCE CENTER, PONCE INLET: 21ae; MARY EVANS PICTURE LIBRARY: 29 (inset); FRED MAWER: 124cbe; MEARS TRANSPORTATION GROUP: 195ad.

©NASA: 15bd, 22ad, 23ad; NICKOLODEON FAMILY SUITES BY HOLIDAY INN: 135ae.

ORANGE BLOSSOM BALLOONS: 172 ae; Orlando Harley-Davidson: 74ce; ORLANDO & ORANGE COUNTY CONVENTION & VISITORS BUREAU: 14ca, 27ae, 106bd, 108ae, 109bd, 112bd, 156bc, Walt Disney Company/Diana Zalucky 26ae; 158ad, 158b, 159ac, 162ce, 162bd, 163ad, 166ce, 167ae, 167b, 168bd, 176ac, 178ad, 178ce, 179ac, 180ad, 180ce, 181ae, 182ae, 186ce, 197ac; ORLANDO TOURISM BUREAU: 136be; ORONOZ, Madrid: 13ac.

PHOTOLIBRARY: Danielle Gali 49-9, Wendell Metzen 110-111; PLANET EARTH PICTURES: 123cda. LA QUINTA: 132cb.

REUTERS: Charles W. Luzier 176ce; RITZ CARLTON ORLANDO GRAND LAKES: 133be; MARIAN RYAN:
20ce, 20cd.

© SEAWORLD ORLANDO: 4bd, 6-7, 9bd, 14be, 19bd, 78, 79b, 80be, 83cb, 84ca, 84be, 85ae, 87be; SILVER SPURS RODEO: 179c; STARWOOD: 133ae; ARVIN STEINBERG: 20cb, 20bcd, 21cbe; PHYLLIS STEINBERG: 116c; SUPERSTOCK: Steve Vidler 3c.

THE MENNELLO MUSEUM OF AMERICAN FOLK ART: *Bird*, Paul Marco 107ad.

© 2008 UNIVERSAL ORLANDO. ALL RIGHTS RESERVED:
4ad, 9ae, 19ad, 81ad, 88c, 88b, 89cea, 89cb, 89bd, 90ae, 90b, 91ae, 91bd, 92ae, 92b, 93ad, 94-95, 96ae, 96ce,
96bd, 97ae, 97bd, 98ae, 98be, 99bd, 135bd, 146bd, Kevin Kolczynski 168ae.

VILLAS OF GRAND CYPRESS: 16be.

WET 'N WILD ORLANDO: 19cd, 25bd, 81bd, 100ad, 100cea, 100cbe, 100be, 101ae, 101cda, 101cbd, 101bd, 101be. ©ZORA NEALE HURSTON NATIONAL MUSEUM OF FINE ARTS: *Festival Girl*, Jane Turner 106ce.Guarda anterior: © DISNEY: cea; SEAWORLD ORLANDO: ac; CORBIS: Raymond Gehman bd.

CAPA

Primeira: ©DISNEY: cbe, imagem principal, SuperStock: Steve Vidler cbe. 4ª capa: © Disney: cea; DK IMAGES: Linda Whitwam cbe; SEAWORLD ORLANDO: 26 Busch Entertainment Corporation be; © 2006 UNIVERSAL ORLANDO. TODOS OS DIREITOS RESERVADOS: ae. Lombada: © DISNEY: a; DK IMAGES: Stephen Whitehorn b.

Todas as outras imagens pertencem à © Dorling Kindersley. Para mais informações, entre no site www.DKimages.com

Frases

Na terceira coluna, você encontra a transcrição mais aproximada em português da pronúncia das palavras em inglês. No entanto, na língua inglesa há sons inexistentes em português, como o "th", que é transcrito aqui de duas maneiras diferentes: como "d", na palavra "this", ou como "f", na palavra "thank you". A pronúncia correta é feita, nos dois casos, com a língua entre os dentes frontais. O "h" de " help" é transcrito pelas letras "rr", enquanto o "rr" de "sorry" aparece na terceira coluna como "r", com um som próximo ao do "r" seguido de consoante pronunciado em algumas regiões do interior de São Paulo.

Em Emergências

Socorro	**Help**	rrélp
Pare	**Stop**	stóp
Chame um médico	**Call a doctor**	koladóktor
Chame uma ambulância	**Call an ambulance**	kolanémbiulens
Chame a polícia	**Call the police**	kol dê pôlís Chame os
Chame os bombeiros	**Call the fire department**	kol dê fáier dépártment
Onde fica o telefone mais próximo?	**Where is the nearest telephone?**	ueriz dê nírest télefoun? -
Onde fica o hospital mais próximo?	**Where is the nearest hospital?**	ueriz dê nírest rróspital? -

Comunicação Essencial

Sim	**Yes**	iés
Não	**No**	nôu
Por favor	**Please**	plíz
Obrigado	**Thank you**	fênkiu
Desculpe	**Sorry**	sóri
Com licença	**Excuse me**	ekskíuzmi
Oi	**Hello**	rrêlou
Adeus	**Goodbye**	gudbái
Manhã	**Morning**	mórnin
Tarde	**Afternoon**	afternún
Noite	**Evening**	ívinin
Noite (tarde)	**Night**	náit
Ontem	**Yesterday**	iéstêrdei
Hoje	**Today**	túdei
Amanhã	**Tomorrow**	tumórou
Aqui	**Here**	rríêr
Lá	**There**	dér
O quê?	**What?**	úat
Quando?	**When?**	úen
Por quê?	**Why?**	úai
Onde?	**Where?**	uér

Frases Úteis

Como vai?	**How are you?**	rrauáriu
Muito bem, obrigado.	**Very well, thank you**	véri uél, fénkiu
Muito prazer em conhecer você	**Pleased to meet you**	plízd tu mítiu
Até logo	**See you soon**	síu sún
Está bem/bom	**That's fine**	déts fáin
Onde está/estão?	**Where is/ where are...?**	uériz uérár
Quantos metros/ quilômetros são até...?	**How far is it to...**	rrau farízit tu
Como se vai para...?	**Which way to...?**	úitch uei tu
Você fala português?	**Do you speak portuguese?**	du iu spík pôrtiuguíz?
Você fala espanhol?	**Do you speak spanish?**	du iu spík spênish?
Não entendo	**I don't understand**	ai dount anderztênd
Pode falar mais devagar, por favor?	**Could you speak more slowly, please?**	kúdiu spík môr slôulí plíz?
Sinto muito	**I'm sorry**	áim ssóri

Palavras Úteis

grande	**big**	bêg
pequeno	**small**	smól
quente	**hot**	rrót
frio	**cold**	kôuld
bom	**good**	gûd
ruim	**bad**	béd
suficiente	**enough**	ináf
bem	**well**	uél
aberto	**open**	ôupen
fechado	**closed**	klôuzd
esquerda	**left**	léft
direita	**right**	ráit
direto	**straight (on)**	strêit (ón)
perto	**near**	níer
longe	**far**	fár
em cima	**up**	áp
abaixo	**down**	dáun
cedo	**early**	êrlí
tarde	**late**	lêit
entrada	**entrance**	êntranss
saída	**exit**	égzêt
banheiros	**toilets**	tóilétz
mais	**more**	môr
menos	**less**	léss

Nas Compras

Quanto custa isto?	**How much does this cost?**	rrau mátch daz dês kóst?
Eu gostaria	**I would like**	ai uôd laik
Vocês tem...?	**Do you have...?**	du iu rrév...?
Estou só olhando, ...obrigado	**I'm just looking, ...thank you**	aim djast lûkin,... fênkiu
Vocês aceitam cartões de crédito?	**Do you take credit cards?**	du iu têik krédit kardz?
A que horas vocês abrem?	**What time do you open?**	uotáim du iu ôupén?
A que horas vocês fecham?	**What time do you close?**	uotáim du iu klôuz?
este	**this one**	dêss uán
aquele	**that one**	dét uán
caro	**expensive**	ekspénssív
barato	**cheap**	tchíp
tamanho (roupas e sapatos)	**size**	ssáiz
amarelo	**yellow**	iélou
azul	**blue**	blú
branco	**white**	uáit
verde	**green**	grín
preto	**black**	blék
vermelho	**red**	réd
açougue	**butcher's**	bôtcherz
agência de viagens	**travel agency**	trévl êidjenssí
agência do correio	**post office**	pôustófiss
antiquário	**antique shop**	entík shóp
banco	**bank**	bénk
cabeleireiro	**hairdresser's**	rrer drésserz
farmácia	**chemist's**	kémists
jornaleiro	**newsagent's**	niúzêidjentz
livraria	**bookshop**	bôkshop
loja de calçados	**shoe shop**	shú shóp
loja de alimentos	**grocer's**	grôusserz -
mercado, feira	**market**	márket
padaria	**bakery**	bêikeri
peixaria	**fishmonger's**	fêshmônguerz
quitanda	**greengrocer's**	grín grôusserz
supermercado	**supermarket**	supermárket

Atrações Turísticas

biblioteca	**library**	láibreri
catedral	**cathedral**	kafídral
galeria de arte	**art gallery**	art guélerí
igreja	**church**	tchêrtch
jardim	**garden**	gárden
museu	**museum**	miuzíam
estação de trem	**railway station**	reiluei stêishan
fechado por causa do feriado	**closed for holiday**	klôuzd for rrólidei
informação turística	**tourist information**	tôrist infôrmêishan
prefeitura	**townhall**	táunról
ponto de ônibus	**bus stop**	bástop

No Hotel

Vocês têm quarto disponível?	**Do you have a vacant room?**	du iu rrev â vêikant rum?
quarto para dois	**double room**	dábô rúm
com cama de casal	**with double bed**	uêf dábô bed
quarto com duas camas	**twin room**	tuên rúm

quarto de solteiro/ individual	**single room**	cêngol rúm
quarto com banheiro	**room with a bath**	rúm uêf â bef
chuveiro	**shower**	sháuer
porteiro	**porter**	pórter
chave	**key**	kí
Eu tenho uma reserva	**I have a reservation**	ai rrev â rezêrvêishan

No Restaurante

Tem uma mesa para...?	**Have you got a table for...?**	rréviu gat a teibôu for..?
Quero reservar uma mesa	**I want to reserve a table**	ai uant tu rîzérv â teibôu
A conta, por favor	**The bill, please**	dê bêll, plíz
Sou vegetariano/a	**I'm vegetarian**	áim vedjetérian
mal passado	**rare**	rér
ao ponto	**medium**	mídium
bem passado	**well done**	uél dán
almoço	**lunch**	lântch
café	**coffee**	kófi
café da manhã	**breakfast**	brékfest
carta de vinhos	**winelist**	uáin lêst
colher	**spoon**	spún
copo	**glass**	gláss
entrada	**starter**	stárter
faca	**knife**	náif
garçom	**waiter**	uêíter
garçonete	**waitress**	uêítress
garfo	**fork**	fórk
garrafa	**bottle**	bátlôu
jantar	**dinner**	dêner
menu	**menu**	mêniu
menu de preço fixo	**fixed-price menu**	fêkst-praiss mêniu
prato do dia	**dish of the day**	dêsh ov dê dêi
prato principal	**main course**	mêin kórs

Interpretando o Cardápio

apple	ápôl	maçã
baked	bêik	ao forno
banana	banána	banana
beef	bíf	carne de boi
beer	bíêr	cerveja
bread	bréd	pão
butter	bátâr	manteiga
cake	kêik	bolo
cheese	tchíz	queijo
chicken	tchêken	frango
chocolate	tcháklat	chocolate
cold meat	kôuld mít	os frios
dessert	dêzért	sobremesa
dry	drái	seco
egg	êg	ovo
fish	fêsh	peixe
fried	fráid	frito
fruit	frút	a fruta
garlic	gárlek	alho
ham	rrém	presunto
icecream	áiss krím	sorvete
lamb	lêm	cordeiro
lemon	léman	limão
lemonade	lémanêid	limonada
lobster	lóbster	lagosta
meat	mít	carne
milk	mêlk	leite
mineral water	míneral uáter	água mineral
nuts	nâts	nozes
oil	óil	azeite
olives	ólêvz	azeitonas
onion	ânian	cebola
orange	órandj	laranja
pepper	péper	pimenta
pie	pái	torta
pork	pórk	porco
potatoes	ptêitôuz	batatas
prawns	prónz	camarões
red wine	red úain	vinho tinto
rice	ráiss	arroz
roast	rôust	assado
rosé wine	rouzê úain	vinho rosé
salt	sólt	sal
sauce	sóss	molho
sausages	sósêdj	linguiças
seafood	sífud	frutos do mar
sirloin steak	sêrloin stêik	filé-mignon
soup	súp	sopa
still/sparkling	stíl/spárklin	sem gás/com gás
sugar	shûgar	açúcar
vegetable stew	védjetabôu stú	cozido de legumes
tea	tí	chá
toasts	tôusts	torradas
vinegar	vênagar	vinagre
white wine	úait úain	vinho branco

Números

0	**zero**	zírou
1	**one**	uán
2	**two**	tú
3	**three**	frí
4	**four**	fór
5	**five**	faiv
6	**six**	sêks
7	**seven**	sévên
8	**eight**	êit
9	**nine**	nain
10	**ten**	tên
11	**eleven**	ilévên
12	**twelve**	tuélv
13	**thirteen**	fêrtín
14	**fourteen**	fortín
15	**fifteen**	fêftín
16	**sixteen**	sêkstín
17	**seventeen**	seventín
18	**eighteen**	êitín
19	**nineteen**	naintín
20	**twenty**	tuentí
21	**twenty-one**	tuentí uán
22	**twenty-two**	tuentí tú
30	**thirty**	fêrtí
31	**thirty-one**	fêrti uán
40	**fourty**	fórti
50	**fifty**	fêfti
60	**sixty**	sêksti
70	**seventy**	séventi
80	**eithty**	êiti
90	**ninety**	náinti
100	**one hundred**	uán rrándrêd
200	**two hundred**	tu rrándrêd
500	**five hundred**	faiv rrándrêd
1.000*	**one thousand**	uán fáuzand
1.001	**one thousand one**	uán fáuzand úan

Tempo

um minuto	**one minute**	uán mênat
uma hora	**one hour**	uán áuar
meia hora	**half an hour**	rráfen áuar
segunda-feira	**Monday**	mândei
terça-feira	**Tuesday**	túzdei
quarta-feira	**Wednesday**	uênizdêi
quinta-feira	**Thursday**	fêrzdêi
sexta-feira	**Friday**	fráidêi
sábado	**Saturday**	satêrdêi
domingo	**Sunday**	sândêi

* Os países de língua inglesa adotam a grafia 1,000 para o numeral 1.000 (mil) e 1.50 para 1,50 (um e cinquenta), exatamente o oposto da convenção brasileira.

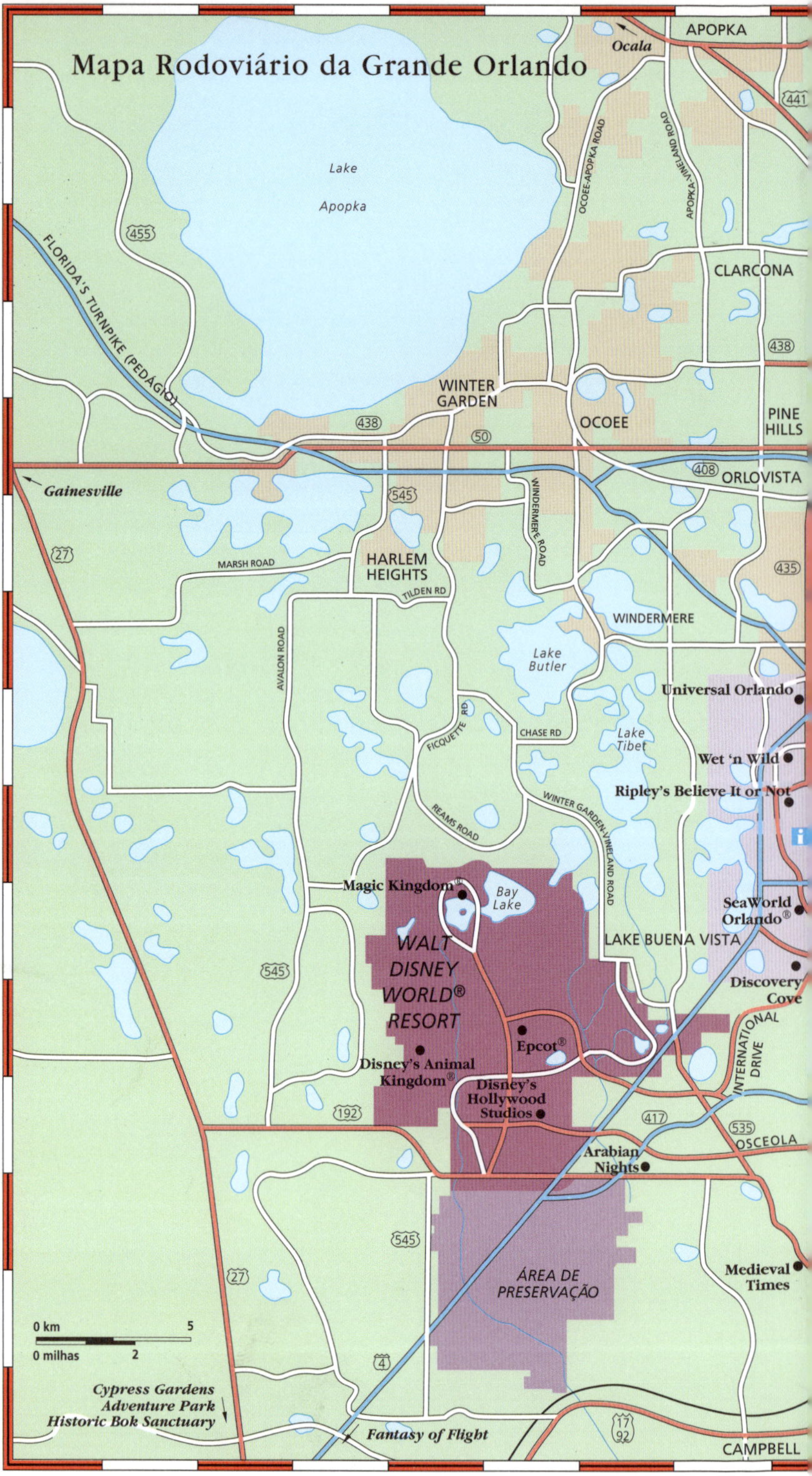
Mapa Rodoviário da Grande Orlando
APOPKA
Ocala
441
Lake
Apopka
OCOEE-APOPKA ROAD
APOPKA-VINELAND ROAD
455
FLORIDA'S TURNPIKE (PEDÁGIO)
CLARCONA
438
WINTER
GARDEN
438
50
OCOEE
PINE
HILLS
408
ORLOVISTA
Gainesville
545
WINDERMERE ROAD
27
MARSH ROAD
HARLEM
HEIGHTS
TILDEN RD
435
WINDERMERE
AVALON ROAD
Lake
Butler
Universal Orlando
FICQUETTE RD
CHASE RD
Lake
Tibet
Wet 'n Wild
Ripley's Believe It or Not
REAMS ROAD
WINTER GARDEN-VINELAND ROAD
Magic Kingdom®
Bay
Lake
SeaWorld
Orlando®
WALT
DISNEY
WORLD®
RESORT
LAKE BUENA VISTA
545
Discovery
Cove
INTERNATIONAL
DRIVE
Epcot®
Disney's Animal
Kingdom®
Disney's
Hollywood
Studios
192
417
535
OSCEOLA
Arabian
Nights
545
27
ÁREA DE
PRESERVAÇÃO
Medieval
Times
0 km
5
0 milhas
2
4
Cypress Gardens
Adventure Park
Historic Bok Sanctuary
17
92
Fantasy of Flight
CAMPBELL